Une vie de Pintade
à Bruxelles

DANS LA COLLECTION « UNE VIE DE PINTADE »
dirigée par
Layla Demay et Laure Watrin

Layla Demay et Laure Watrin
Une vie de Pintade à Paris
Calmann-Lévy, 2008 – Le Livre de Poche, 2009

Muriel Rozelier
Une vie de Pintade à Beyrouth
Calmann-Lévy, 2009 – Le Livre de Poche, 2011

Layla Demay et Laure Watrin
Les Pintades passent à la casserole
Paris & New York en cuisine
Calmann-Lévy, 2010

Hélène Kohl
Une vie de Pintade à Berlin
Calmann-Lévy, 2011 – Le Livre de Poche, 2012

Cécile Thibaud
Une vie de Pintade à Madrid
Calmann-Lévy, 2011 – Le Livre de Poche, 2012

Madeleine Leroyer
Une vie de Pintade à Moscou
Calmann-Lévy, 2012

www.lespintades.com

Elisabeth Clauss

Une vie de Pintade à Bruxelles

Illustrations de Sanaa Kassou

calmann-lévy

COUVERTURE
Maquette : Constance Clavel
Illustration : Sanaa Kassou

ISBN 978-2-7021-4402-2

À mes choux de Bruxelles,
Lucie, Apolline et Nicolas.

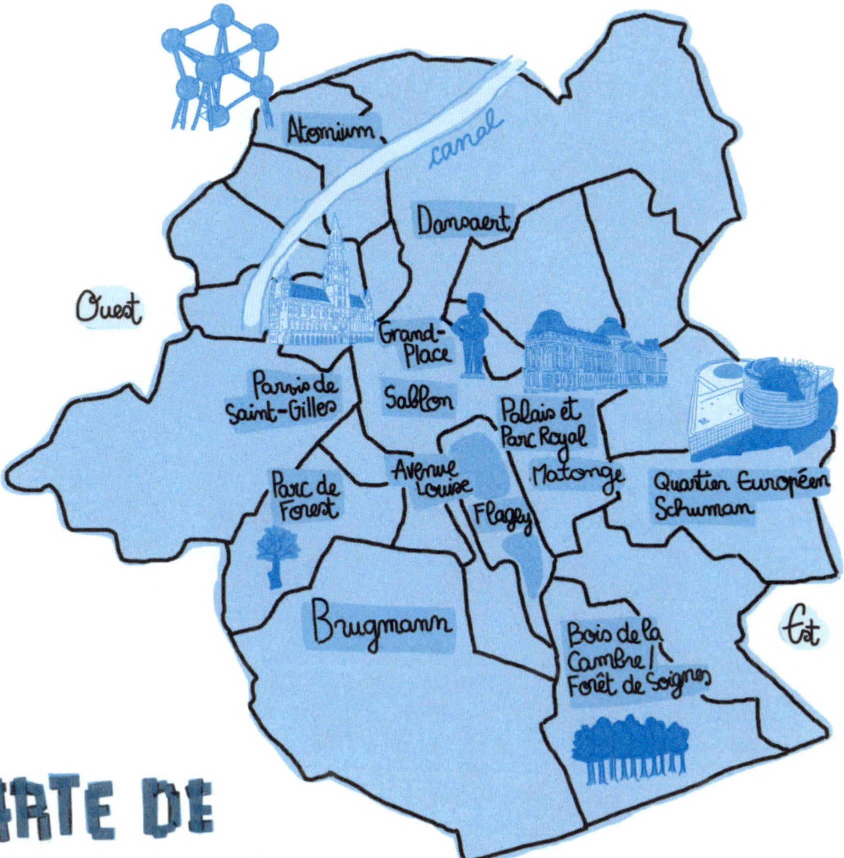

CARTE DE BRUXELLES

Introduction

La capitale de l'Europe ne se prend pas pour le centre du monde. Elle pourrait. Bruxelles est une petite métropole flamboyante, colorée, excitante, accueillante, parfois capricieuse, mais tellement libre. Ne craignez pas qu'elle vous snobe : cette ville vous accueille comme vous êtes, vous donne tout, ne vous demande rien, ne vous impose rien, et vous laisse repartir quand vous êtes prêt à vivre d'autres aventures. Goûtez-la, elle fleure la bonne bouffe ; fouillez-la, ses trésors culturels se méritent ; chatouillez-la, elle rit de tout, et surtout d'elle-même. Vous comprendrez alors comment tout un mouvement d'avant-garde, de la mode que les grandes maisons internationales s'arrachent, jusque dans la gestion de la politique, prend sa source dans un ancien bourbier (ceci expliquant peut-être cela). Alors qu'on prédit la fin de la Belgique depuis des décennies, vous sentirez pourquoi ce pays tient bon contre vents et marées, bizarrement uni, avec ses régions surréalistiquement inséparables malgré les nombreuses communautés linguistiques, eurocrates et immigrées qui cohabitent en paix, quoique en râlant un peu. En visitant ses grands appartements et ses maisons avec jardin pour la moitié des prix parisiens, vous verrez enfin que l'on peut vivre agréablement avec des moyens modestes. Vos gamins ne seront pas regardés de travers dès qu'ils bougent un cil, vos faits et gestes ne seront commentés que si vous y tenez : ici, « politiquement correct » sonne comme un gros mot. Si tous les règlements européens nivelants naissent à Bruxelles, cette cité reste une enclave de liberté, où l'on cultive le recul sur soi comme ailleurs la grande gueule.

Est-ce que les pintades bruxelloises en tirent une gloire particulière ? Pas le moins du monde. Ce sont des filles vraiment sympas. Pas bégueules, elles ne se prennent pas pour les reines de la basse-cour, et sont aussi variées que cette ville est un gigantesque patchwork. À un certain niveau, on pourrait dire que la pintade bruxelloise n'existe pas. Sauf que quand on la croise, on la reconnaît tout de suite. Elle est avenante. Elle est drôle. Elle est généreuse. Elle est serviable. Elle vous ouvre son carnet d'adresses quand vous débarquez et que vous ne connaissez personne, elle vous file ses clefs, elle vous présente ses copines. Comme tout ce peuple influencé par la tolérance anglo-saxonne, la Bruxelloise ne se prend pas la tête avec vous, trop occupée qu'elle est à vous inviter à sa table. Mais attention : ce n'est pas parce qu'elle ne se pose pas en modèle qu'elle n'en sera pas un pour vous.

Quand je suis arrivée à Bruxelles il y a quinze ans, et que j'en suis concomitamment tombée amoureuse, j'ai retrouvé avec délice, en remontant les rues pavées, ce vent glacé qui s'engouffrait déjà dans mes poumons et me coupait la respiration quand, enfant, mes parents m'emmenaient à

Blankenberge pour les vacances. Ce ciel si bas qu'un canal s'y est noyé peut vous réserver dix climats différents en une seule journée, on ne sait jamais comment s'habiller. Et pourtant, je le dis sans exagérer – aucune caricole n'a jamais bloqué le port d'Anvers –, les créateurs bruxellois sont pointus à faire péter les boules de l'Atomium.

Ici, on aime sortir comme dans les pays latins, on aime pouponner comme dans les pays du Nord, on aime l'efficacité comme dans les pays germaniques, et on prend les événements politiques avec un calme qui frise la placidité, alors qu'il ne s'agit que d'un emprunt au flegme britannique. Dans cette nation qui se cherche encore, qui se délite de l'intérieur tout en se nourrissant de son multiculturalisme, tout est encore possible.

Une vie de Pintade à Bruxelles vient tordre le cou à toutes les histoires belges. Par un beau matin où il ne pleuvait presque pas, en me baladant dans les Marolles[1], j'ai réalisé que j'étais bruxelloise depuis longtemps. On ne devient pas bruxellois en s'installant dans cette ville, on y est attiré parce qu'on est déjà bruxellois dans son cœur. À vos mouchoirs, Bruxelles vous émouvra à en pleurer de rire.

1. Quartier historique de Bruxelles particulièrement truculent.

CHAPITRE 1

La pintade ne se couche pas avec les poules

Mieux vaut être prévenu à l'avance de l'usage fréquent du verbe « savoir » pour exprimer « pouvoir ».
Ça évitera des malentendus franco-belges du genre :
— Tu sais me donner l'heure ?
— Ben oui.
— Tu sais me dire l'heure qu'il est alors ??
— Mais oui !!!
— L'heure, bordel !

C'est hypercalme ce soir, tout le monde a dû filer à Knokke.

Éphéméride

La fête, c'est un truc qu'on sait faire à Bruxelles. Il y a ceux qui louent des gares désaffectées pour y installer des tables et des lampions, ceux qui zappent d'un café-concert à l'autre en zigzaguant entre les voitures du centre-ville et ceux qui organisent des pique-niques géants dans des parcs une fois la nuit tombée. Mais le grand classique, ça reste le bar. Et de ce côté-là, on est servi, du plus Babar au plus bizarre.

Céline vit le jour parce qu'elle a un job à peu près normal – elle est journaliste déco – et aussi la nuit, parce qu'elle est jeune, même pas 30 ans, qu'elle a plein d'amis DJ et musiciens et qu'elle connaît les bons endroits où sortir. Pour Céline, comme pour toutes les pintades qui pratiquent Bruxelles couramment, en une ou deux langues, la ville ne se limite pas à ses poncifs. Que ceux qui pensent encore que les nuits de la capitale européenne sont émaillées de cascades de bière consommées à même le fût, de filles en vitrines à chaque coin de rue et de joints vendus par bottes juste à côté des friteries grâce à Maastricht toute proche courent se laver le cerveau dans la fontaine claire du Manneken Pis, et oui, je sais très bien d'où sort l'eau.

Céline sait que les bars ferment tôt (le matin), parce que les fêtes commencent tard (dans la nuit). Qui que l'on soit, on peut commencer sa soirée dans un établissement hyper classe, et la finir dans une after glauque comme dans une guindaille étudiante. Les soirées commencent après minuit, parce qu'on va au restaurant jusqu'à 23 heures, puis dans un bar, et on n'arrive en boîte qu'à 2 heures. D'ailleurs avant 1 heure, il n'y a personne. On croirait que c'est fini, mais en réalité ça n'a pas encore commencé. Cartographie du ciel étoilé bruxellois, selon la position de Céline et des autres astres noctambules.

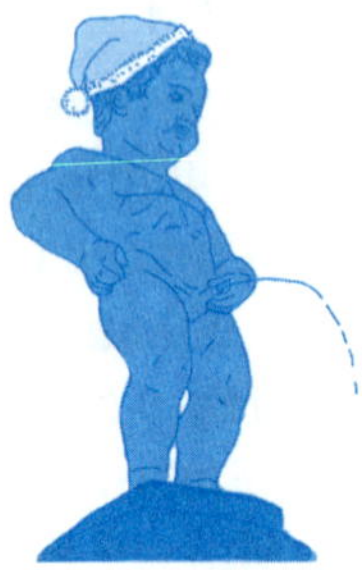

Le retour du jeudi

Ce soir avant de sortir, Céline allonge ses longues jambes sur son rocking-chair Eames, une chaise à bascule en plastique blanc et en bois, qui a presque l'air d'un jouet. Elle est jolie comme un cœur, avec de grands yeux vert clair, un carré bouclé qui fait comme une auréole à sa bouille d'ange, et elle a des lèvres gracieuses et ourlées qui feraient passer Angelina Jolie pour un mérou. Elle porte un sweat Petit Bateau gris chiné, un jean slim noir, et des baskets grises. Son petit appartement tout blanc, meublé de pièces design, certaines de récup, est situé à deux pas du cimetière d'Ixelles, le coin étudiant, là où les terrasses sont envahies par une faune fêtarde dès qu'il cesse de geler ou de pleuvoir. Céline prépare son programme en fonction du moment et des gens qu'elle a envie de croiser. « Le "soir" à Bruxelles, c'est très codifié. On ne va pas n'importe où, n'importe quel jour. Déjà le samedi soir, ici, c'est le jeudi. Souvent, on commence par le Delecta. » Tout ce petit monde connaît le café bobo aux abords de la place Flagey et des Étangs d'Ixelles, où les jeunes fonctionnaires européens se mélangent aux trentenaires du quartier et aux familles dont les enfants gribouillent sur les petites tables mises à leur disposition. C'est minuscule, mais toute la branchitude bruxelloise s'y bouscule. En été, dès 19 heures, on prend un Spritz en terrasse (cocktail italien orange fluo à base de vin blanc, d'Apérol et d'eau gazeuse), puis des mojitos qui descendent avec des tapas. Ensuite, c'est la fracture culturelle. Certains migreront vers le Tigre, un bar encore plus petit, pour boire une Fleur du Tigre, cocktail à base de violette, ou un Shot du Tigre, une vodka-caramel. Tout le monde est dehors, car à l'intérieur, ça ne désemplit pas. Chaque fois, le DJ se retrouve coincé contre le bar avec ses platines et ses groupies. Mais d'autres iront aux Jeux d'Hiver, au début du bois de la Cambre : « Les bourges de l'ULB (Université libre de Bruxelles) et les bourges en général, me décode Céline. C'est une tradition qu'on se transmet de mère en fille et de père en fils. L'entrée est gratuite, mais attention au délit de faciès. Il y a quelques années, j'avais fait une enquête sur le sujet. J'ai vu arriver une grande Black très belle, à qui on a refusé l'accès, au motif qu'il fallait une carte de membre qui n'existe pas. Pour fréquenter les Jeux, il vaut mieux être issu d'une grande famille bruxelloise, de préférence avec une particule. » Il y a le « bar à vieux » (selon Céline, de 35 à 77 ans), et le « bar à jeunes », lesquels sont parqués dans la garderie à minets du patio. Quand la boîte a brûlé en 2005, ça a quasiment donné lieu à un drame national. « C'est là que la bonne société se distrait, picole, drague, se marie, trompe éventuellement son conjoint, et envoie ses enfants pour prendre la relève. On ne danse pas, on dansotte, on ne boit pas, on sirote, et surtout, on se montre. Il faut toujours se méfier si ton mec sort aux Jeux d'Hiver : c'est *the place to cheat.* »

Le vendredi

On commence chez Madame Moustache. Le public et la musique sont beaucoup plus alternatifs, et c'est aussi l'endroit où on va rouler des pelles. La programmation est éclectique, les barmen habillés en matelots de Gaultier, la déco ambiance gipsy s'inspire de l'univers des fêtes foraines et on croise autant d'étudiants que de quadras gentiment éméchés, notamment dans le fumoir, sorte d'aquarium irrespirable mais très prisé.

Saturday night fever

Le samedi, pour les purs et durs qui veulent danser sur de l'électro, il faut aller au Fuse, les meilleurs DJ internationaux sont au programme. Chez Mister Wong, on danse aussi jusqu'à 6 heures du matin, du jeudi au samedi, mais le samedi, c'est plus rock électro. La boîte accueille des DJ bruxellois ou étrangers, dans un ancien restaurant réhabilité en bar de nuit installé sur deux étages, avec une coursive. Le samedi, c'est la pêche aux trentenaires-quadragénaires, pas encore mariés ou déjà divorcés (et réciproquement).

Dimanche

Puisque la plupart des bars du centre-ville sont ouverts, il n'est pas rare que l'after du samedi se prolonge jusqu'au dimanche soir.

Le lundi au soleil (ou pas)

Les quelques acharnés de la fiesta qui tiennent encore debout se réfugient chez Franz, un café-concert bobo ouvert tous les jours, avec une terrasse noire de monde qui tourne jusqu'au dernier verre avalé.

Le mardi, on est ravi au lit

Le verdict du Bruxellois commun est sans appel : il ne se passe rien. C'est d'ailleurs le plus petit jour pour les restaurateurs. Pourtant, si on a vraiment la bougeotte, les bars sont ouverts normalement, quoique plutôt calmes. Un constat qui n'est valable qu'en hiver (de septembre à mai), puisque dès que les beaux jours se pointent, même un micro-organisme ne trouverait plus une place sur une terrasse. À part sur les verres qui traînent par terre, mais là n'est pas la question.

Et donc, la fin de semaine, le mercredi

On commence par le Down Town Club, installé dans d'anciennes caves à vin au Sablon, avant de filer en before dans les bars du jeudi.

Céline enfile sa veste, elle vérifie ses SMS, et retouche son maquillage avant de sortir comme on part en expédition : « Ce qui me frappe, c'est que les gens ont leurs habitudes, leurs rituels, on ne va pas chez Madame Moustache le mercredi soir, malheureuse ! On sait toujours qui on va retrouver, et quand. La Bruxelloise n'est pas très aventureuse. Elle sort avec ses copines, boit un verre, fait un tour en boîte si elle en a le courage, mais globalement, ce n'est pas une nighteuse. »

En plus comme on n'a pas la culture du taxi, on se déplace en voiture, ce qui implique de se garer (prévoir deux heures et autant d'anxiolytiques) et de surveiller sa consommation d'alcool. Souvent, les fêtes se font en appartements, et finissent en afters invraisemblables à faire de la soupe avec des tomates du jardin à 9 heures du matin.

Les 1001 nuits de Bruxelles

« Je te préviens, ce soir, tu danses ! » Bouchra, une amie marocaine, m'entraîne dans un restaurant turc de la chaussée d'Haecht, à Saint-Josse. C'est mal me connaître. Au sommet du délire des soirées les plus démentes, je bouge péniblement les pieds de trois degrés sur leur axe. Bouchra sourit jusqu'aux oreilles, elle a repéré ses copines installées à une table ronde près du bar. Malika, Jamila, Milouda, Samira, Karima, Rachida, Fatima 1 et Fatima 2 ont déjà commandé leur coca. Elles ont entre 30 et 50 ans, des enfants ou pas, parfois un ex-mari. Chaque week-end, elles sortent entre filles pour s'amuser, danser, rire en commentant les faits et gestes des autres clients. Elles sont toutes marocaines, certaines arabes, d'autres berbères. Bouchra a mis une belle tunique courte bleu nuit rebrodée de fils d'or sur un jean slim, ce soir elle ne porte pas son foulard, et ses cheveux sont remontés en chignon banane. Elle rayonne, élancée et voluptueuse, le visage dessiné au fusain, et se meut au milieu des tables comme une ballerine, tandis que je bouscule les gens qui dansent déjà sur des mélodies orientales, en bredouillant d'inaudibles excuses au milieu des hommes qui frappent dans leurs mains pour marquer le rythme. Cette impression de porter un corset, comparée à ces filles… Quand elles sortent entre nanas, Bouchra et ses amies préfèrent les établissements turcs ou libanais aux restaurants marocains, parce que dans ces derniers, des hommes leur demandent ce qu'elles fabriquent ici au lieu d'être chez elles : « Les Turcs nous fichent la paix, tout comme les Libanais et les Syriens. En plus la musique est la même qu'au Maroc, il n'y a que les paroles qui changent. » Les hommes, eux, viennent s'amuser seuls, en groupes d'amis ou en couple. À la table de Bouchra, on ne boit pas d'alcool pour garder le contrôle sur la soirée ; de toute façon, elles ne viennent pas draguer, mais rigoler entre elles. « Quand un type nous offre une bouteille de champagne, on la passe à la table d'à côté. » De quoi se méfient-elles ? Bouchra me désigne du regard un type qui passe son doigt sous son nez : « Il y a parfois des mecs qui "tirent" (sniffent). Si tu en veux, il suffit de les suivre. » Elles choisissent ces endroits à la cuisine orientale typique mais à la déco « à la belge » – à part l'œil bleu contre le mauvais sort à l'entrée – parce qu'ils n'ont pas de connotation religieuse, on sent l'ambiance festive dès qu'on passe le pas de la porte, tout le monde parle et rit fort à cause de la musique poussée. Les gens communiquent en turc, berbère et arabe, et avec les Albanais, on parle russe ou grec (vous suivez ?). On commande l'entrée, des boules de salade rose, des cigares au fromage, des feuilles de vigne farcies de viande et de riz collant, de la salade de chou émincé au vinaigre. Suit un plat à base de brebis. Bouchra m'explique que les Turcs ne mangent ni de mouton, ni de crevettes : « Si tu vois un Turc manger des crevettes, c'est qu'il est homo. Offre des crevettes à un Turc, il va te dire : "Je ne suis pas gay !" » Une assertion qui me laisse pantoise et un peu dubitative, quoique les crevettes sont effectivement absentes du menu. Les prix y sont très abordables, c'est d'ailleurs pour ça que de grandes tablées de Belges viennent y fêter des anniversaires à vingt ou trente personnes (apportent-ils leurs propres crevettes ?). Le dessert, un grand plat de fruits frais, est alors généralement offert. À minuit, la danseuse arrive. Cette magnifique Libanaise, la trentaine à vue de bec, qui entame une danse du ventre à faire onduler un réverbère, est en réalité un homme de 50 ans, opéré de longue date. Bouchra me révèle son secret au milieu de son numéro de danse. Dans les autres restaurants orientaux de la chaussée, ou plus haut dans la ville, du côté plus bobo des chaussées de Vleurgat et de Waterloo à Ixelles, d'autres danseuses se produisent dans des restaurants libanais ou marocains dès 22 h 30. Les clients ne restent pas plantés devant leurs assiettes à reluquer l'artiste qui preste, tout le monde est debout, les filles dansent entre elles ou avec les hommes qui les invitent, on partage des slows langoureux et des déhanchés jubilatoires.

On rigole, on flirte, et quand des vendeurs pakistanais circulent avec des roses, la monnaie passe de main en main. Pour séduire ces soirs-là, les messieurs disent leur désir avec des fleurs, du champagne, ou envoient le garçon de salle transmettre un numéro de téléphone griffonné sur un bout de papier. « Si la fille sourit avec les dents, c'est qu'elle accepte. » Bouchra et ses copines commentent « le match », qui lèvera telle jeune femme, quelle fille emballera cet homme qui ne cache même pas son alliance. À ma table, le groupe est soudé, les hommes n'osent pas trop nous aborder. Bouchra n'arrête pas de se marrer, elle m'explique que pour les mecs, c'est rédhibitoire : « Une fille qui sourit trop, on ne la drague pas. Il faut avoir l'air mystérieux. » En plus, ma copine bénéficie d'une sorte de garde du corps attitré, un Marocain bel homme et superbaraqué, qui vire tout prétendant qui oserait lui adresser la parole ou « l'importuner » devant les toilettes (la drague s'invite jusque dans les lieux d'aisance). Pourtant, il ne s'est jamais rien passé entre Bouchra et son soupirant, marié au demeurant, qui se contente de lui assurer, de loin, des soirées paisibles. Ce qui n'a pas l'air de lui déplaire, surtout quand il y a de la bagarre. Pour une rivalité amoureuse, les plus jeunes montrent les poings, ou suggèrent d'un geste clair qu'ils sont armés – ce qui dissuade de vérifier. Dans ces rares cas, Bouchra est immédiatement exfiltrée par son bodyguard dévoué, qui la met dans un taxi. Mais ce soir l'ambiance est calme, pas un combat pour les beaux yeux d'une nymphe à l'horizon. Malika, Jamila, Milouda, Samira, Karima, Rachida, Fatima 1 et Fatima 2 commentent les actions des uns et des autres en se marrant. Elles se lèvent pour danser et m'invitent, m'enjoignant à bouger comme elles ; je m'escrime, on dirait que j'ai bouffé du ciment toute ma vie. Bouchra m'avoue qu'elles s'entraînent des heures devant la glace, et qu'elles prennent des cours de danse du ventre un soir par semaine. Décomplexée, je me dégèle, mais j'évite quand même le miroir. Les filles sont tellement en forme que les hommes font cercle autour de nous. Enfin d'elles, plus probablement. À 3 heures, nous rentrons chacune en taxi, mais le restaurant restera ouvert, y compris la cuisine, jusqu'à 6 heures du matin. Elles sont venues entre copines, et elles repartiront seules. Évidemment, parfois des couples se forment ; évidemment, parfois seulement pour la nuit.

J'ai testé les apéros urbains

« On se retrouve à 19 heures devant le podium du DJ ! » me lance Eugénie, une aficionada des « apéros » depuis une dizaine d'années. Elle était un pilier de ces premiers rendez-vous after work en plein air au début des années 2000, quand il y avait « à peine trois cents personnes » sur les places et dans les parcs publics. Maintenant qu'ils sont plus de deux mille tous les vendredis de 17 à 23 heures de juin à septembre, elle sélectionne ses apparitions, et préfère les apéros « filiales », organisés par les communes elles-mêmes, place Saint-Job (« prout-prout ») ou sur le parvis de Saint-Gilles (« popu »), plus « ambiance de quartier » que rave urbaine. Chaque semaine, l'événement est organisé à un endroit différent selon un agenda publié à l'avance, des structures de bars temporaires sont déployées sur un boulevard ou un rond-point, et les consommations sont sponsorisées par des alcooliers. Les vendredis d'apéros urbains dans un parc, il y a des jeux organisés pour les enfants, pétanque, baby-foot, transats. Je m'approche de la place Poelaert, devant le palais de justice, à sept heures moins cinq. C'te blague. Il est proprement impossible de se garer. J'envoie un SMS à ma copine, qui ne répond pas parce qu'elle ne sent même pas vibrer le téléphone dans sa poche tellement les basses rebondissent contre les murs de béton. Eugénie a prévu de retrouver d'autres personnes de son boulot et d'éviter de croiser son ex. Qui sera là, bien sûr. Virtuellement, tout le monde se connaît, directement ou par relations interposées. Virtuellement. Les gens sont greffés à leur GSM[1], tentant

1. « Téléphone portable ».

vainement de se retrouver dans la foule. La plupart ne se choperont jamais. Dans les apéros organisés en pleine verdure c'est différent, on s'étend dans l'herbe, on s'entend penser. Mais là, en ville et au milieu des trams, l'after work devient un « *before getting crazy* », plutôt sympa. Je perçois de la musique en bruit de fond, noyée dans le brouhaha. Au moins fait-il beau ce soir. De toute façon, en cas d'orage, les organisateurs annulent. Les apéros sont toujours noirs de monde entre 18 et 20 heures, mais ce soir, c'est une marée humaine qui transbahute sa bière d'un bout à l'autre de la place, scrutant l'horizon (à cinq mètres, donc). Assoiffée, je décide de faire la file pour prendre un verre en attendant Eugénie (septième message sans réponse). Dans la file, un charmant garçon entame la conversation avec moi. Ça nous prend quatre secondes pour nous trouver des relations communes, vingt minutes pour obtenir un gobelet de soft à 2 euros et un cocktail à 5 euros. Il me raconte qu'il est venu avec des amis et qu'il les a perdus dans un moment de distraction (en passant un coup de fil pour rejoindre un autre groupe). Comme il n'y a jamais rien à manger dans les apéros urbains, les White Night (des night shops) sont prises d'assaut, tout comme les snacks en bordure des places hebdomadairement envahies. De l'alcool et pas de nourriture, ça explique pourquoi la foule est vite titubante. D'autant que lors des éditions en pleine rue, il n'y a pas d'enfants : c'est trop dangereux à cause de la circulation. Dans les parcs, l'ambiance est plus familiale et champêtre. Le temps de ces réflexions, j'ai perdu mon nouveau pote (mais j'ai son numéro), je n'ai toujours pas retrouvé Eugénie (qui vient de m'envoyer un texto pour me dire qu'on était « au même endroit au même moment, mais où tu regardais bon sang ? ! »). Le public dépend du lieu : près des quartiers de bureaux, on est serré-collé avec des costards cravates, dans les apéros organisés par les communes, c'est plus ambiance voisinage. Il est déjà

21 h 30, je n'ai pas retrouvé mes amis, mais je m'en suis fait d'autres. Eugénie ne m'a pas vue, mais elle a croisé dix-sept fois son ex (l'a ignoré autant). Du coup, elle a simplement fini la nuit dans son propre lit, avec le collègue de l'ami d'une connaissance. Évidemment, je n'étais pas allée la chercher là. Pas grave, on s'est donné rendez-vous le vendredi suivant, à l'abbaye de la Cambre, pour le prochain apéro urbain.

Les nuits électro d'Ambre

Ambre a « badé » toute la semaine. Comprendre qu'elle a morflé : elle a travaillé comme une folle sans grands résultats, s'est pris la tête avec un pote et a perdu son téléphone portable. Ambre a 23 ans (ça a son importance pour la suite), elle est infirmière à l'hôpital alors que tous ses amis sont encore étudiants, soit à Solvay (grosse école d'ingénieurs, très prisée, très chic), soit en gestion, soit en com'. Le rituel de sa tribu avant de sortir en boîte, du jeudi au samedi : la présoirée les uns chez les autres. Chacun apporte son alcool préféré, vodka ou whisky à verser dans du Coca, forcément acheté moins cher au supermarché que plus tard dans un bar. Ce soir, Ambre accueille une dizaine de personnes chez elle, dont elle ne connaît pas le tiers, amis d'amis, mais elle leur fait confiance. Pour bien commencer la soirée, et parce qu'il est plus agréable de boire en mangeant, elle a préparé un moelleux au chocolat : 250 grammes de chocolat noir, 100 grammes de farine, 250 grammes de sucre, 10 centilitres de crème fraîche, 4 œufs entiers et pas de beurre. Elle a mélangé tout ça jusqu'à obtenir une préparation liquide, qu'elle a enfournée à 200 °C pendant une vingtaine de minutes. Tout son appartement sent bon le gâteau quand les premiers invités arrivent avec leur bouteille sous le bras, dans un immeuble haussmannien situé à deux pas de la place Sainte-Catherine, entre les fontaines en pierre et les bars flamands. Chez elle, les plafonds sont hauts et moulurés, le plancher est ciré, les meubles anciens placés à côté de pièces de design italien – grande table de verre avec chaises blanches épurées –, et dans la cuisine trône un énorme frigo américain en alu brossé. Même si ni Ambre ni ses parents, qui l'aident encore un peu pour démarrer, ne sont particulièrement fortunés, il y a encore moyen de se dégotter d'immenses appartements en plein centre, quitte à faire venir les copains pour mettre un coup de peinture et arranger deux, trois portes branlantes. Pour les remercier on fera une fête dans la foulée, tiens. Ça évitera de multiplier les déplacements. Pareil pour l'aménagement : on est souvent à l'intérieur (rapport à la météo), alors autant que ce soit joli. Les Bruxellois sont attentifs à la déco, ils savent où trouver des pièces compatibles avec leur budget – quel qu'il soit – et n'hésitent pas à chiner du gros mobilier qu'ils retapent à leur manière.

La pré-soirée commence à 22 h 30 (mais qu'a-t-il bien pu se passer en pré-pré-soirée ?). Quand elles se préparent pour une occasion spéciale, comme un anniversaire déguisé ou une fête à thème, les copines d'Ambre arrivent sans maquillage et chargées de sacs de vêtements, pour s'apprêter ensemble, mais ce soir, elles sont déjà dans les starting-blocks. De toute façon, la compagnie est mixte, on ne va pas faire de manières. Chaque lieu de sortie ayant son dress code, il vaut mieux prévoir large si on a de grands projets de soirée : « Si on va au Wood, pour les garçons, c'est tee-shirt. Le Wood, c'est “antichemises”, parce que c'est anti-Jeux (d'Hiver). De toute façon, les Jeux, c'est bourge et dépassé, parce qu'il n'y a que des vieux d'une trentaine d'années (sic) qui viennent draguer les jeunettes. Aux Jeux, si un mec se pointe sans chemise, on va lui dire que c'est “une soirée privée”. » Va pour le Wood, donc. Pour parer à toute éventualité, la jeune fille, qui est longue et fine, avec des yeux bien plus bleus que le ciel bruxellois, a enfilé un pantalon en cuir noir avec un pull en grosses mailles blanc, un foulard gris en dentelle, un perfecto noir, et des boots en daim gris à gros talons. Le maquillage est léger, ombre à paupières verte et mascara, qu'elle glisse dans sa besace en cuir bleu marine pour faire des raccords en milieu de nuit. Pour les garçons, c'est chemise à carreaux et casquette (pas très Jeux, on l'avait compris).

En attendant la grande transhumance, Ambre sert des mojitos. Elle a concocté une playlist électro « comme il faut » (Fritz Kalkbrenner, *Facing the sun* ; Desire, *Under your spell* ; Kavinsky, *Nightcall* ; Popof, Serenity et Lykke Li, remix *I follow rivers* par The Magician). Très vite, au milieu des conversations, on commence à danser. Pour délirer, ils se font un trip de musique années 90 (« les tubes de notre enfance », re-sic), un petit joint tourne, « mais pas trop, pour ne pas virer passif, s'avachir n'est pas le but de la soirée ». Pour info, Ambre qui était une enfant il y a quinze ans, ignore qui est Candy, mais sait que de la coke circule pas mal dans les milieux « où les parents donnent trop d'argent de poche à leurs enfants ». Elle ne veut pas y toucher, même pas en entendre parler (finalement elle doit connaître Candy, même inconsciemment, c'est sa sœur cachée), mais elle m'affirme que c'est hyper répandu dans « la classe moyenne-bourgeoise ». Sous les lambris d'Ambre, l'ambiance est joyeuse et on resterait bien là à deviser de tout et de rien, sauf qu'il est déjà 2 heures, et qu'à 2 heures, on bouge en boîte. Ils partent à pied chez

Mister Wong, un petit bar où on dansotte en scrutant la line up (liste de DJ), parce qu'ils sont tous belges, avec parmi eux une valeur montante de l'électro, Stereoclip, « un ami d'amis, qui compose sa propre musique ».

Tandis que toute cette joyeuse jeunesse tangue en envoyant des SMS de leur pouce mutant (on le voit à peine bouger, pourtant il tape l'équivalent de la Pléiade en quatorze secondes chrono), j'avise une autre croulante accoudée au bar à côté de moi. Elle a au moins 34 ans, porte ses cheveux ébène rasés sur les côtés avec une crête sur le dessus, elle arbore toute une rangée de clous à l'oreille, des lunettes à larges montures noires sur le nez, a enfilé une robe empire pétrole sur son legging noir, des boots, et transporte ses affaires dans une besace de Freitag, le faîte de la pointe de la tendance pour la communauté électro, « le must-have du bobo trendy », taillée dans de la bâche rouge de camion, avec une bandoulière en ceintures de sécurité recyclées. À Bruxelles, il est hyper facile de rencontrer de nouvelles têtes (à moitié rasées ou non), et on se tutoie quasi tout de suite (on reconnaît les Français à ce qu'ils parlent comme des maîtres d'hôtel, à côté de la convivialité des Belges). Je commence donc à bavarder avec cette jeune femme, amène et rigolarde, qui me parlera pendant une heure comme si on avait élevé les pintades ensemble, évaluant du regard chaque mâle qui se faufile d'une table à l'autre. Jaugeant et glosant, Nadia me raconte qu'elle est la plus bruxelloise des Suissesses. Elle a quitté sa Lausanne natale en 2008 pour s'installer à Saint-Gilles, la commune de la mouvance contre-culturelle qui s'embourgeoise gentiment mais qui reste le dernier rempart de l'authentique hype bruxelloise.

Nadia, c'est un pur spécimen « électro-rock ». Elle consomme les concerts confidentiels et les mégafêtes comme d'autres allument la télé à 20 heures, elle reconnaît ses pairs à leur musique et à leur tenue, et à l'instar de tous ces trentenaires qui ne sont pas vraiment en couple et n'ont pas encore fondé de famille, elle vit en colocation. Pour définir cette communauté rock, Nadia cite l'artiste Feist (électro pop soft, des boucles et beats doux à l'oreille), et Black Box Revelation (électro postpunk), « dont les beats tapent tellement fort que tu sais plus si c'est du beat ou du rock. Au milieu, t'as des styles hybrides ». Ah. Je lui demande si parfois elle écoute Nostalgie. « Non, mais j'aime bien varier les sons et les gens. À Bruxelles défile la crème de la scène musicale. Peu importe le style, quand les musiciens sont bons, on prend toujours une claque. » Avis aux amateurs de sorties en meutes branchées : en passant d'une grosse soirée électro à des concerts expérimentaux et des petites soirées folk, on se constitue un réseau pointu. Nadia a compris qu'il va falloir être pédagogique avec moi pour me décoder ces tribus, vu que la dernière fois que j'ai zappé, c'était pour passer de Barbara à Tom Waits. C'est beau, mais c'est pas forcément la déconne. Ma nouvelle copine sourit, commande un je-ne-sais-quantième-verre, m'offre un autre Perrier (la déconne, je l'ai dit), et entreprend de m'enseigner le lexique de la musique (rien à voir avec la Méthode rose, vous allez voir) : « Les métaleux, ils écoutent du rock-métal. Tu le reconnais à la "grosse guitare" et à la batterie à double pédale. Ils portent les cheveux longs, une casquette noire, des vêtements noirs, un blouson en cuir craquelé noir, des Doc Martens. Ils se laissent pousser les favoris quand ils sont tendance rockabilly, et se rasent la moustache en balcon (qui descend de part et d'autre du menton). Ils vivent aussi à Saint-Gilles, et dans le centre. Ils sont graphistes, fonctionnaires européens la semaine ou mécanos, tous un peu musicos, ils viennent d'absolument tous les milieux. Ils descendent des hectolitres de bière, quand les hipsters sirotent des vodkas-Red Bull et des gin to'. Leur fashion fixette ? Les tee-shirts de groupes de métal hyper connus comme Metallica ou ACDC, ou de formations confidentielles (des collectors !). Ils parlent de ces tee-shirts pendant des heures. » Nadia les aime bien :

« Les métaleux, c'est des nounours, des concentrés de gentillesse et d'attention, qu'on peine à entendre tant ils murmurent, puis qui partent écouter de la musique de sauvages, tout seuls, les mains dans les poches, en secouant la tête. » Bon, et on écoute que du rock et de l'électro, à Bruxelles ? « Ah non, t'as aussi les bobos altermondialistes : ils manifestent, mangent bio, s'habillent en bambou. Ils se font des dreads avec une seule perle en bois et arborent un sac péruvien de grande marque. Tu les trouves aussi à Saint-Gilles (décidément une sorte d'Arche de Branchés). Pour leurs concerts, ils vont au Balkan Trafik Festival ou à Couleur Café. On les trouve dans les bars à jus et les snacks bio en particulier, et disséminés un peu partout dans la ville. »

Je suis sur le point de parfaire encore ma connaissance des courants socio-musicaux, quand j'aperçois Ambre qui se dirige vers la sortie, me cherchant du regard au centre de la pièce, là où les gens qui boivent autre chose que de l'eau gazeuse (avec rondelle de citron au réveillon) ont improvisé une piste de danse. Je quitte Nadia en sachant qu'on se reverra : ici, non seulement on se lie vite avec les gens, mais en plus c'est souvent sincère. Ambre et sa bande remontent en voiture (« Ceux qui conduisent boivent moins que les autres. » C'est déjà ça, je suppose.) direction le Cat Club à Forest, un concept de soirées électro hyper pointues, qui rassemblent toute une communauté arty autour des meilleurs DJ de New York et de Berlin. Ils y rejoignent d'autres potes, boivent des bières ou des shots de vodka-caramel (environ 3 euros chaque) et dansent jusqu'à 5 heures du matin. Il y en a qui continuent en after au Bar Rouge, mais cette fois, Ambre rentre chez elle parce que lundi elle travaille tôt. Un de ses amis la raccompagne à pied, puis rejoint ses propres pénates en enfourchant un Villo, le vélib local (ils ont la santé, les jeunes Bruxellois). Ambre baille avant de s'endormir sans bourdonnements dans les oreilles, parce qu'elle n'a pas écouté de « drum and bass, la musique de la nouvelle génération. Pour certains c'est juste du bruit, car c'est beaucoup plus rythmé que l'électro, avec des basses partout. C'est pour les jeunes de 18 ans ». Je me le tiens pour dit. J'enlève mes boules Quiès, et je vais me coucher à mon tour.

Y'a quoi à la TV ce soir ?

En Belgique comme ailleurs, on sait tout de suite en zappant si on est sur le service public ou dans le privé. Les chaînes « intellos » d'abord – la Une et la Deux de la RTBF, ARTE Belgique – ; de l'autre côté, pour les boulimiques de séries, RTL, et pour la téléréalité lénifiante et les jeux, AB3 et ses déclinaisons… Les Bruxellois regardent au moins autant les chaînes françaises que belges francophones. La lucarne, on la consomme beaucoup, parce qu'il est souvent compliqué de sortir au ciné ou au théâtre à moins de vivre tout près de l'un d'entre eux, qu'en semaine on a dîné tôt, on doit bosser demain, et finalement y'a quoi à la TV ce soir ? Il n'y a qu'un type d'émission qui met tous les téléphages d'accord : les concours musicaux. En période de Star Ac' et autres télé-crochets, la culture populaire ne se consomme plus en solo devant sa « tévé », mais en groupe, télécommande confisquée et pizza livrée. Comme on est de gauche ou de droite, ketchup ou mayo, bière ou bourbon, à Bruxelles certains soirs de prime time, on est The Voice ou Eurovision.
Marta est une chercheuse en histoire et en sociologie de 45 ans, bardée de diplômes dont vous ignorez

jusqu'à l'existence. Sous sa frange rousse brillent deux yeux verts translucides pleins de sagesse et d'une folie douce à peine contenue par les convenances que lui a transmises l'exquise éducation d'un milieu raisonnablement bourgeois et, il faut l'admettre, très éclairé. Marta porte des robes fluides, noires en hiver, fleuries en été, toujours à longueur de genou, décolletées mais pas trop, parfois un peu transparentes avec décence, et des petites sandales de cuir naturel à talons qui lui donnent de l'assurance mais pas d'arrogance. Elle cause correct, écrit sans fautes, méprise la bêtise (des autres) et bouquine élitiste (uniquement des auteurs morts). Mais Marta a une petite faiblesse. Elle se transforme en supporter de catch sous ecstas dès que commence un cycle de concours musicaux. « On voit sur Facebook qui poste des comments, et à partir de là, on organise des soirées, en tournant chaque semaine les uns chez les autres. » Avec ses amis (s'ils le sont toujours à la fin de la soirée), Marta commande des sushis ou du thaï et mange à même le carton en vitupérant. « Je sais que ces soirées se font dans tous les milieux, tous les groupes d'âge de 18 à 40 ans. » C'est une véritable fiesta sur le canapé, on est entassés à six, dix ou quinze, chacun soutenant ses favoris au risque (à la joie !) de provoquer l'ire de ses futurs-ex-potes. Il est important de noter que les hommes se prennent autant au jeu que les femmes. J'ai parlé récemment au chef du service juridique d'un hôpital universitaire qui pouvait citer par cœur toutes les tenues portées par Lio, coach d'une équipe de The Voice, lors des cinq derniers primes. Dans les grands appartements feutrés bruxellois, on crie pire que dans les arènes de Rome, on applaudit, et dès la fin du générique, l'assistance se dissout jusqu'à la prochaine édition. Ces érudits, et même des agents immobiliers et une psy, se conduisent comme des ados surhormonés le temps de l'émission, quatre coupures de pubs comprises, puis redeviennent des êtres à peu près civilisés vers le dernier journal du soir, quand ils sont sûrs que c'est fini. En revanche, dans le cas de l'Eurovision, on est directement dans la dérision. Le casting est le même dans le salon de Marta, intellos et hipsters (parfois même les deux), mais on est impitoyable avec les équipes du monde entier et surtout la nôtre. Bloc-notes à la main, on parie sur le palmarès, on adore les plus nuls, de toute façon on soutient la Belgique, d'autant que dans ce petit pays, à tous les coups, la candidate est la cousine de la connaissance de la gardienne d'immeuble d'un ancien collègue. C'est pareil dans tous les salons de Bruxelles, dans les moins pointus, les plus popus, les métissés, les premier-degré, peut-être même les couronnés, allez savoir. Et c'est réconfortant que la télé rassemble, pour une fois.

Bruxellywood

On est en février, et il gèle à caméra fendre au pied du « tapis rouge », en l'occurrence bleu, qui mène au Square, le nouveau centre des congrès de Bruxelles. Pour la remise des Magritte du cinéma belge, récompenses décernées par les professionnels du secteur à des films produits par des producteurs francophones l'année précédente, on ne monte pas les escaliers, on les descend. Les Belges ne font rien comme les autres, ce qui est toujours bon signe. Une poignée de passionnés surmotivés a préparé l'événement en quelques mois et je n'en reviens pas de l'efficacité de l'organisation quand on sait combien ils étaient peu en coulisses, par rapport aux grands raouts en *-ar* (César, Oscar…) des autres pays. À Bruxelles, c'est en *-itte*. Comme un cornet de… Non, je n'oserai pas. L'Académie Delvaux (en hommage à André, pas aux sacs) braque les projecteurs sur la création cinématographique la plus prolifique au monde, proportionnellement à la taille du pays, par le nombre de films primés ou sélectionnés dans des festivals de premier plan. Des films qui remportent des dizaines de prix à l'étranger, mais qui sont très peu vus chez eux. Enfin chez nous. Pour la première fois, une cérémonie célèbre les deux cinémas du pays bicéphale : francophone et néerlandophone, une main tendue par-dessus la pellicule. C'est aussi l'occasion de mettre en avant la nouvelle génération de cinéastes, comme Joachim Lafosse, Fabrice du Welz, Manu Coeman ou Bouli Lanners, qui incarnent le renouveau post-« frères Dardenne », Marion Hansel et Chantal Akerman. La nuit est tombée depuis longtemps, des intermittents du spectacle qui veulent faire entendre leurs revendications profitent de l'occasion pour distribuer des pommes à l'entrée (en hommage à René, pas à Jacques), la plupart des invités arrivent habillés par des créateurs belges, et font « la file » comme on dit ici, pour recevoir leur bracelet d'entrée tandis que la neige fondue dégouline le long des talons hauts des dames. La salle de cérémonie est blindée, je déserte rapidement l'étage réservé à la presse pour me faufiler dans la loge de maquillage, au bout de l'espace VIP en verrière qui surplombe la scène. Là, François Damiens raconte des blagues, Charlie Dupont fait une apparition le temps de saluer ses potes, Marie Gillain, fine comme tout, trottine sur des escarpins dorés, tout le monde se connaît. La cérémonie commence, les « remettants » descendent vers les coulisses, et en se passant les statuettes, chacun ira d'une blague bien tournée, même Thomas Doret du *Gamin au vélo*, qui n'a pas 14 ans mais emballe toute la salle par son humour ému. Mais c'est après le show, au sous-sol, que la soirée prend toute sa dimension : une bonne grosse fiesta entre gens du métier, hyper détendue, avec distributions de cornets de frites (cette fois je peux). Jérémie Renier fait volontiers la bise à tous ceux qu'on lui présente – il faut dire qu'à ce moment-là, « Cloclo » n'est pas encore sorti, ce n'est que dans deux semaines que les filles se jetteront sur lui en pleurant – et toutes les vedettes de la télé et du cinéma belge font la file devant le stand de gaufres. On me racontera plus tard l'after improbable dans un appartement du Châtelain, mais je ne peux rien dire. *There is no business like belgian show-business...*

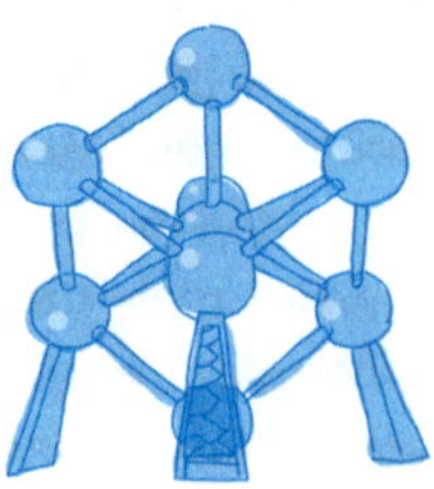

On se fait des films

Pour se faire une toile à Bruxelles, il n'est quasiment plus de salut en dehors des grands complexes multisalles à l'américaine. Les quelques rares cinémas esprit *Dernière séance* rament pour garder la tête hors de l'eau, d'autant que les multiplexes programment parfois des films d'art et essai. Et pour qui n'habite pas dans le centre-ville, c'est-à-dire la plupart des gens, aller au ciné implique de prendre sa voiture, tourner des plombes pour se garer, puis ajouter le prix du parking et du ticket d'entrée à celui du paquet de nachos (pour un total supérieur au PNB du Luxembourg). Même si elle chérit les petites salles au charme désuet pleines de personnalité, Diana Elbaum, productrice qui a fondé en 1989 Entre Chien et Loup, l'une des sociétés de prod les plus importantes de Belgique, apprécie aussi la facilité et le confort des multiplexes : « Le problème, c'est qu'il n'y a pas eu de politique de soutien des petites salles d'art et essai ; leur histoire, c'est la chronique d'une mort annoncée. Il y a environ deux millions d'habitants à Bruxelles (si on compte la grande région), et seulement sept salles alternatives aux grands complexes. Il est terrifiant de voir combien on les a laissé tomber, mais ces petites salles ont aussi leur responsabilité : elles n'ont pas su se réinventer une valeur ajoutée. D'autant que le cinéma lui-même a changé. Dans les multiplexes, on peut aller voir des opéras, des concerts, l'ouverture des Jeux olympiques. Les petites salles ne peuvent pas suivre. Il faut les considérer comme des boutiques qui regorgent de trésors, et y aller pour embrasser l'inconnu. En tout cas, on ne devrait pas mesurer la valeur d'un film à la quantité de pop-corn qu'il fait vendre, d'autant que sa durée de vie se joue certes en salle, mais aussi en VOD et en festivals. » La productrice d'Entre Chien et Loup, passionnée et réfléchie à la fois (ça peut être contradictoire), garde une patte très ancrée à Bruxelles, une patte qui se balade dans le monde, les deux autres dans les étoiles. Souvent pressée, sautant d'un avion à l'autre, elle collectionne les plus belles pièces de créateurs belges. Diana soutient activement la création locale, dans son dressing, et aussi grâce à son talent à elle, qui s'exprime par la pellicule et le numérique. « Je dois sans cesse réinventer mon métier dans ce nouveau monde de communication et de réseaux. Les médias ont changé. Produire des films est un boulot très féminin : on doit prendre plein de facteurs en compte, être sur plusieurs fronts simultanément. Il faut se nourrir de différents influx et porter une attention permanente à tout et tout le temps. C'est un truc de femmes, d'être connectée aux tendances en permanence, de se relier à la société, aux artistes, aux films des autres, et de rester dans une curiosité de chaque instant tout en gardant l'œil sur le budget. »

Diana produit des films belges par conviction, plutôt orientés art et essai : « Le cinéma belge est symptomatique de notre culture, tout comme la musique, la mode ou la danse : nous n'avons pas de maître à tuer, ce qui nous confère une grande liberté de création. Nous ne subissons pas de diktats culturels comme en France, par exemple. » Alors Diana s'inspire de l'air du temps bruxellois, de ce fourmillement où tout est encore permis. Elle collabore aussi avec des sociétés de production étrangères : beaucoup de films européens et américains sont tournés ici, en raison d'aides au financement d'une part (le *tax shelter*, par exemple, offre des exonérations fiscales sur des montants investis dans une production audiovisuelle belge) ; d'autre part Bruxelles est reconnue par les professionnels comme une ville très agréable pour tourner, accouchant de techniciens très performants. « Les Bruxellois sont créatifs et débrouillards, tous les problèmes trouvent une solution, sans coûts faramineux. Niveau architecture, Bruxelles peut devenir un pays étrange, ou Paris, ou n'importe quel coin de Belgique : c'est une ville caméléon pour le cinéma. Elle n'est pas prétentieuse, chacun peut se l'approprier, ça lui confère une richesse inouïe. » De fait, de nombreux films français sont réalisés entre le centre et le haut de la ville, et quand une production veut imiter Paris, elle débarque généralement entre l'avenue Lepoutre et la place Brugmann, l'un des rares endroits où l'on trouve des immeubles haussmanniens.

Super Nova

Fiona est étudiante en journalisme, et sa curiosité par le western attisée, lunettes sur le nez et besace sur la hanche, cette jolie brune au sourire grand comme un écran de cinéma a décidé d'assister au Nova à une soirée « Rio Bravo ». La petite salle alternative d'art et d'essai a ouvert en 1997 ; sa programmation et son fonctionnement sont hors normes puisque ce cinéma est entièrement porté par un collectif de bénévoles, et les projections, de 3,5 à 5 euros, n'ont lieu qu'en fin de semaine, du jeudi au dimanche. Loin des grandes salles du centre-ville pourtant situées à quelques bobines d'ici, le Nova a développé un concept alternatif, et attire un public intello underground. Installé dans une ancienne salle et dans un premier temps grâce à un bail précaire dispensé de loyer pendant deux ans, le cinéma s'est équipé en sièges et écran de récup, assaisonnés d'huile de coude. La salle de projection a d'ailleurs toujours un peu l'air d'un chantier laissé en l'état. D'entrée, ses créateurs ont balayé l'idée d'introduire une hiérarchie classique, avec une direction. Les décisions sont prises collégialement. En tout, une centaine de bénévoles, avec un noyau dur de vingt personnes, veillent au bon fonctionnement du Nova. Ensemble, ils décident de la programmation de vieux films classiques ou de courts-métrages expérimentaux pendant lesquels il faut parfois s'accrocher (je sais de quoi je parle, j'ai présenté l'un des miens dans cette salle, et je remercie encore les spectateurs pour leur indulgence), ils organisent des festivals et des concerts dans le bar. Vous n'y trouverez pas de Coca : un brin alter, ils ont banni les sodas de marque pour proposer uniquement des boissons artisanales. Si on n'a pas froid aux yeux ou peur qu'un apprenti réalisateur nous appelle « maman », il ne faut pas rater les soirées Open Screen, tous les derniers jeudis du mois, qui ouvrent l'écran aux jeunes cinéastes, autodidactes et étudiants qui veulent faire projeter leurs films, de maximum un quart d'heure, sans aucune sélection : le Nova diffuse tout ce qu'on lui apporte, gratuitement. Dans ce concept en marge du cinéma, les cinéastes sont invités à des tables rondes avec les spectateurs et ce soir, Fiona rencontre Eugene Robinson, auteur, journaliste et acteur américain, venu spécialement à Bruxelles pour introduire « Rio » bravement au public. Sur la vingtaine de spectateurs présents dans la salle, presque tous suivent le film une bière à la main (elle est bonne et ne coûte presque rien). Le bar est placé juste en face de la salle : boire ou d'un film jouir, on n'a pas à choisir. Les murs du cinéma rappellent un bunker à l'étudiante qui profite de l'entracte – il faut changer de bobine – pour faire connaissance avec ses voisins de siège. Nous ne saurons jamais si Fiona a pris parti pour John Wayne, mais on n'est pas près de la recroiser dans le confort convenu d'un multiplex. Du moins, pas avant quelques années…

Les nightshops

Souvent tenus par des Pakistanais, on peut acheter dans ces petites échoppes la même chose que dans un supermarché ou presque, des piles à la nourriture pour chat en passant par des baguettes (enfin ce qui en fait office), des cigarettes et de l'alcool, du début de soirée à l'aube. Dans les White Night, en prime, il y a un vidéoclub.

Les bons plans de Céline et d'Ambre

Le phénomène Frédéric Nicolay : il est à l'origine des bars les plus successful de Bruxelles. Il a le don de repérer dans des endroits quasi sinistrés ou laissés à l'abandon ce qui deviendra un lieu incontournable des soirées branchées. Il achète, rénove, lance un concept, en crée l'ADN, puis laisse à d'autres le soin d'exploiter l'endroit. « Quoi qu'il ouvre, ça cartonne le lendemain. On peut bruncher le dimanche, déjeuner à 8 heures du matin, prendre le thé à 16 heures, l'apéro à 20, et flirter à 22. Ses bars sont multifonctions, toujours remplis, avec une bonne ambiance et des tarifs démocratiques. » En voici quelques-uns :

Le Potemkine
Avenue de la Porte-de-Hal, 2 (Saint-Gilles)
02 539 49 44
www.potemkine.be
Un bar sur deux niveaux, où l'on peut boire un verre en matant soit ce qui se passe plus bas dans la salle, soit un film projeté en coursives dans un esprit ciné-club.

Le Belga
Place Eugène-Flagey, 18 (Flagey)
02 640 35 08
www.cafebelga.be
Une institution de la place Flagey, au bord des Étangs d'Ixelles, avec une réjouissante terrasse, qui sert régulièrement de décor de films.

Le Bar Béton
Rue Antoine-Dansaert, 114 (Dansaert)
www.barbeton.be
Juste à la limite où Dansaert passe de branché à popu. À l'intérieur, dans un décor de bois et de béton, on écoute de la samba et Jacques Dutronc. Dehors, dans les plaines de jeux abritées au pied de HLM, des enfants jouent au foot et parlent des langues de toute l'Afrique. Les mammas en boubou, les femmes voilées et les hipsters défilent devant la terrasse.

Le Bar du Marché
Rue Alphonse-De-Witte, 12 (Flagey)
02 644 04 00
www.bardumarche.be
D'après Céline, « pour voir, boire et se saouler, mais ça s'embourgeoise ».

En bars et en boîtes

Le Delecta
Rue Lannoy, 2 (Flagey)
02 644 19 49

Le Tigre
Rue de la Brasserie, 117 (Flagey)

Le Bar Rouge
Rue du Pépin, 41 (Porte de Namur)
02 511 22 30

X **Mister Wong**
Rue de la Vierge-Noire, 10 (Bourse)
0488 31 02 49
www.mrwong.be

Le Wood
Chemin de la Meute, 3 (Bois de la Cambre)
02 741 63 20
www.thewood.be

Cat Club
www.catclub.be

Les Jeux d'Hiver
Chemin du Croquet, 1 (Bois de la Cambre)
02 649 08 64
www.jeuxdhiver.be

Madame Moustache
Quai au Bois-à-Brûler, 5 (Sainte-Catherine)
0485 53 44 94
www.madamemoustache.be

Le Fuse
Rue Blaes, 208 (Marolles)
02 511 97 89
www.fuse.be

Le Mirano
Chaussée de Louvain, 38 (Madou)
02 227 39 42
www.mirano.be
La boîte bruxelloise mythique où tous les trentenaires et quadragénaires d'aujourd'hui ont fait leurs armes quand ils étaient ados.

L'Archiduc
Rue Antoine-Dansaert, 6 (Dansaert)
02 512 06 52
www.archiduc.net
Il s'y passe toujours quelque chose, sur fond de jazz et rock déjanté. Arno est un des piliers du bar, et il se met au piano à partir d'un certain nombre de verres. C'est une institution (Arno comme l'Archiduc).

Le Snap
Rue de l'Amazone, 22 (Châtelain)
02 534 16 64
www.snapbar.com
Le « bar karaoké des pseudo-stars », selon Céline : « On te toise à travers la petite vitre de la porte, et c'est le premier endroit où je me suis fait recaler ! C'est blindé massacre le week-end, et on

y croise Virginie Effira, Justine Henin, Patrick Ridremont, et de façon générale toutes les starlettes de RTL-TVI. »

Jefke
Boulevard du Triomphe, 1 (ULB)
02 650 21 11
D'après Céline « l'endroit où les ULBistes font la fête, sur le domaine de la Plaine de l'ULB. Les mecs font pipi dans des gobelets et les lancent sur la foule. Parfois on reçoit un jet de bière, parfois d'urine, on ne sait jamais trop. En général les filles détestent, sauf les trash. C'est là que la bleusaille fait ses guindailles. »

Nadia et sa tribu électro

Aux Ateliers Claus
Rue de Brabant, 23a (Saint-Josse)
02 534 51 03
www.lesateliersclaus.com
Une salle de concert conceptuelle, créée sur une initiative de Franz Claus, passionné de musique qui décape. Avec le temps, ce projet pluridisciplinaire s'est développé en salle de concert,

et aussi en pôle de production musicale, qui accueille tous types de musiciens, du moment que leur travail est « excitant, expérimental, neuf, en électro ou acoustique ».

Au Café Central
Rue Borgval, 14 (Bourse-Saint-Géry)
02 513 73 08
www.lecafecentral.com
L'un des bars de la place Saint-Géry, selon Nadia « le seul endroit vraiment sympa, avec éventuellement le Roi des Belges, qui est plus m'as-tu-vu. Le week-end, au Central, tu ne mets pas un pied, mais la semaine c'est tranquille. Ils organisent des concerts, invitent des DJ ».

Au Bonnefooi
Rue des Pierres, 8 (Bourse-Saint-Géry)
0488 29 15 61
www.bonnefooi.be
En face de l'Ancienne Belgique, dite l'« AB », une salle de concerts à la programmation pointue et au staff surtout flamand, dans un cadre relativement cosy. On reconnaît ce bar à sa devanture unique en mosaïques.

Au Kiko Phonie
Rue d'Artois, 44, au sous-sol (Anneessens)
www.facebook.com/kiko.phonie
Une maison de maître qu'on loue pour des soirées privées. On entre pour 1,99 euro aux fêtes réputées dans le milieu. Celles de Radio Panik, une radio indépendante animée sur le Web par des bénévoles passionnés, font toujours un tabac, et de façon générale, quand un événement est organisé ici, le Tout-Bruxelles branché est là. On toque au porche, et on vous escorte au sous-sol. Là, les propriétaires du lieu ont installé un bar et une scène. On ne devine rien de la rue, mais les soirées dans cette minisalle

de concert où on est collés les uns aux autres sont hallucinantes. On ne vient pas ici par hasard parce qu'on a vu de la lumière – il n'y en a pas – on se passe le mot par bouche-à-oreille.

Aux High Needs Low
Boulevard Pacheco, 38 (Botanique)
www.highneedslow.be
Des fêtes électro organisées par un petit collectif de Bruxellois dans la gare des Congrès. C'est *la* soirée trend électro : une programmation tip top, un public au poil qui vient réellement pour la musique.

Les soirées bonne franquette associatives

Chez Coiffure Liliane
www.coiffureliliane.com
Uniquement le jeudi soir, des événements rock, chanson française, blues, et rockabilly. À boire : de la très bonne bière. Dress code : chapeau obligatoire. La programmation est totalement éclectique, internationale ou belge, toujours de bonne qualité. Les petits groupes défilent, les DJ se lâchent. Le tuyau de Nadia : « Il faut y aller quand Ivan mixe : ça vire tout de suite au punk rétro des années 60, c'est super drôle. »

À La Compilothèque
Quai des Péniches, 50 (Canal)
Près du Kaaitheater : on y va pour les soirées, les concerts, et les dimanches après-midi, un thé dansant tout public. On y croise un public bobo arty, pas mal de hipsters à tendance

altermondialistes en Kickers et vieille besace de cuir (« mais qui ont tous un MacBook Pro à la maison ») viennent s'y remettre de leurs nuits blanches. Ensuite, ils vont au cinéma au Nova, voir des films d'avant-garde et parfois, d'on ne sait même pas quoi.

Home Plugged
Rue Moris, 31 (Saint-Gilles)
www.facebook.com/homeplugged
Le résultat d'une collocation entre fous de musique dans une grande maison particulière. Environ une fois par mois, ils organisent des concerts. Nadia n'en manque aucun : « C'est toujours bien. » On se passe le mot via Facebook, et une cinquantaine de personnes (« Y'en n'a pas un qui est fringué normal. ») viennent s'enivrer de beats et de bières.

Adresses pour rockers et métaleux

Au Magasin 4
Avenue du Port, 51b (Canal)
02 223 34 74
www.magasin4.be
La grosse salle rock-métal-punk-indus (indus = musique industrielle).

Au Chaff
Place du Jeu-de-Balle, 21 (Marolles)
02 502 58 48
www.chaff-restaurant.be
Un bistrot-food rockabilly. « Ils sont tous tatoués des pieds à la tête, d'ailleurs c'est là qu'on trouve les tatoueurs. Ambiance du tonnerre. »

À La Bodega
Rue de Birmingham, 30 (Molenbeek)
02 410 04 49
www.la-bodega.be
Pour les soirées Strictly Niceness (www.strictlyniceness.blogg.org), organisées une fois par mois par trois DJ : funk, soul et hip-hop. Le public : des trentenaires forcément motivés à faire la fête, « parce qu'il faut se traîner au cul du monde ». L'ambiance est hyper conviviale, on danse jusqu'à 6 heures du matin, et les prix du bar sont corrects. « C'est le plan idéal pour ceux qui fuient les boîtes et les clubs mais qui adorent danser. »

Aux concerts « Oh My Garden ! »
Rue Dillens, 31 (Flagey)
www.facebook.com/ohmygardenshows
Des concerts en jardins chez des hipsters. Le cadre est bucolique, on paye l'entrée au prix qu'on décide, et on écoute Scarlett O'Hanna sous le sureau en fleur, en sirotant du punch.

Au Beursschouwburg (dit « le Beurs »)
Rue Auguste-Orts, 20 (Dansaert)
02 550 03 50
www.beursschouwburg.be
Pour sa terrasse sur le toit, les concerts gratuits du mercredi (S.H.O.W : *Shit Happens On Wednesday*), et une ambiance mémorable en compagnie des artys flamands.

Le KVS (Koninklijke Vlaamse Schouwburg, le Théâtre royal flamand)
Quai aux Pierres-de-Taille, 7 (Centre)
02 210 11 12
www.kvs.be
Pour la programmation théâtrale, et surtout pour les super soirées « Bal in de Box », où on se retrouve entre Flamands.

Le Café Roskam
Rue de Flandre, 9 (Dansaert-Sainte-Catherine)
02 503 51 54
www.cafe-roskam.be
C'est très convivial, l'ambiance cosy, la programmation musicale formidable.

La terrasse de l'hôtel Métropole
Place de Brouckère, 31 (Centre)
02 217 23 00
www.metropolehotel.com
Pour boire un verre dans un cadre mythique, voir et être vu.

Le Cirio
Rue de la Bourse, 18 (Bourse-Grand-Place)
02 512 13 95
Pour le « half & half », un mélange de mousseux et de vin blanc.

Supra Bailly
Rue du Bailli, 77 (Châtelain)
02 534 09 01
« Un bar de quartier, avec une super ambiance le soir. »

Au Supermercado
À l'angle de la rue de Florence et de la rue Veydt (Louise)
Pour la terrasse et les petits concerts à l'intérieur.

Les apéros urbains
www.aperos.be

Salles de concert

Le Botanique
Rue Royale, 236 (Botanique)
02 218 37 32
www.botanique.be
Une programmation rock, folk, pop, hyper pointue.

L'Ancienne Belgique
Boulevard Anspach, 110 (Bourse)
02 548 24 84
www.abconcerts.be
À deux pas de la Bourse, des concerts qui bougent.

Le Cirque Royal
Rue de l'Enseignement, 81 (Centre)
02 218 20 15
www.cirque-royal.org
Une programmation intéressante et éclectique, qui laisse la place aux concerts et aux spectacles contemporains comme à l'opéra classique.

Les Halles de Schaerbeek
Rue Royale-Sainte-Marie, 22b (Schaerbeek)
02 218 21 07
www.halles.be
Une salle de concert installée dans un décor inhabituel d'architecture industrielle.

Forest National
Avenue Victor-Rousseau, 208 (Forest)
09 006 99 00
www.forestnational.be
La plus grande salle de concert de Bruxelles, qui accueille les pointures de la musique, du spectacle et du one-man-show. Il vaut mieux venir en transports en commun : la fourrière guette à la sortie.

Festivals de musique

Couleur Café
www.couleurcafe.be
Festival très populaire de musique du soleil, réparti sur trois jours de fête et de danse.

Balkan Trafik Festival
www.1001valises.com
Musiques et cultures de l'Est.

Brussels Jazz Marathon
02 456 04 84
www.brusselsjazzmarathon.be
Trois jours de marathon de jazz partout dans la ville. Concerts dans des bars ou en plein air. Navettes pour se rendre d'un spot à un autre.

Les Nuits Botanique
Rue Royale, 236 (Botanique)
02 218 37 32
www.myspace.com/nuitsbotanique
Du rock, du bon. Et de la chanson française, aussi.

Théâtres

Le Théâtre de Poche
Chemin du Gymnase, 1a (Bois de la Cambre)
02 647 27 26
www.poche.be
Niché au cœur du bois de la Cambre, une programmation corsée.

Le Kaaitheater
Square Sainctelette, 20 (Canal)
02 201 58 58
www.kaaitheater.be
Danse et théâtre contemporains.

Le Public
Rue Braemt, 64-70 (Madou)
08 009 44 44
www.theatrelepublic.be
Les grands auteurs, même quand ils font du vaudeville.

Le Théâtre de la Toison d'Or
Galeries de la Toison d'Or, 396-398 (Toison d'Or)
02 510 05 10
www.ttotheatre.be
Pièces d'auteurs, one-man-show et succès populaires.

Le Théâtre national
Boulevard Émile-Jacqmain, 111-115 (Centre)
02 203 53 03
www.theatrenational.be
Une programmation pertinente de théâtre contemporain.

Le Théâtre des Galeries
Galerie du Roi, 32 (Grand-Place)
02 512 04 07
www.theatredesgaleries.be
Théâtre d'auteur, de boulevard, et spectacles de danse.

Le Théâtre de la place des Martyrs
Place des Martyrs, 22 (Centre)
02 223 32 08
www.theatredesmartyrs.be
Une programmation riche et variée. Casques gratuits pour malentendants.

L'opéra

Théâtre royal de la Monnaie
Place de la Monnaie (Centre)
07 023 39 39
www.lamonnaie.be
Programmation classique et innovante, renversante, interpellante.

Un autre cinéma

Le musée du Cinéma
Rue Ravenstein, 60 (Centre)
02 507 83 70
www.cinematek.be
Une programmation exceptionnelle, par cycles : âge d'or, documentaires, nouvelle vague, films belges, d'animations, par réalisateurs… et aussi des films muets, occasionnellement accompagnés par un pianiste.

Le Cinéma Nova
Rue d'Arenberg, 3 (Centre)
02 503 57 57
www.nova-cinema.org
Le cinéma d'art, d'essais et franchement d'expérimental.

CHAPITRE 2

En toute latitude

La drache : la pluie, des gouttes lourdes qui s'abattent sans discontinuer, dans le but manifeste de détremper les gens jusqu'à la moelle avant de les congeler.
Prendre une drache : boire une bière.

Et donc tu as 200m² répartis sur 5 niveaux?...
...et des cuisses en béton!

Châtelaine en son poulailler

« C'est le grand luxe dis donc chez toi ! » Même si vous vivez dans un capharnaüm sans nom au bout d'un escalier branlant où une chatte se perdrait en cherchant ses petits, vous pouvez être sûr que c'est le genre de commentaire admiratif que feront vos copines débarquées de n'importe quelle grande ville européenne (à part Berlin peut-être) en découvrant vos pénates bruxelloises. Les logements sont à l'image de l'esprit de la ville : on a la place de s'ébattre, dans de vastes appartements, comme dans un mode de vie qui laisse respirer. La première fois que je suis venue à Bruxelles, je suis tombée en extase devant la liberté de pensée des gens que je rencontrais et avec qui il était si facile de lier connaissance, dans une file d'attente au marché ou dans un café. Les Bruxellois ont autant de mètres carrés dans la tête que dans leurs maisons. Alex, à l'époque jeune régisseur de cinéma – comprendre « fauché et branché » –, m'avait accueillie. C'était dans les années 90, il vivait dans un immense appartement près de la place Flagey, un quartier où se mêlent étudiants, immigrés maghrébins, boucheries halal et boutiques de puériculture où la poussette neuve coûte 15 euros et, à 50 mètres, sans exagérer, les Étangs d'Ixelles et ses hôtels de maître à 3 millions d'euros. C'est ça, Bruxelles. Alex habitait dans un duplex de 150 m² avec fenêtres Art nouveau et baignoire à pattes de lion, qu'il devait payer l'équivalent de 400 euros par mois. Je n'en revenais pas, et j'ai naïvement cru qu'il avait eu un coup de bol. Le soir, nous sommes allés dîner chez Laurent, même profil sociologique. Il vivait dans une petite rue calme qui donnait sur l'avenue de la Toison d'Or, sorte de Champs-Élysées bruxellois. Il louait aussi pour 300 ou 400 euros un duplex vaste comme un pré bio, avec parquet et cheminée de marbre dans chaque pièce. Sans parler du jardin. Annick, quant à elle, s'était installée dans un triplex rue Haute, juste sous le Sablon et à quelques pas de la place du Jeu-de-Balle, où se concentrent les antiquaires, les brocanteurs et le marché aux puces qui font le bonheur des Français à la recherche de bonnes affaires. Je me suis dit : « Mes amis sont vernis. » J'ai vite compris qu'ils ne l'étaient pas spécialement.

La capitale de l'Europe est aussi celle des habitations démentes, souvent pleines de cachet, à des prix qui laissent la possibilité de vivre d'autres choses que payer un loyer. Bien sûr, on trouve des biens d'exception nettement plus chers, tout comme des cages à lapins, mais il suffit d'ouvrir le *Vlan* (journal gratuit de petites annonces, bible de ceux qui veulent se loger ou acheter une voiture d'occasion) ou de faire passer le mot à ses connaissances pour dénicher un petit paradis avec cerisier à la fenêtre en pleine ville, sans pour autant plomber son budget. Le loyer varie plus en fonction de l'état du logement que de sa surface. Un 100 m² avec plancher, hauts plafonds et moulures dans une super commune bobo pour quelques centaines d'euros par mois ? C'est encore possible, il faut juste l'aimer dans son état pittoresque ou le rafraîchir. Certains quartiers centraux regorgent de grands logements abordables, à condition d'être prêt à remonter ses manches pour y mettre un coup de peinture. Mon amie Imane vient ainsi d'emménager dans 175 m² à Schaerbeek, un quartier à forte mixité sociale où elle adore les restaurants turcs et marocains et retrouve la tradition des hammams qu'elle a quittés dans sa Tunisie natale. Elle doit monter quatre étages à pied, mais son immense appartement ne lui coûte que 500 euros par mois. Certes, les prix ont pas mal grimpé ces dix dernières années (« la faute aux Français et aux Suédois », râlent les Bruxellois. Vous connaissez beaucoup d'autres capitales où les autochtones chargent les immigrés parisiens et nordiques de tous leurs maux ?), mais en gros, pour à peine plus d'un deux-pièces en périphérie parisienne, vous pouvez vous loger dans un « trois-chambres » de 160 m² en plein centre de Bruxelles. Ici, les appartements sont classés en fonction du nombre de chambres, et non pas du nombre de pièces. Comptez 800 à 1 000 euros par mois pour un « deux-chambres » (l'équivalent d'un trois-pièces donc) « en enfilade » dans un chouette quartier. Seul bémol, à ce loyer-là, vous n'aurez pas votre salon baigné de soleil. Un appartement « en enfilade » étant situé dans une ancienne maison de maître vendue ou louée « à la découpe » par le propriétaire, dont la pièce centrale est aveugle et la façade souvent étroite (ces anciennes constructions ont été conçues pour économiser le chauffage en hiver et protéger les pièces en façade du vent). Et pour un 150 m² – très facile à trouver – dans un immeuble classique, en bon état et dans un coin un peu bourgeois, ça tourne autour de 1 000 à 1 500 euros par mois (300 000 à 400 000 euros à l'achat).

Dans cette ville qui vous accueille avec vos souvenirs et tous vos bagages, les grands espaces ne sont pas réservés qu'aux nantis. Plus chère qu'avant, mais toujours accessible, Bruxelles bénéficie notamment d'un Fonds du logement, qui accorde aux jeunes aspirants propriétaires des prêts à 2 %. Si la Belgique tient le haut du pavé européen en matière d'accès à la propriété (75 % des Belges possèdent leur logement), ce chiffre tombe à 40 % à Bruxelles, parce que les prix y sont relativement plus élevés et aussi en raison du turnover eurocrate, qui incite les fonctionnaires européens à louer plutôt qu'à acheter quand ils ne restent que quelques années (du moins c'est ce qu'ils pensent, mais nous y reviendrons).

Dès qu'elle « attend famille » (qu'elle est enceinte), la pintade se met en chasse d'une maison de ville. Elles sont très répandues et quasiment toujours pourvues d'un jardin, et pas de poche. Line, une jeune architecte espagnole, a investi dans un entresol de 140 m^2 face à un beau parc à Ixelles. Il faut descendre une volée de marches pour pénétrer chez elle et, une fois en bas, on se retrouve au niveau du jardin. Dans les anciennes caves de cette maison de 1920, elle a créé un appartement de trois chambres, avec une belle salle de bains et une cuisine américaine qui bénéficie de la lumière extérieure. Mais les chambres et le salon sont dans l'ombre. Il est fréquent de découvrir des logements ainsi installés dans les entresols à niveau de pelouse, dans des maisons de standing, et qui deviennent des « appartements de charme avec jardin ». Les occupants ne s'en plaignent pas, contents de vivre dans des immeubles chics, en plein cœur de la ville.

Contrairement aux autres grandes villes européennes, où les moins fortunés se retrouvent souvent dans des HLM, il y a très peu de barres d'immeubles à Bruxelles, qu'on appelle communément des Etrimo. Ces grands ensembles ne sont pas concentrés en banlieue, mais occasionnellement disséminées dans des communes vertes, comme Watermael-Boitsfort ou Woluwé-Saint-Lambert, et surtout plébiscités par une certaine classe moyenne et des personnes âgées, qui préfèrent le confort des constructions modernes à l'imprédictibilité de l'ancien.

Les familles à revenus très modestes, elles, choisissent de plus en plus l'exode vers les communes excentrées, voire la Wallonie, là-bas, aux confins des frontières de la Région de Bruxelles-Capitale (10 minutes en voiture), où les prix s'adoucissent.

Sous les pavés, les talons cassés

Expat française éblouie par la poésie du Nord, j'aime Bruxelles. La première fois que j'ai posé mon pied chaussé de bottines en cuir blanc percées d'un hublot sur la malléole (c'était dans les années 90) sur les pavés de la Grand-Place, j'ai su. Su que je ne pourrais plus vivre ailleurs qu'au milieu de ces maisons ciselées dans de la dentelle de pierre, oscillant entre l'architecture anglaise et hollandaise. J'étais incapable de quitter des yeux ce ciel bas et opaque comme un écran de cinéma, où se jouait l'Histoire de l'Europe, à travers les rayons pathétiques d'un soleil aphone. La lumière, sublime, expliquait à elle seule tout le génie des peintres flamands, de Vermeer à Van Eyck. J'ai frissonné sous la drache (le crachin local, qui congèlerait en cinq secondes une piscine olympique remplie de lave en fusion) et resserré le col de ma doudoune. Il faisait 11 °C, à peine. Nous étions en août. Mon talon cylindrique a ripé sur une pierre humide, je me suis tordu la cheville. Ma première entorse européenne marqua l'émergence d'une passion indéfectible pour Bruxelles, et le début du dilemme de toute une vie : ma ville d'adoption hait les chaussures à talons. Au fil des années, j'ai tant trébuché en chaussures stylées à vertigineux talons, tellement caracolé en sandales hautes, si souvent perdu l'équilibre (et la face) en escarpins, que je me demande pourquoi je me retrouve encore, haletante et le cœur en freestyle, devant la vitrine de Louise Fifty Four. Pour une amoureuse des chaussures, Louise Fifty Four, c'est comme une gigantesque Love Parade de souliers de luxe, dans une miniboutique. Ballerines Lanvin en guipure de cuir, escarpins de « dames » Céline, bien sûr Louboutin, on ne retrouve la raison qu'en sentant l'odeur de plastique brûlé de sa carte de crédit qui vient de fondre. À Bruxelles, on ne devrait avoir le droit de vendre ces merveilles qu'avec un abonnement aux urgences orthopédiques. Parce que l'un des grands contresens répandus sur la Belgique, outre que c'est la patrie de la frite (on en mange beaucoup plus en France, par an et par habitant), est que ce pays est plat. Brel devait avoir fameusement forcé sur la Gueuze quand il a écrit sa chanson. D'abord, avec les Ardennes au milieu, la mer du Nord à gauche, et les Hautes-Fagnes à droite (un homme dirait « centre », « est » et « ouest », mais nous sommes entre pintades), le relief de la Belgique est ultra-contrasté. Surtout à Bruxelles. Partout, ça monte et ça descend, les bottes patinent sur les pavés luisants, les *kitten heels* s'accrochent aux différences de niveau, les talons bobines s'incrustent dans les trous du pavage ancien. Une jambe reste coincée tandis que l'autre avance, la folle de chaussures se ramasse. Ici, on a un budget cordonnerie comme à Paris on a un passe Navigo. Les transports en commun n'étant pas pléthore, on fait tout à pied parce que la ville est belle, ou en voiture parce qu'il pleut. Un jour, j'ai assassiné une paire de mules, pointues, en verni rouge et à talons aiguilles courts (c'étaient plus que des godasses, elles étaient devenues mes amies), lors d'une balade urbaine. Deux heures à flâner au milieu des antiquaires du Sablon, le rendez-vous très chic des amateurs d'art et des touristes le week-end, un petit tour chez les brocanteurs des Marolles, leur pendant populaire un peu plus bas dans le même quartier, un bain de foule aux puces de la place du Jeu-de-Balle, et de pavés inégaux en trous dans la chaussée, mes mules se sont retrouvées amputées d'un talon. Alors que je m'apprêtais à les inhumer dans leur jolie boîte de carton épais, j'ai pensé à la Cordonnerie. Cet artisan de la place du Châtelain, centre international de la bobo-erie bruxelloise, est en effet réputé pour sauver *toutes* les situations talonesques. Retenant mon souffle, j'ai pénétré dans le sanctuaire du cordonnier le plus respecté des *shoe addicts*. Traversant pour cela un trottoir de pavés déchaussés digne d'un champ de mines à chaussures. J'ai demandé à ce monsieur s'il pouvait réparer mes souliers adorés, il m'a contemplée de l'air offensé du chef de service de chirurgie à qui l'on demande s'il sait faire des points de suture. Il a retapé mes souliers qui ont repris pour quelques années de service. Cet homme vit grâce aux pavés bruxellois. Un autre corps de métier puise sa fortune dans le dallage approximatif des trottoirs : les vendeurs de poussettes. Dans des conditions basiques d'utilisation, une famille achète un buggy pour l'aîné, et le refile aux puînés. Pas ici. Prenez une poussette, même une chère, avec toutes les options. Installez-y un bambin normalement gigotant, accrochez-y des sacs de courses remplis de briques de lait et de pommes de terre pour la purée dudit marmouset, et lancez le tout sur un pavage, disons, créativement assemblé. Après six mois, les roues se décrochent. Au bout d'un an, la direction ne répond plus. Avant que le petit pintadeau ne marche assez bien pour se passer de sa machine à roulettes, le châssis cède tandis qu'on tente d'avaler la marche du perron. Si vous comptez vous reproduire à Bruxelles, comptez un enfant/une poussette. Minimum.

Pourtant, je les aime, ces pavés, souvent désolidarisés comme une dentition mal soignée, qui sont probablement une bonne réponse à la pluie qui ruisselle sur la ville à longueur d'année, évacuant les trombes d'eau mieux qu'un dallage lisse.
Clopin-clopant entre les pierres hérissées, on sent le poids de l'Histoire, ça brille la nuit sous les réverbères, c'est romantique et bien moins aseptisé que ces carrelages impersonnels des villes nouvelles. On s'attend à voir surgir une calèche, à entendre rugir un bateleur de foire écumant de bière, à sentir l'odeur des caisses de poisson qu'on décharge sur le quai.
Bruxelles sans ses pavés, c'est Paris sans ses grèves : une carte postale impersonnelle.
Alors, comme les 500 000 Bruxelloises qui, pourvues d'ovaires, adorent forcément les pompes, je continue de dépenser l'équivalent de la dette publique des États-Unis chez Hatshoe, la boutique de chaussures de la rue Dansaert qui rendrait hystérique un bonze dans le coma, avec ses modèles Dries Van Noten à talons comme des ergots pour tutoyer le ciel. Comme mes sœurs de shopping, je hante le rayon soulier de Francis Férent, le multimarques qui susurre « Marc Jacobs, Prada, Jimmy Choo et Repetto » à nos petons. Je claque (des euros), je fusille (mes guêtres

bicolores dès qu'elles sortent dans la rue), bref je fais tourner l'économie.
Mais un jour, telle une crypto-soixante-huitarde, moi aussi j'arracherai un à un ces maudits pavés bruxellois, à la pointe d'un escarpin mutilé. À la place, je coulerai des trottoirs de béton. Ce sera moins pittoresque, mais j'aurai vengé des générations de talonistas.

Un sommet européen ? Non, un goûter d'anniversaire

« Filez dans le jardin ! » Roberta, dynamique quadragénaire italienne et néanmoins bruxelloise avertie, cavalant après la marmaille en jupe crayon et escarpins, tente de refouler les vingt-cinq gamins qui ont envahi son salon avec des chaussures pleines de terre vers ses 150 m² de pelouse. Roberta habite une maison individuelle avec verdure, en plein centre-ville. Ce qui fait l'incroyable cachet de cette habitation déjà vaste, c'est la maison d'invités bâtie au fond du jardin. Un bungalow confortable de deux niveaux, tout en baies vitrées, avec cuisine et salle de bains. Un investissement de confort et de bien-être, pas donné mais pas rare, surtout à Uccle et Ixelles. Bruxelles s'articule autour de nombreux cœurs d'îlots, qui recèlent des merveilles d'arrière-maisons et d'ateliers retapés, habités ou utilisés comme salles de jeux pour les enfants. Inutile d'être très riche, il suffit d'avoir l'œil. Et c'est une femme qui a failli acquérir

une imprimerie désaffectée située au milieu d'un jardin intérieur isolé du bruit et du fracas de la ville, avec tomettes au sol et poutre apparentes mais beaucoup trop de travaux pour sa bourse, qui le dit. Kristin, une amie allemande, artiste peintre donc peu fortunée, possède ainsi une grande maison ancienne près de la rue du Bailli, de ses commerces et de son attrait universellement incontesté à Bruxelles, avec au fond du jardin une ancienne manufacture de gravure. Elle y a installé son atelier, ainsi que des balançoires fixées à la charpente, pour que ses enfants puissent s'amuser pendant qu'elle peint, et les copains de passage y loger le week-end. C'est un coin de paradis, avec murs de briques jaunes et rampe d'escalier sculptée, le tout sur 50 m^2 en tout, un rez-de-chaussée et un étage.
Pour les 4 ans de sa fille, Roberta a pris son après-midi, elle a cuisiné un gâteau à la crème et aux fruits, un autre 100 % chocolat (avec tous ces gosses allergiques, on ne sait jamais), et elle a fait venir une fée. Attention, pas une étudiante attifée d'une robe de Barbie, non, une authentique fée, qui va patiemment maquiller vingt princesses en papillons et cinq pirates en Spiderman. Ensuite, tout ce petit monde partira à la chasse au trésor dans le jardin, et dans les quatre étages de sa belle maison. C'est que pour accueillir et divertir l'équivalent d'une classe de maternelle, il faut de la place.
Et la plupart des familles prévoyantes en ont. Pour les goûters d'enfants, anniversaires ou fêtes d'Halloween, le jardin est un lieu de salut où les mômes peuvent s'ébattre sans faire s'effondrer les murs de la baraque. On y installera éventuellement un château gonflable loué pour l'occasion et de toute façon, on y organisera un jeu de piste. En cas d'absence de verdure, on invite quand même la moitié de l'école, mais on dispatche les monstres dans toutes les pièces du logement familial, salle de bains comprise, pour une pêche aux canards qui entrera dans les annales.

Roberta est italienne, je l'ai dit, mais sa façon de recevoir est bruxelloise. Quand elle invite une ribambelle de convives dont les âges cumulés n'atteignent pas 40 ans, elle les soigne aussi bien que des chefs d'État. C'est une hôtesse en or, mais pas une exception. Un simple goûter d'anniversaire, à Bruxelles où on aime aimer les enfants, c'est toujours un parc d'attractions plein de sucres d'orge et de montagnes de crèmes glacées comme dans le pays de cocagne de Pinocchio, sans la mauvaise blague des oreilles d'ânes à la fin, tout juste un petit bouillon le soir, et au lit. J'ai aussi le souvenir épique de l'anniversaire du petit Yoann. Ses parents, qui ont des moyens modestes et quatre enfants, ont dégotté avec bonheur et un petit budget une maison de cinq chambres dans une commune super agréable pleine d'espaces verts, au milieu d'une allée encadrée de pommiers en fleur au printemps. Ils y avaient organisé des jeux dignes d'un rallye scout. Après dix minutes, le père s'était prudemment planqué avec les aînés devant la console de jeux, tandis que sa femme Clémence, qui porte bien son nom, aidait de jeunes Cendrillon de 6 ans survoltées par le sucre à se cacher dans toutes les pièces de la baraque, pour une partie de cache-cache qui lui avait permis de brûler environ un million de calories. Il avait fallu consoler celles qu'on avait trouvées trop vite, celles qu'on avait mis trop de temps à repérer et qui se pensaient abandonnées dans la buanderie, celles qui voulaient jouer à autre chose, celles qui se disputaient puis se réconciliaient si vite qu'on ne savait plus qui moucher, et les garçons qui voulaient descendre l'escalier en luge et prenaient comme une injustice sexiste qu'on laisse les filles faire ce qu'elles voulaient. J'ai entendu dire qu'avant les 7 ans de Yoann, Clémence avait été canonisée.

Une brique dans le ventre

Mon amie Alice travaille dans l'immobilier. Mais pas le genre d'immobilier où on pointe à l'agence à 9 heures pour prendre le téléphone, écumer les petites annonces et passer ses journées en visites de chantiers. Alice, très jolie fille d'à peine 30 ans, longue, mince, dont le dressing ressemble à un showroom haute couture, roule en décapotable et agite ses boucles taillées par un coiffeur branché au-dessus de ses lunettes de soleil griffées (pas les verres, la marque) tout en consultant ses messages sur son smartphone. Elle rit tout le temps parce qu'elle est authentiquement joyeuse, et ses talents en matière de communication lui servent entre autres à mettre en contact des gens qui vendent des biens d'exception avec ceux qui cherchent des baraques du même profil. Elle est belge, a reçu une éducation bourgeoise, a fait ses études à Paris, a épousé son amour d'adolescence et sait « se tenir » dans la haute société. Les Français fortunés sont sa clientèle de base, familles de rentiers, hommes d'affaires à la recherche d'une belle qualité de vie à 1 h 30 de Paris, ou SDF (Sans Déclaration Fiscale – ce qui n'est en réalité pas vrai – ou Sans Difficultés Financières – là oui, c'est correct).

Je l'entreprends sur les belles maisons délabrées de Schaerbeek, sur l'architecture Art nouveau autour du parc Josaphat, sur cet ancien quartier, qui était jusqu'à l'après-guerre le quartier chic de Bruxelles. Cette commune, aujourd'hui à forte population immigrée et souvent peu aisée, aux immeubles mal ou peu entretenus, pas toujours safe le soir, n'est pas le terrain de business d'Alice. Elle me lâche, brute de décoffrage et pleine de second degré : « Il y a des maisons magnifiques là-bas, mais même mon GPS ne sait pas comment y aller. J'ai une clientèle d'expatriés, surtout des Français, pour qui Bruxelles coûte une croûte de pain.

Ils veulent du luxe, et moi, je m'éclate à le leur trouver. Je viens d'avoir un "prince" français, budget no limit, dont le principal critère de recherche était de pouvoir faire atterrir son hélico dans le jardin. Je ne fais pas de l'immobilier, je fais de la relation publique. Il y a beaucoup de biens exceptionnels à Bruxelles. Dans le quartier de l'Observatoire, on trouve de véritables manoirs. Puis, si on s'éloigne du point névralgique "Châtelain-Brugmann", les prix baissent doucement, jusqu'à Waterloo. Je cherche la perle rare pour des gens qui veulent "jouir" mais pas "éclater". Ils visent le confort, pas la frime. Ils aiment les maisons en fond de terrain, même légèrement excentrées. Mais une certaine clientèle vise toujours les Étangs d'Ixelles, le Val de la Cambre, le Square des milliardaires. Contrairement à ce qu'on pourrait penser, j'ai une clientèle plutôt jeune, des rentiers qui ont vendu leur affaire en France, qui veulent profiter d'une douceur de vivre, et qui cherchent à vivre près du lycée français, pour leurs enfants. Les gens plus âgés préfèrent la place Brugmann. »

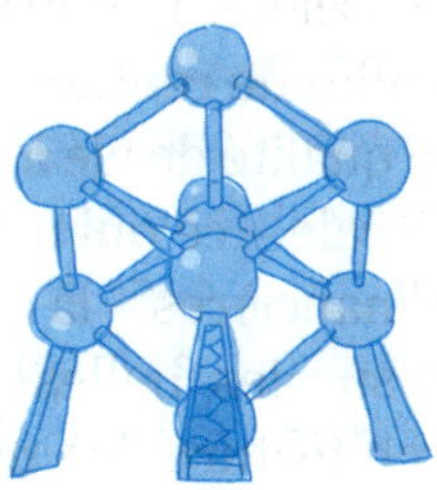

Bien nantis ou non, on dit des Belges qu'ils ont « une brique dans le ventre », c'est même le nom d'une émission de télé. Alice confirme : « Nous sommes des épargnants, et le marché bruxellois reste abordable. Il y a eu une bulle spéculative avec le déferlement des Français, mais depuis la crise de 2008, les prix ont chuté et la progression est redevenue normale, pour une qualité de vie formidable. Bruxelles est une plate-forme : Paris et Londres sont à moins de deux heures, et l'aéroport à vingt minutes. Ça intéresse les Parisiens, qui bougent beaucoup et partent en week-end, mais qui pour rien au monde ne retourneraient vivre à Paname. » À l'approche des élections présidentielles de 2012, quand François Hollande a commencé à gagner du terrain, les affaires n'ont jamais été aussi bonnes pour les agents immobiliers de Bruxelles : des Français fortunés sont devenus des « exilés politiques », sans attendre le résultat du scrutin. « Martine débarque à Uccle », ça les a bien fait rire.

Le bout du tunnel

Prendre aux heures de pointe les tunnels de la « petite ceinture », comme on appelle la voie rapide qui traverse Bruxelles de bout en bout, je l'ai fait. Pas souvent. Une pintade avertie en vaut deux : on ne m'y reprendra plus. Il semble que toute l'Europe se donne rendez-vous chaque matin à 9 heures et chaque soir dès 16 h 30 sur cette autoroute urbaine (mais limitée à 50 km/h presque tout du long). Le souci, quand on s'y retrouve au point mort à regarder les autres automobilistes se curer le nez dans le rétroviseur, c'est qu'on est bloqué entre deux murets de béton ou carrément dans les tunnels qui remontent régulièrement à la surface comme pour permettre aux conducteurs aussi exaspérés qu'asphyxiés de respirer. En direction du quartier européen, on fricote pare-chocs contre pare-chocs avec des voitures immatriculées « EUR », les plaques des fonctionnaires européens, quelques plaques « CD » pour les rares diplomates dont le chauffeur n'a pas pris les rues adjacentes, et les milliers d'automobilistes qui se rendent au même endroit que nous. Alors à moins de vouloir passer la prochaine heure à parcourir deux cents mètres en respirant l'air filtré de la clim pour échapper aux gaz d'échappement, et parce que le GPS jette l'éponge sous terre, on se tire de là le plus vite possible, c'est-à-dire en se faufilant vers la prochaine sortie, faussant compagnie aux hommes en costume qui téléphonent, aux femmes élégantes qui se maquillent et qui téléphonent, et aux courageux qui, en plein hiver, fument leur cigarette toutes fenêtres ouvertes, mêlant les additifs de leur tabac à un savoureux nuage d'essence, tout en téléphonant. Quand, par distraction, il m'arrive de me retrouver dans ce sac de nœuds, tous clignotants dehors, je quitte la petite ceinture pied au plancher (à 20 km/h, donc) pour prendre les petites rues qui encadrent et distribuent le centre-ville. Elles sont quasi désertes. Évidemment, puisque tout le monde préfère suffoquer dans les tunnels. C'est que prendre la tangente, ça demande de naviguer un peu, alors que la voie rapide, elle, va tout droit. Néanmoins, envisager de traverser la ville en quinze minutes parce qu'on connaît un petit chemin à soi, c'est compter sans les travaux. La phrase qu'on entend le plus souvent dans sa voiture à Bruxelles le matin est sans conteste « Recalculer l'itinéraire », ânonnée par ce navigateur électronique qu'on hait comme si c'était sa faute.

Le pire ennemi de la pintade qui essaye d'arriver au boulot à l'heure, ce ne sont ni les chantiers, ni les tunnels, ni même les transports en commun peu alertes (quatre lignes de métro, des bus qui passent en moyenne toutes les vingt minutes dans les quartiers résidentiels). La faille, c'est l'imprévoyance. On doit partir en ville comme on prépare une épopée, l'œil sur le site de Bruxelles Mobilité[1], qui annonce tous les chantiers perturbants, l'oreille collée à la radio qui prévient des problèmes de circulation. On s'équipe avec une grande

1. www.bruxellesmobilite.irisnet.be

bouteille d'eau, de bonnes chaussures, et on fait comme tout le monde : on appelle le bureau pour dire qu'on est malade. Essayez, personne ne vous répondra. Ils sont tous bloqués dans les tunnels.

Ubuesque urbanisme

Il y a deux choses à retenir sur la topographie de Bruxelles. La première : la Belgique a beau être un Plat Pays, sa capitale ne fait que monter et descendre. Pas au niveau de San Francisco, mais assez pour qu'on réfléchisse à deux fois avant de mettre des talons quand il y a du verglas. La seconde, et c'est celle que je préfère : Bruxelles est une ville en forme de cœur, ça veut tout dire. C'est vrai, regardez sur une carte.

Oh, je sais bien que le propos des ouvrages sur les pintades n'est pas de s'étendre sur les aspects historiques des cités qui font le nid des fashionistas et des globalistas de toutes plumes, et que ce chapitre devrait théoriquement dépeindre le visage actuel de la ville, et reléguer à Wikipédia les joues rondes de son enfance. Mais je ne résiste pas au plaisir de vous raconter la Bruxelles qui « bruxellait », celle de Brel, de la noblesse triomphante et des gens « zwanzant » (déconnant) au rythme d'une ville pas encore europhile qui savait se faire belle pour danser.

Cette Bruxelles-là, je ne l'ai pas connue, elle date d'une époque où Internet était en noir et blanc comme dirait ma fille (les années 50), où les vendeurs de cigarettes affirmaient aux hommes que le tabac rendait viril et où, dans la future capitale de l'Europe, les rues étaient aussi propres qu'une maternité en Suisse. Léon Didden, lui, l'a vécue. Léon n'est pas une pintade, non, c'est un monsieur de septante ans. Il parle à travers mon clavier, et même s'il n'emploie pas les mots « fashion », « eurocrate », ou « carrefour international », ce petit voyage à travers le temps en dit plus long sur la ville telle qu'on la connaît aujourd'hui que toutes les enseignes de Quick et de Zara. Lever un coin du voile sur la Bruxelles d'avant son lifting « XXIe siècle » permet de comprendre la « capitale européenne 2.0 ».

Léon Didden est un Flamand de Bruxelles. « Je vis et j'aime Bruxelles. Ici, un Flamand bruxellois est avant tout un Bruxellois. » Fondateur d'Aviation sans frontières, et président pendant vingt ans de cette ONG qui met des moyens aéronautiques à la disposition des missions humanitaires d'urgence, c'est aussi un homme d'affaires averti qui a travaillé pendant plus de cinquante ans dans le tapis. Tapis de luxe pour la noblesse, moquette du quotidien pour chacun, carpettes fantasques ou classiques qui accueillent les plus grands de Belgique comme les gens du quartier en chaussettes. Aujourd'hui, sa fille Nathalie pilote son entreprise de tapis volants, mais Léon a eu le temps de bien observer le monde d'en haut, et à ras du sol dans bon nombre de maisons bruxelloises. Dans les airs, on comprend mieux ce qui se passe sur Terre. Il a arpenté les paysages les plus époustouflants du bout des ailes de ses zincs, et c'est encore au zinc des bars bruxellois qu'il se sent le mieux. « Un Bruxellois, c'est un bon vivant qui boit de la Kriek. C'est comme ça. »

Par amour pour l'architecture, Léon hait les tagueurs. Question d'esthétique et sans doute de génération : « De mon temps, Bruxelles, c'était partout les beaux quartiers de Paris. » Sa Bruxelles lui manque. « Bruxelles est devenue une ville sale. En son temps, Victor Hugo a habité Grand-Place, et il l'a quittée parce que, disait-il, "ces Belges passent leur temps à nettoyer, même les trottoirs". » Traumatisé par la propreté de la ville, le poète a regagné des auspices moins aseptisés. Notons que l'exil politique était aussi pour quelque chose à sa vie nomade. Léon enfonce le clou de Bruxelles : « Dans les années 40 et 50, Bruxelles était sûre, on ne fermait pas les portes, on pouvait laisser les clefs de sa voiture sur le contact. » Le Berlaimont, aujourd'hui bâtiment phare de la Commission européenne, était une institution privée pour jeunes filles de bonne famille, les « nonettes » chantées par Brel, où les demoiselles se promenaient dans un parc luxuriant, les yeux baissés sur leurs livres de bonnes manières. Toute la noblesse belge habitait ce quartier, désormais une enclave administrative pourfendue par une autoroute urbaine, la rue de la Loi. « Tout autour du parc du Cinquantenaire s'enfilaient des perles architecturales. Dans les années 50 et 60, la rue des Bouchers (à deux pas de la Grand-Place), c'était le cœur de la gastronomie et de la vie bruxelloises. Aujourd'hui, c'est une vaste arnaque, une succession de bouis-bouis qui donnent une mauvaise image de Bruxelles aux touristes. Pourtant, c'est la seule ville au monde où chaque État possède une ambassade, et parfois jusqu'à quatre délégations diplomatiques. » Léon regarde la ville faire sa crise d'adolescence. « À l'époque, on sortait, on allait au dancing, on "bruxellait", et on finissait au plus beau café de Bruxelles, le Roy d'Espagne, sur la Grand-Place. À l'étage c'était un établissement magnifique et traditionnel, mais au sous-sol, dit le "Bierkelder" (cave à bière), les étudiants étaient les "roys". On pouvait boire, vomir, casser, écrire sur les murs. À la fermeture, on passait un jet d'eau par terre et sur les murs, et on recommençait le lendemain. »

Bruxelles a commencé à changer à cause de – ou grâce à – l'Exposition universelle de 1958. Ce fut le début de la « bruxellisation », terme architectural employé de Rio à Tokyo, pour désigner une ville anarchiquement bousillée par des décisions urbanistiques iniques. Pourtant, à en croire Léon, « l'expo, ça a été un moment fabuleux dans toute vie de Bruxellois. Un passage inoubliable pour les jeunes de l'époque. Le monde entier avait le regard tourné vers nous. À l'époque, je "brossais" (séchais) le collège, et je guidais les touristes à travers la ville. C'est comme ça que j'ai gagné mon premier argent. Tout le monde a fait du profit sur cette expo. On pouvait y voir le premier spoutnik, qui faisait "bip bip" en Belgique, c'était surréaliste. Dans le pavillon français, était exposé un tableau de Dalí. Il faut s'imaginer ce que c'était pour l'époque. Avant l'expo, Bruxelles était une petite ville de province ». On y a fait des grands travaux, on a commencé à démolir, dès 1955, les grands boulevards qui n'avaient rien à envier à ceux de Paris, pour y creuser le ring intérieur, une voie rapide urbaine qui traverse la ville de bout en bout par une succession de quarante-deux tunnels, censée faciliter la circulation. C'était peut-être vrai en 1958, mais de nos jours aux heures de pointe, c'est un bouchon continu de 11 kilomètres, qui enceint le centre de Bruxelles-ville.

« Le creusement de ces tunnels a causé beaucoup de dégâts. On a créé de vilains parkings à la place de maisons de maîtres, on a abattu des superbes demeures. Mais c'est le PS qui a commis le plus grand crime contre l'urbanisme, en démolissant la Maison du peuple de Victor Horta. Une splendeur d'Art nouveau, démantelée pour bâtir une immondice architecturale en béton. C'est l'avis de tous les Bruxellois, aucun esthète d'aucun bord politique ne leur pardonnera jamais ça. Ils avaient promis de reconstruire cette bâtisse ailleurs, mais Bruxelles attend toujours réparation. »

La première ligne de chemins de fer commerciale au monde, inaugurée en 1835, reliait Bruxelles à Malines. On a évidemment démoli aussi cette gare, entièrement en bois, pour créer un héliport en 1958, toujours à cause ou grâce à l'exposition. « Cette expo a créé des dégâts considérables. Les promoteurs immobiliers ont achevé Bruxelles. » Il est vrai qu'avec l'expansion des communautés européennes et le rayonnement exponentiel de la ville, il a fallu construire. Nécessité et profit ne font pas toujours bon ménage avec bon sens et souci esthétique. L'urbanisme Bruxellois a payé au prix fort son attrait international. Dès la fin des années septante, on a vraiment commencé à bâtir tout et n'importe quoi, un mouvement qui commence à peine à être jugulé depuis une quinzaine d'années.

Quand il pense à son amoureuse de pierres, d'avenues et de béton, Léon soupire : « Bruxelles dépérit, elle n'est plus entretenue, son architecture se meurt, sa beauté flétrit. Pourtant, les Bruxellois aiment Bruxelles. Les Belges sont des Gaulois, pas des Bataves. Ils sont surréalistes et absurdes. Pour les comprendre, il faut se référer au plus Bruxellois de tous les Bruxellois, le Grand Jacques (Brel). Il détestait les flamingants (Flamands séparatistes), et les cons de manière générale. Il a écrit la plus belle chanson en flamand : *Marieke*. Cet homme était contradictoire, comme tous les Bruxellois sont contradictoires, goguenards, et chiants. C'était le plus Belge des Brusseleirs (les vrais de vrais Bruxellois, ceux des Marolles, ceux à gouaille, la mémoire de la ville). Pour comprendre Bruxelles, il faut écouter Brel. »

Les pieds dans le plat (pays)

Bruxelles, capitale européenne du bouchon – pas de Liège, mais de la circulation automobile. Sauf une journée par an. Une journée sans voitures. Une journée funky, une journée verte, festive, écolo et généreuse. Chaque automne, le temps d'un dimanche, Bruxelles se ferme aux automobiles et se transforme en kermesse géante, où les odeurs de gasoil et d'essence font place aux effluves gourmands de saucisses de Libramont, de carbonnade flamande, et de gaufre caramélisée.
Le dimanche sans voitures, c'est le point d'orgue de la Semaine de la mobilité, toujours fixée au mois de septembre, partout en Europe. Les moteurs sont interdits dans les rues, à l'exception des taxis, bus, cars, véhicules d'urgence, de personnes handicapées, de presse et plaques diplomatiques. A priori, vous serez donc à pied.
Dès le petit matin, les principales voies d'accès sont bloquées aux autos, et les rues sont envahies de piétons euphoriques, un brin revanchards. Par réflexe, on commence par marcher sur le trottoir puis, tel Clint Eastwood faisant cliqueter ses éperons devant un saloon poussiéreux, on se plante au beau milieu de la chaussée, même pas sur les clous.

On se fait doubler par une famille en rollers poussant un buggy à 50 km/h, sur la pente des tunnels qui encadrent le centre-ville, on se faufile entre les vélos, pas toujours très respectueux des passants, maintenant qu'ils « ont le droit » de bomber comme bon leur semble, on côtoie des cavaliers et leurs fringantes montures, autorisées pour l'occasion à quitter l'écurie pour faire leur shopping en plein centre commerçant. Dans cette ambiance surréaliste, les Bruxellois de toutes origines, des eurocrates aux Marocains, tous en survêt et en goguette, défilent en rangs plus ou moins serrés, selon les activités organisées un peu partout. Place Poelaert, au pied de l'imposant palais de justice érigé sur une colline artificielle surélevée par des colonnes souterraines, point culminant de Bruxelles, s'étale un marché bio. On y déguste de somptueux sandwiches grands comme le bras, farcis d'un jambon découpé au couteau, et du fromage des brebis qui broutent plus loin, sur les rouleaux d'herbes déroulés en lieu et place des rails du tram. Les paysans exhibent leurs bêtes, vaches, moutons, amis des pintades citadines chaussées de ballerines pour l'occasion, et aussi des porcelets roses de plaisir d'être admirés par les enfants de la ville, extatiques, qui pensent que le poulet naît directement emballé dans de la cellophane, et qui ignorent qu'avant de « goûter » (d'avoir du goût), un steak broute. En monocycle ou au rythme soutenu d'une marche nordique, on quitte l'ambiance survoltée des châteaux gonflables et des concerts de rues pour s'aventurer dans les quartiers résidentiels. Là, loin du bruit forain des animations aux accents de fête nationale, on a le loisir d'explorer en paix les arrière-cours arborées, de se dévisser la tête vers les gargouilles typiques d'une architecture aux influences médiévales, de contempler les fresques Belle Époque qui flirtent avec des façades recouvertes de BD et de rester le souffle coupé devant les nombreuses maisons Art nouveau, disséminées un peu partout dans la ville, sans logique ni harmonie des styles. On est frappé par ce qui n'est pas là : le bruit des moteurs, les nuages gris des pots d'échappement. À la place de l'exaspération des automobilistes, on sourit à l'excitation des promeneurs. Tout le monde redevient touriste dans sa propre ville. On sent enfin l'odeur des rues, le parfum de l'art de vivre belge.

Ne nous emballons pas, et briefons bien les enfants, qui prennent vite le pli de devenir, le temps d'une journée, des gamins des rues. Car le soir tombant, les voitures reprendront leur droit au bitume. Demain, l'air sera plus épais dans les poumons, le caoutchouc des pneus talonnera le cuir de nos stilettos. On se prendra à rêver d'une « année sans voitures ». Cependant, pour la vraie vie quotidienne, avec piles de dossiers, cartons de livres, familles nombreuses à cornaquer vers l'école et pluie battante démocratiquement répandue sur le pays, partout et tout le temps, on reconnaît que si le « *Car Free Day* » est un tel succès, c'est parce qu'il est exceptionnel. Vivement une bonne bouffée de diesel.

Les alternatives aux transports aux communs

Collecto
02 800 36 36
Taxis collectifs de nuit. De 23 heures à 6 heures du matin, 7 j/7. Chaque départ de taxi à la borne d'embarquement (200 stations) est prévu à heure fixe, ou sur réservation, 20 minutes à l'avance. Prix par personne : 5 ou 6 euros.

Zen Car
02 669 77 91
www.zencar.eu
La voit'lib. C'est la bonne idée écolo et pratique pour les inconditionnels de la voiture en ville. Moyennant un droit d'inscription de 40 euros, puis une formule d'abonnement à prix mini, on accède en libre-service à un véhicule biplace au design « jouet Kinder », juste le temps dont on en a besoin. On réserve sa Zen Car 24 h/24 par Internet ou téléphone, puis on en prend possession dans l'une des 20 zones de stationnement réparties au cœur de Bruxelles. Cerise sur le capot ? Elle est électrique, silencieuse, et dispose d'une autonomie de 120 km.

Villo !
www.villo.be
Les vélos en libre-service. Ils sont jolis et tout jaunes, un peu lourds, mais disponibles 24 h/24. Les stations, environ 300, sont de plus en plus nombreuses (ce qui d'ailleurs rogne sur les places de stationnement des automobilistes), à peine distantes de 400 mètres. Abonnement pour 30 euros par an, première demi-heure d'utilisation gratuite, puis 1 euro de l'heure, avec tarifs dégressifs. Bruxelles compte à peine 4 % de cyclistes

(contre 30 % dans les villes flamandes) se faufilant entre les automobilistes qui les considèrent au mieux comme invisibles, au pire comme nuisibles. Selon les cyclistes eux-mêmes, pédaler à Bruxelles est hasardeux et dangereux. Les pistes cyclables sont plutôt rares et pas toujours respectées par les voitures.

Cambio
02 227 93 02
www.cambio.be
La voiture partagée. Il existe 75 stations Cambio à Bruxelles. On réserve son trajet à l'avance, 24 h/24, plusieurs semaines ou quelques secondes à l'avance. On choisit la station et le type de voiture désiré, et après utilisation, on rapporte le véhicule à la borne de départ. Infos tarifaires sur le site.

Noctis
www.stib.be
Bus de nuit. Départs toutes les 30 minutes sur chaque ligne, du vendredi au dimanche, de minuit à 3 heures.
Consultez le site Internet pour tout savoir sur les lignes de transports en commun, et le trafic en temps réel.

Se balader le bec en l'air

Les œuvres du métro

Presque toutes les stations disposent de leur œuvre d'art, qui composent une sorte de musée souterrain.

Le musée Horta

Rue Américaine 25 (Châtelain)
02 543 04 90
www.hortamuseum.be
Le musée organise des visites, pour tout savoir sur l'Art nouveau.

Please Surprise Me !

www.please-surprise.me
Un site qui référence des nuits et des week-ends en amoureux insolites à Bruxelles et en Belgique.

CHAPITRE 3

Ballekes de volaille

Une crasse : délicieuse saleté à manger (chips, sucreries, barres chocolatées…).

J'espère qu'il y aura assez à manger pour tout le monde !

Dîner avec les poules (et déjeuner au chant du coq !)

Juliette, encore sous le choc, me raconte sa première semaine de boulot. La nouvelle consultante d'une grosse boîte de télécoms fraîchement parachutée de Paname dans une filiale à Bruxelles pensait être prête à s'intégrer à sa nouvelle équipe, tout sourire, avec son joli carré asymétrique (« classique avec un twist, c'est bien comme ça ici ? »), son slim noir, la minirobe frangée qu'elle a enfilée par-dessus, ses baskets compensées « comme des Marant mais en moins cher », et le sac Balenciaga vintage (acheté 50 euros aux puces, elle en est trop fière). Mais si Juliette a prévu la tenue et connaît les pas, elle va devoir s'adapter au rythme de la musique. Lundi matin, open space, aux environs de 10 heures, premier traumatisme : toutes ses collègues sont déjà là depuis un moment, et ça bosse dur ! Pas sur les ragots autour de la machine à café ; elles triment, assises à leur bureau, les yeux rivés sur l'écran de l'ordi ! Je l'avais pourtant prévenue : « Les horaires ne sont pas les mêmes, ici on commence vraiment à travailler à 9 heures du matin. » Cri du cœur de Juliette : « Mais elles font comment pour petit-déjeuner, donner le biberon à leur fils, l'emmitoufler, l'emmener à la crèche, rouler jusqu'au bureau, garer leur voiture… avant 9 heures ? » Elles font, c'est tout. Elles se lèvent à 6 h 30, préparent le repas de midi que les enfants emporteront à l'école, sortent en silence les vêtements pas encore triés du bac à linge propre pour trouver une bon sang de petite culotte Hello Kitty et éviter un drame, prennent leur douche et réveillent leur famille en douceur. Parfois, leur homme est de la partie, parfois pas. Enfin, comme partout. À 8 heures, la table du petit déjeuner est rangée et nettoyée, et tandis que le lave-vaisselle commence à ronronner pour la première fois de la journée, la porte d'entrée se referme sur les Bruxelloises jusqu'à 18 heures. Voilà.

Midi pile. Après avoir répondu à cinquante mails, Juliette vient d'attaquer son premier dossier quand, soudain, comme au tac-tac d'un métronome, toutes ses collègues se lèvent et disparaissent. « Y'a une réu et je ne suis pas au courant ? L'alarme incendie a sonné et je ne l'ai pas entendue, concentrée que je suis sur mon boulot ? » se demande Juliette.

Une heure tapante. Ses collègues reviennent toutes ensemble et se remettent à travailler comme si de rien n'était. Timidement, Juliette demande : « Heuu, les filles vous étiez où, en fait ? » En chœur, elles lui répondent, comme une évidence : « Ben, on est parties manger, tiens ! » Oui, les Bruxelloises mangent à midi. Midi et demi max. L'heure où, ailleurs, certaines en sont tout juste à leur troisième tasse de café et terminent de grignoter leur croissant ! Juliette me raconte que le lendemain, à midi donc, elle se lève en même temps que tout le monde et demande innocemment : « Alors, on dèj où ? » Regard amusé de Lisa, sa voisine d'open space : « Ben, dans la cuisine, t'es "biesse" ou quoi ? » (Biesse voulant dire au choix : nigaude, empotée, voire carrément cruche.) Pas de réfectoire ? Pas de cantine ? Pas de resto ?

Non, ici, on ne mange pas dehors, ou très rarement. Oubliés les déjeuners de deux heures ! Bien sûr, il y a de super restaurants pour se régaler à midi, mais ce n'est pas une pratique courante. Au mieux, on lunche à l'extérieur une fois par semaine. En général, on va se chercher un sandwich que l'on mange en travaillant. Mais attention, on se rend dans une sandwicherie, un endroit où on ne fait *que* des sandwiches. Juré, le choix est hallucinant. D'abord on choisit le pain (bagnat, baguette blanche, sandwich mou…) et ensuite, la garniture. Et là, miracle : thon mayonnaise, thon portugais, crevettes à l'ail, américain (tartare assaisonné), tomates-mozza, boulettes, poulet curry, surimi, avec laitue, roquette, cornichons, mayo… Pour 3 euros vous êtes la reine du sandwich garni !

À 17 heures pile, alors que Juliette se sent vraiment bien lancée, qu'elle a passé ses coups de fil, rangé son bureau, mis son courrier à jour, répondu à ses invits Facebook, ses collègues se lèvent comme une seule femme et… plient bagage. Nouvelles questions angoissées de sa part : « Holà, vous allez où ? Prendre l'apéro, débriefer la journée ? » La directrice du marketing se marre carrément en lui annonçant : « Ben… non… Là on va chercher nos gamins et puis on rentre à la maison. » Juliette : « À 17 heures ? » La marketeuse : « Oui, à 17 heures ! » Les enfants bruxellois finissent l'école à 15 h 30, alors 17 heures, c'est déjà très tard.

Petit bonheur : vendredi, 16 heures, Juliette reçoit un SMS de Victoria, sa boss : « *Tu passes à la maison ce soir ? Je te préparerai une petite spécialité belge !* » Quoi, ce soir ? Pas de panique, Juliette gère ! Il paraît que les Bruxelloises adorent inviter à l'improviste. Pas d'heure de rendez-vous, elle se pointe naturellement à 20 h 30, horaire qui lui semble tout à fait approprié pour passer à table. Erreur ! À peine arrivée, les autres invités la fusillent du regard. Pour une Bruxelloise, « passe à la maison », c'est une vraie invitation à un vrai dîner, avec de vrais invités, une vraie table dressée et tout ce qui va avec. Sa boss la prend à part et commence à lui croquer l'avant-bras : « Mais t'es folle ou quoi, on va mourir de faim ici, on t'attend depuis 19 h 30, j'ai dû faire manger les enfants, ils ont déjà englouti la moitié du stoemp ! » Les pintades bruxelloises mangent à midi, normal qu'elles aient faim à 19 heures.

Les clichés à bouffer

Quand on pense à la Belgique dans son assiette, ça sent forcément les moules à la Gueuze. Il est tragique de réduire l'un des pays les plus gastronomes du monde à ses bivalves et à quelques découpes de pommes de terre frites. Car à Bruxelles, on mange bien. Je sais de quoi je parle, je suis alsacienne. Comme partout ailleurs, les meilleurs plats sont des déclinaisons modernes des anciens plats de pauvres, qui faisaient des mélanges avec les restes de la semaine. Le stoemp par exemple, une merveille de gourmandise, est un plat de légumes plus ou moins écrabouillés en purée avec des patates, et servis avec du lard, de la saucisse ou du cabillaud. Cette potée traditionnelle fait le bonheur de tous les petits Bruxellois, et pas uniquement, puisque le Comme chez Soi, seul resto bruxellois triplement étoilé de Bruxelles jusqu'en 2006, en a fait l'une de ses spécialités. Et si l'on a, hélas pour le palais, pas les moyens de souper dans cet établissement décoré dans le style Art nouveau, on peut tout de même acheter la purée maison aux poireaux, chicons ou épinards produits par les supermarchés Delhaize, pour quelques euros.

On peut aussi se délecter de *ballekes*, des boulettes de viande hachées servies sur lit de riz ou de frites, et noyées de sauce tomate. Un must. Que dire de la carbonnade flamande, sorte de bœuf bourguignon à la bière, et des croquettes de crevettes, avec leur petit chapeau de persil frit et une giclée de jus de citron ? C'est de la poésie, rien d'autre. Les moules, oui, marinières (oignons, céleri et vin blanc), ou à la crème, les frites bien sûr, en cornet ou directement les mains dans le plat. Mais la cuisine bruxelloise à l'ancienne mérite d'être explorée, la jubilation aux lèvres et la serviette autour du cou. J'ai dit que c'était divinement bon, mais je n'ai pas parlé de diététique. De toute façon, la Bruxelloise n'est pas obsédée par la maigreur, et elle ne prétend pas se serrer la ceinture pire qu'un anneau gastrique. Ce que monsieur pintade ne lui demande d'ailleurs pas. Elle ne se lève pas à 5 heures du matin pour pédaler dans une salle de fitness avec de la techno à blinde dans les oreilles, et elle préférera toujours une bonne tartine trempée dans son café au lait à un smoothie aux algues qui a la même couleur que ce qui déborde des égouts et qui sent la marée basse. On est pourtant loin des obèses à l'américaine, et on ne vous jettera pas la première gaufre chantilly pour un peu de moelleux par-ci par-là. Selon une étude publiée par l'INED en 2009 et portant sur l'IMC des Européennes, si les Françaises et les Britanniques se situent respectivement aux extrémités la plus légère et la plus gironde de la bascule, les Belges se placent au milieu, bien assises sur le fléau de la balance : aussi gourmettes qu'appétissantes.

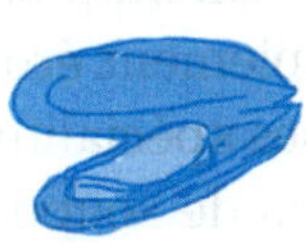

La Bruxelloise est une femme hyper occupée comme les autres, qui jongle entre son boulot, ses enfants et sa séduction entre deux sorties avec ses copines. En conséquence de quoi, les courses, elle les fait souvent en sortant du bureau, au Delhaize, institution précitée, au GB (aussi appelé « Carrefour » depuis que le groupe l'a repris), ou au Colruyt, grands hangars discounts où l'on gagne sur les prix de marques courantes ce que l'enseigne économise en déco et en service. Leur boucherie est même réputée. Même si elle n'est pas très riche, la pintade locale aime picorer de la qualité. Elle fait son marché, par quartier et selon son budget, mais cède rarement aux sirènes de l'huile de palme hydrogénée dans une barquette de plat préparé, quitte à acheter ses légumes par cageots à la gare du Midi ou au parvis de Saint-Gilles le dimanche plutôt que ses morilles par dizaines de grammes au Châtelain le mercredi. La culture de la bouffe se transmet avec la vaisselle qui la contient, même quand on n'est pas né ici, et même si c'est de la porcelaine Ikea sans liseré peint à l'or fin. Elle manie les ingrédients comme personne et n'hésite pas à se lancer dans de la vraie cuisine à 18 h 30, avec sa journée dans les pattes (ou dans les pâtes). Qu'elle roule elle-même ses sushis, qu'elle mijote son tajine ou qu'elle panne ses cordons-bleus, la pintade est généralement assez organisée pour consacrer vingt minutes le soir à mitonner un vrai repas qu'on mange ensemble, assis à table. Le reste sera emballé le lendemain, pour les enfants à l'école et les parents au bureau.

Quand il y a du grain pour deux, il y en a pour dix. C'est pourquoi la moindre invitation informelle à dîner se transforme invariablement en banquet. J'ai le souvenir mémorable d'un couscous chez mon amie Déborah. Mère de famille qui court toute la journée de son boulot à ses marmots, elle avait lancé l'invitation comme ça, au débotté, à la sortie de l'école pour le soir même : « Et venez avec les enfants ! » Elle avait prévenu : « Je fais à la bonne franquette. » À l'heure dite, je sonne à la porte de sa jolie maison hyper bien rangée (mais comment fait-elle, elle n'a que des garçons !). Je lâche ma propre marmaille dans la chambre de ses fils qui jouent, me semble-t-il, à la *Guerre des Étoiles* version belge (« Je suis ton père ! » – Oui, ben moi c'est Luke. Viens manger une glace aux marrons, et après, si tu veux, on ira faire du cuistax[1] à Knokke. ») Après avoir quitté le bureau, Déborah est passée chez Ce soir on dîne à Marrakech, un très bon restaurant marocain, et elle a rapporté de quoi nourrir un régiment, l'arrière-garde et l'équipe de cinéma filmant la scène pour la Paramount. Nous avons mangé à douze dessus, après quoi elle a emballé le reste dans des boîtes tupperware qu'elle a distribués à ceux qui pouvaient encore marcher. J'ai personnellement fait trois repas avec la casserole que j'avais rapportée à la maison. Même quand elle ne roule pas sur l'or, la pintade en a plein le cœur, elle connaît les bonnes adresses où elle pourra faire des courses de bons ingrédients pour pas trop cher et reçoit les bras ouverts.

Quelques jours plus tard, c'est une autre amie, Salomé, qui me convie à sa table pour un « petit apéro entre filles ». Quand on m'invite à un petit apéro entre filles, je m'attends à quelques dips et un bol de fromage blanc 0 % avec de la ciboulette. C'est encore mal connaître les Bruxelloises. Je débarque à 20 heures – déjà tard, donc – dans le magnifique appartement ixellois tout en boiseries, baie vitrée et hauts plafonds de Salomé, et vous ne croiriez même pas le loyer qu'elle paye pour ça : l'équivalent d'un 50 m² en banlieue parisienne. Juré. J'escalade les escaliers en bois de Salomé, croisant son homme qu'elle a congédié pour la soirée et qui part boire des bières avec ses potes. La table basse du salon est déjà dressée de mille petites

1. Petites voitures à pédales qu'on loue pour quelques euros sur les digues de toute la côte.

assiettes de *fingerfood*, et mon amie y dépose encore un guacamole de potiron et de sésame, des carottes rôties au four, quinze sortes de gressini, du pain aux noix et aux raisins, des petits pots de compote de légumes. La discussion bat son plein, nous devions être cinq, nous voilà le double puisque chacune a amené une copine au dernier moment, mais il y a largement de quoi boire et manger pour rigoler toutes ensemble. Bon, eh bien merci, quel délicieux moment, la prochaine fois, c'est chez moi. Ah non, c'était vraiment « l'apéro ». Maintenant, le souper. Face à une grande cheminée (il y en a dans la plupart des maisons anciennes), nous nous installons à la table en bois massif dressée d'une nappe blanche. Salomé a travaillé toute la journée à l'autre bout de Bruxelles – elle n'a physiquement pas pu cuisiner pendant des heures, pourtant tout ceci est frais et ne vient pas de chez le traiteur. Elle commence sa valse de la cuisine à la salle à manger, avec en musique de fond la bande originale de *Drive* : salade de lentilles et petits légumes, grenailles au four, beignets de courgettes, terrines de végétaux plus divins les uns que les autres. Tout est bon, sain, végétarien, nous parlons de Londres (tellement branchée, mais si chère), de mecs (tellement pénibles, mais si indispensables), de nos gamins (tellement adorables, et pas de « mais »). Au dessert, nous dégustons des pommes évidées remplies de sirop d'agave passées au four et surmontées de glace à la vanille. Il y avait tant de tout que les plats semblent presque intacts, alors que nous avons mangé de quoi rester coincées dans l'ascenseur pendant une semaine sans avoir faim. Bien entendu, nous n'avons pas pris un gramme le lendemain. La Bruxelloise sait vraiment recevoir.

J'ai avalé une mitraillette

Chaque ville a ses crasses, comme on dit ici. C'est-à-dire des aliments régressifs et hyper caloriques. Impossible de ne pas craquer pour un cornet de frites après une soirée bien arrosée. Mais la crasse ultime, c'est la mitraillette. Un dimanche après-midi – lendemain de fête, frigo plein de légumes bio et de soupe miso, mais envie de manger de la graisse à la petite cuillère. Une seule solution : se traîner jusqu'au snack du coin. Un snack c'est comme un Kebab, souvent tenu par des Turcs ou des Marocains. Petite parenthèse, mais conseil vital : ne *jamais* manger au snack avant un rendez-vous, un entretien d'embauche, ou quoi que ce soit qui implique que vous vous retrouviez à moins de cinq mètres d'une autre personne. N'oubliez pas qu'en sortant d'un snack vous donnerez l'impression d'avoir été plongé directement dans la friteuse ! Ce détail mis à part, le menu du snack propose des pitas, des durums (viande et crudités enroulées dans du pain turc) et, bien sûr, les fameuses mitraillettes. *Mitraillettes ?* « T'inquiète, c'est bon tellement c'est affreux », est le seul argument que j'ai trouvé pour apaiser mes copines parisiennes en visite. Véritables chefs-d'œuvre de finesse gastronomique et d'équilibre diététique. Prenez une baguette, qui a souvent l'aspect, le goût et la couleur du carton, deux steaks hachés (de couleur grisâtre) que vous faites cuire sur une plaque bien grasse. Insérez la viande dans le pain avec des crudités (salade, tomate, maïs, chou râpé, oignons étant la base), ajoutez une bonne rasade de sauce (samouraï, andalouse, sauce blanche, curry-ketchup, américaine…). Pas fini !

Le plus important, sans quoi une mitraillette ne serait pas une mitraillette : jetez par-dessus le tout l'équivalent d'un bon petit paquet de frites. Oui, des frites dans du pain ! Dukan, réveille-toi, ils sont devenus fous ! Il faut maintenant tenter de manger le moins salement possible ce… comment dire ? monstre nutritionnel, qui fait deux fois la taille de votre tête. Oui, c'est bon tellement c'est affreux. Récemment, un de mes amis, esthète, instruit, gourmet quoique mince comme un fil, me décrivait sa madeleine de Proust : le sandwich que lui préparait sa grand-mère. Une baguette de pain, un centimètre de beurre sur chaque face, des frites passées deux fois à l'huile coincées au milieu, et une carrière de sel par-dessus. Ça laisse rêveur. Enfin, moi. C'est aussi pour ça que j'ai élu ce pays « nation de mon cœur », même si celui-ci doit y finir bouché jusqu'au fond des artères.

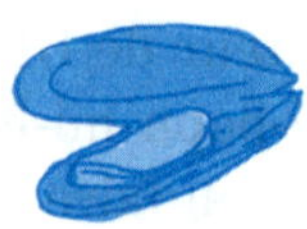

Déjeuner dominical chez Sandrine

Ma copine Sandrine est chroniqueuse gastronomique et consultante en alimentation et nutrition. Un authentique bec fin en short court, qu'elle porte avec grâce sur de fines gambettes joliment galbées. Ce que je vis comme une injustice totale, vu que son boulot, c'est de boulotter à longueur de journées les meilleurs plats de Belgique et des environs. Il faut dire qu'elle ne goûte que de vraies bonnes choses cuisinées à base d'ingrédients de qualité, et ils le lui rendent bien. Elle pose son regard mutin sur une assiette, et on sait tout de suite si on peut se lancer à sa suite ou s'il vaut mieux zapper. Je n'oserai jamais l'inviter à dîner chez moi, parce qu'elle saura dès l'ascenseur que le parfum de rôti et de fumé qui s'échappe par ma porte est en réalité une odeur de cramé. Et même si je commandais chez un traiteur pour faire croire que « c'est moi qui l'ai fait » ça ne marcherait pas, elle les connaît tous. Par leur prénom. Pour plonger dans la chair de la bonne bouffe à la bruxelloise, il ne me restait qu'une solution : m'incruster à déjeuner chez elle un dimanche. Si Sandrine cuisine incroyablement bien, elle n'est pas une exception. Je suis encore et toujours frappée par la valse des ingrédients, la maîtrise du banquet-même-pour-quatre-convives et la générosité des hôtesses bruxelloises.

Sandrine a rénové une maison d'architecture années 30 avec son compagnon, éditeur de BD et humoriste, dans la commune de Forest, mi-popu mi-bobo. Ils ont abattu la plupart des cloisons pour en faire un espace traversé par le soleil de part en part, illuminé par un puits de lumière à l'étage. Tout ici est coloré, la cuisine bleue, la cage d'escalier aubergine, et le sol en marqueterie. Des livres courent partout le long des murs, dont 600 titres de cuisine, alimentation, essais de chefs, ouvrages sur les vins, pâtisseries, déclinaisons de légumes, recettes belges, cuisine de filles… Ils ont calibré la salle à manger en fonction de la propension marquée de Sandrine à inviter au débotté vingt-cinq personnes à sa table. En musique de fond, du jazz manouche. Quand j'arrive, un ballotin de chocolats artisanaux à la main (je n'ai pas osé les fleurs parce que c'est périssable, mais il fallait placer la barre au niveau du cuistot), elle m'installe dans sa grande cuisine conçue sur mesure, obligé, sorte de véranda donnant sur un grand jardin de ville bien entretenu. Déjà accoudées comme à un bar à l'îlot de travail central, qui offre presque autant de place pour cuisiner que dans un restaurant, les autres invitées la regardent émincer, débiter, préparer. Dans son bocal, Eugène le poisson rouge les contemple d'un œil curieux. On se croirait dans une émission de Jamie Oliver, le côté girly – le Möet versé d'une bouteille toute rose en série limitée – et les parfums de cuisine en plus. Sandrine ne regarde pas ses doigts quand elle émince l'oignon. Elle nous sert une boisson émeraude à base de citron, de concombre et de « légumes de mer » (des algues). C'est divin. « Bourré d'antioxydants puissants, de superminéraux, de supernutriments. C'est mon eau d'accueil. Je nettoie les gens avant de les remplir de bonnes choses. » Tout en faisant, elle explique. Hypnotisées par ses mains qui préparent plusieurs plats en même temps, et puisque nous sommes entre filles – une historienne, une psy, Sandrine et moi-même –, nous parlons mecs. Évidemment. En partant, nous serons toutes capables de recréer ses plats. Du moins, nous pourrons essayer. Elle nous présente son huile d'olive, qui provient de la réserve personnelle de Fulvio Pierangelini, un des chefs italiens les plus mythiques au monde. Émincant des carottes et des panais à l'économe, elle vérifie en même temps la température de l'épaule d'agneau wallon bio qu'elle a acheté entier au producteur, et qui dore au four (42 °C, il faudra attendre qu'il atteigne 60 °C pour le goûter. L'agneau, pas le producteur.). Elle cuit des courgettes et des brocolis à la vapeur, puis dans un grand saladier, mélange les légumes cuits et crus, ajoute des cœurs de laitue, de la trévise émincée et du persil plat haché par ses soins (toujours sans regarder ses doigts, ce qui me fascine) : « Au niveau enzymatique, les légumes crus permettent de bien digérer tout le reste. »

À l'étage, quatre enfants d'âges divers, gamins de la maison et leurs copains, démontent littéralement leurs chambres. Sandrine passe la tête dans l'escalier pour les rappeler à l'ordre, et se lance dans la confection de l'entrée : des verrines de couleurs différentes rapportées de Saint-Rémy-de-Provence garnies de ricotta, de zestes de citron, de tartare de betteraves vapeur, d'oignons rouges émincés avec quelques gouttes de vinaigre de xérès et d'huile de pépins de courge, elle ajoute des algues Hiziki, des petits poissons polonais fumés en conserve, des graines germées, et plante au milieu des brisures de gressini au sésame. Elle évalue l'ensemble, se ravise, asperge le tout de chanvre écalé bio qu'elle a rapporté d'un voyage au Québec, « très riche en oméga 3 », et ressert du champagne. Pendant ce temps, l'épaule d'agneau, enrobée d'un mélange de persil plat, d'amandes broyées, de cannelle, de cumin et d'huile d'olive, rosit gentiment, collé à ses tomates cerises qui confisent dans son jus, à côté du plat de pommes de terre farcies de sauge et de romarin frais, saupoudrées d'une pluie légère de curry. Cette sauce sera dingue. Quand je souligne que perso, je préfère l'agneau « bien, bien cuit », elle soupire : « Mon Dieu », et le remet au four. « Tu es là pour te faire plaisir, autant que tu aies ta viande comme tu l'aimes, même si c'est une hérésie. Il faut respecter l'intégrité du produit. »

Nous passons à table et son compagnon, qui travaille comme indépendant – donc aussi le dimanche – dans son bureau au rez-de-chaussée, émerge de sa grotte, par l'odeur attiré. Au moment du dessert, elle m'annonce, malicieuse, « quelque chose que tu n'as jamais mangé de ta vie ». Je frétille d'impatience, quasi en hypoglycémie malgré ce que je viens de m'enfiler, et elle sort du frigo… des crèmes au chocolat. Là, je m'esclaffe. Elle me contre : « Tu n'as jamais goûté une crème au chocolat faite par moi. C'est la recette dont je suis le plus fière. (À ce jour. Je la connais, elle ne s'arrêtera pas là.) Je cherchais un moyen de faire manger des légumes aux enfants, tout en supprimant le sucre, les œufs et la graisse du plus populaire des entremets. » Elle me tend le pot de chocolat, qu'elle a parsemé de bleuets séchés et d'airelles aromatisées à la framboise (toujours son séjour au Québec). Je goûte, et je manque défaillir. La texture est sublime, le goût parfait, et il doit y avoir trois calories et demie là-dedans, mais pas un poil d'aspartame ou de graisse trans. De fait, il n'y a là-dedans rien d'autre que du chocolat et des patates douces. Puisque la conversation a dévié sur le chocolat, Sandrine sort ses échantillons, des derniers tests de Pierre Marcolini (chocolatier star bruxellois) qui ne sont pas encore sur le marché, aux tablettes Galler. Arrivées à 13 heures, nous repartons peu avant la tombée de la nuit, après la dégustation de chocolats et de pralines. C'est qu'il est temps pour nous toutes de préparer le souper.

Mon fritkot-kot

Halte aux clichés : les Bruxelloises ne mangent pas des frites à tous les repas et ne passent pas leurs vies à éplucher des pommes de terre. En revanche, partout dans la ville, on trouve des petites roulottes – des fritkots – où l'on peut acheter… des frites. Pas les horribles petits bâtonnets imbibés de graisse, blanchâtres et tout mous qu'on vend dans des paquets en papier chez le géant américain du fast-food. Ici, chaque quartier possède son fritkot. Il y a les mythiques, les indéboulonnables. La Maison Antoine, qui squatte la place Jourdan depuis 1948, est citée dans tous les guides et a même été consacrée par le *New York Times*.

Ne dit-on pas que Johnny Hallyday aurait fait, un soir, l'aller-retour Paris-Bruxelles pour s'y ravitailler, et que Mick Jagger y serait passé ? Voilà que même la frite devient hype. Oubliés les amuse-gueules écolo-bio-ramollos dans les cocktails mondains. Place aux croquettes-crevettes et aux vraies frites, servies en cornet, comme au fritkot du coin ! Certains vont même jusqu'à louer un fritkot itinérant pour leurs événements mondains. La très design roulotte de La Frite, peinte en noir, fait désormais partie du paysage de toutes les soirées branchées. Et le savoir-faire bruxellois s'exporte ! Clémentine, la propriétaire de la friterie de la place Saint-Job, et accessoirement la fille d'Antoine de chez Antoine (j'espère que vous suivez toujours), a installé son fritkot à la Nouvelle-Orléans. Toute Bruxelloise qui se respecte a son fritkot préféré. L'équation est simple : fêtes étudiantes + beaucoup de bières = fringale à 4 heures du matin = peu de choix = la friterie de la barrière de Saint-Gilles. La file d'attente, à elle seule, vaut le détour. La grande famille des affamés de la frite est bien hétéroclite. Un fêtard échappé des Jeux d'Hiver, la boîte de nuit des fils à papa bruxellois, se mêle à des punks à chiens, des étudiants Erasmus, un couple de Maltais, des fonctionnaires européens, bref tout ce que Bruxelles compte comme oiseaux de nuit. L'organisation est tout aussi farfelue. On commande, on se met sur le côté et on patiente. Certaines nuits, plus tout à fait samedi, pas encore dimanche, plus de vingt personnes font ainsi les cent pas en attendant leur précieux cornet. Honneur à elle, la friterie de la Barrière n'a pas cédé à l'appel du ravier ! Ici, on participe à des discussions éthyliquement philosophiques. Là, la dispute amoureuse est entrecoupée de « Quelle sauce pour le Biki (cheeseburger) Frites ? ». Il faut savoir répondre sérieusement « salade, tout ! », quand les « fritkotières » demandent quelles crudités vont dans la mitraillette curry-ketchup. Et quel que soit notre état de décrépitude morale, on retrouve goût à l'existence…

Aux abattoirs d'Anderlecht

Quinze ans à Bruxelles, et je n'avais jamais mis les pieds aux abattoirs d'Anderlecht. Déjà, je ne trouvais pas le nom très engageant. Je savais bien que c'était en réalité le marché le plus étendu de la ville, le plus varié, le moins cher. On l'appelle comme ça parce qu'il déploie ses étals sous les halles des abattoirs, toujours en activité, installés depuis 1890 dans un bâtiment d'architecture industrielle absolument spectaculaire : cent colonnes de fonte soutiennent une structure de verre et de métal. Les halles sont classées depuis 1988, si vous aimez les sites historiques à plafonds vertigineux plus que le steak et le poisson superfrais, allez-y quand même, les yeux tournés vers les poutres d'acier. Comme toutes les Bruxelloises, j'avais mes habitudes, et ma petite vie de village à cinquante mètres de ma supérette adorée. Un jour, je parle de cette lacune à mon amie Assila, marocaine, qui connaît Bruxelles comme sa poche, et qui a ses habitudes sur ce marché. Elle sait se repérer dans les kilomètres de stands en plein air comme sous le marché couvert. Elle lève les sourcils jusqu'au ciel si bas qu'un canal s'est perdu, et me dit d'un ton qui ne supporte aucune réplique : « Je t'y emmène dimanche prochain. » Les étals ouvrent à 6 heures pétantes jusqu'à 14 heures, mais traquer à l'aube de beaux fruits juteux, même à 1 euro le kilo, je ne le sens pas. Le jour dit, je m'engouffre dans le métro à la suite d'Assila, qui a fait une liste de trois pages de produits à rapporter pour son propre garde-manger. Passée la gare du Midi, nous émergeons sur ce marché grand comme un bourg. À l'entrée, des vendeurs proposent du chocolat sous le manteau (en Belgique !) et des cartes de téléphone prépayées pour l'étranger. Nous sommes en plein mois de janvier, et les badauds profitent du soleil pour la première fois depuis longtemps. Je me fraye un chemin parmi les 80 000 à 100 000 visiteurs qui viennent se fournir ici chaque week-end (j'ai l'impression qu'ils sont tous là, au grand complet, sur mon chemin), Assila me recommandant de porter mon sac à dos sur le ventre : là où il y a de la foule, il y a des pickpockets.

Nous traversons rapidement les stands de vêtements et d'objets d'occasion, mi-puces, mi, me semble-t-il, « tombés du camion » ou en tout cas des fins de stocks, pour pénétrer dans le carré des maraîchers, sous le nez de deux gigantesques statues de taureau affublées d'un bavoir rouge à pois. Le long du marché couvert, mon amie me fait découvrir les poissonniers, marocains pour la plupart, qui proposent des produits si frais et si beaux qu'on se croirait au cul des bateaux sur un port. Juste après, l'enfilade des charcuteries halal, roumaines et autres, qui débordent de saucisses grandes comme ma cuisse, avec des dizaines de goûts différents. Tout près, on trouve des pêches à 1,50 euro le kilo. En janvier, donc. Nous évoluons parmi les mélanges d'odeurs. Ça sent l'orange, le raisin, la fumée de cigarette, la ciboulette, les olives, les épices et le fromage. Au milieu des stands de produits africains, manioc et piments, un Belge vend des pommes de terre de son jardin. Assila achète des fruits, des légumes et des olives qu'elle adore : « C'est bien moins cher qu'au supermarché. Prends les fruits en vrac dans les grands bacs en bois, ce sont ceux qui viennent de Belgique. » De fait, presque aucun végétal n'excède 1 euro le kilo. Plus loin ça sent le cuir, près des étals des Pakistanais qui vendent des blousons, et nous percevons de la musique provenant des stands africains qui diffusent de l'afrobeat en distribuant CD ou sacs bling. Ce serait aussi le moment de faire le plein de shampoings moins chers, mais je préfère remplir mon sac de pomelos gros comme des têtes de bébés (de 2 ans), à 1 europièce. Ma fille rapidement accro m'en réclamera pendant des mois, me voilà devenue afficionada du marché d'Anderlecht, trafiquante de pomelos géants vers le sud de Bruxelles.

En flânant, nous croisons des familles, des femmes pressées, des personnes âgées qui traînent leur caddie au milieu de la foule. Et là, entre un rayon de fromager et un empilement de produits colorants capillaires installé sur des tréteaux, j'aperçois un manège où des poneys tournent en rond sous le marché couvert, surveillant peut-être d'un œil la boucherie où leurs cousins destinés à la consommation n'ont pas eu l'opportunité de voir ce jour se lever (le marché d'Anderlecht est l'un des derniers endroits de Bruxelles où l'on peut encore acheter de la viande chevaline). Loin de ces considérations gastronomiques, les gamins sont extatiques sur leur monture, les parents trépignent, ils ont encore des courses à faire. Assila s'arrête devant les stands d'épices, moi je stoppe devant l'oisellerie, comme si je n'avais jamais vu une perruche de ma vie. C'est que l'ambiance se prête à une certaine poésie. Salivant à cause des odeurs d'oignons frits et de poisson grillé, on voit passer des hot-dogs de boudins noirs débordant de bonnes choses, à devenir dingue. Même gourmandise devant les rôtisseries, même si ça sent encore le poney ; le manège n'est pas loin. Je ne cède pas devant les douze paires de chaussettes à 5 euros, ni l'oreiller anti-allergénique à 6 euros, ni l'ensemble de lingerie à 2 euros. Je n'en ai pas besoin (comme si mes besoins guidaient mes achats compulsifs), j'ai déjà les bras chargés de mandarines odorantes, d'un ananas, de mes pomelos calibrés comme des boulets de canon et de poires fermes. J'ai envie de tout au stand mercerie, des fermetures éclair au fil à broder, des rubans de pierreries pour se confectionner des accessoires, aux rouleaux de sequins pour transformer une jupe casual en tenue de fête. Des jeunes filles négocient ferme les robes du soir longues et moirées à 39 euros, tandis que leurs mères tâtent des vestes officier rouges et des trenchs années 60 bicolores à 10 euros. Il faut chiner, il y a moyen de faire du mix-and-match. Assila m'interdit de regarder les cuiseurs vapeur, parce qu'ils sont en plastique : « Ça sent mauvais dans la cuisine, et ça passe dans les aliments », et elle m'entraîne vers les couscoussiers et les services à thé traditionnels. L'odeur de solvant des bottes de neige fourrées en plastique (5 euros) se mêle à celle des gaufres.

Mon amie, prenant son rôle d'initiatrice très au sérieux, me balade en souriant, saluant une voisine de temps à autre. J'aime bien ces stands africains d'accessoires fashion, pleins de dorés et de succédanés versace-dolce-gabbanesque. Si je perds dix kilos, j'assumerai peut-être un bikini tigré-lamé (1 euro). Je retrouve absolument tous les trucs et bidules qu'on voit au téléachat, et qui me fascinent, je le dis sans rougir, pour dix fois moins cher. Vous avez toujours rêvé d'essayer ce machin rond sur lequel on écarte les jambes en rythme pour perdre jusqu'à trois centimètres de tour de taille en deux jours ? Il est ici. Le soutien-gorge magique en taille unique aussi, qui convient à toutes les femmes. Dans toutes les couleurs. Et pour le tiers du prix télé. Juste à côté, pêle-mêle, de la robinetterie, des jouets, des casques de moto et des enseignes clignotantes à vendre. On discute les prix pour à peu près tout, un téléviseur écran plat, du papier peint, un home cinéma ou des rouleaux de satin brodés, sauf pour la nourriture. Je m'apprête à acheter un sac imprimé léopard pour ma sœur, qui adore les sacs imprimés léopard. Bêtement, je m'en saisis et suis sur le point de payer le prix demandé. Assila me le prend gentiment des mains, demande à le vérifier, elle le retourne sous tous les angles, cherche les défauts, et alors que j'ai déjà sorti l'argent, elle va discuter pendant un quart d'heure pour me faire économiser 10 euros. La marchande, d'origine congolaise, nous explique que l'emplacement lui coûte 120 euros par jour, et lâche le sac pour 5 euros de moins. Je n'ai plus un bras de libre, et nous ne sommes même pas encore entrées dans la partie boucherie du marché, sous un entrepôt couvert. Mes copines m'ont prévenue avant de partir : « Tu vas remplir ton congélo pour six mois. » Je ne les ai pas crues. J'aurais dû. Je ne sais pas à quoi m'attendre en pénétrant dans la boucherie, curieuse de voir si ça ressemble à un abattoir (non pas que je sache de quoi un abattoir a l'air, et je n'en saurai pas plus en sortant d'ici.).

La boucherie ressemble donc… à une boucherie. Tout ce qu'il y a de plus normale, si ce n'est le choix hallucinant qui s'étale d'un stand à l'autre. Chacun a sa spécialité : viande de cheval, on l'a évoqué, ou bien de chèvre, boucherie-charcuterie halal ou traditionnelle belge, volailles. Les bouchers sont parfois des bouchères, très affairés car la clientèle se bouscule. Ils travaillent pour la plupart avec des gants, et sont intarissables sur leurs produits. Enfin quand la file des clients pressés leur en laisse le temps. Les rayons débordent, mais tout est organisé et proprement empilé : tranches de saucisse, cordons-bleus, filets de bœuf, beaux jambons. Les abattoirs sont réputés pour la qualité et la fraîcheur de la viande : 230 000 animaux y défilent chaque année, ce qui représente pas mal de barbecues et 26 % de l'abattage total en Belgique. Les bêtes sont abattues sur place dans la nuit, puis la viande est découpée dans la foulée, pour arriver sur les étals à 6 heures du matin, sans être stockée au frigo :

c'est de l'ultra-frais. D'abord, l'odeur prend à la gorge, mais on s'habitue vite, surtout que tout a l'air délicieux. Alors que j'attends qu'on me laisse passer, prête à me fossiliser entre une côtelette et un collier de salamis, Assila m'entraîne, jouant des coudes. Je découvre d'énormes et magnifiques pièces de viande, des montagnes de charcuterie débitée. Classique, halal, casher. Je tombe en arrêt devant un gigot de chèvre, d'un violet profond. Je crois que je n'ai jamais vu de viande pareille. Je repartirai avec quatre entrecôtes de la taille d'une Traban, six oiseaux sans têtes (paupiettes) dont le souvenir me fait encore saliver tandis que j'écris, des tranches de jambon à l'os qui garniront de mémorables sandwiches, et un kilo de haché de poulet aux épices qui rendra un hommage vibrant à une certaine poêlée de légumes qui préfère garder l'anonymat. Le tout pour moins de 30 euros.

D'après la rumeur, le marché risque de disparaître, au profit d'un projet immobilier. En attendant, je boude les fraises à 2,50 euros, toujours la faute à janvier. Nous repartons vers le métro, avec en ligne de mire la Tour du Midi, le bâtiment de bureaux le plus haut de Bruxelles, qui s'élève en perspective du centre-ville. Certains marchands boivent du thé à la menthe tout en travaillant, ils bavardent entre eux, plaisantent, alpaguent les clients en criant leurs promotions. Je me rends compte que je n'ai vu aucun stand de pâtisserie ou de sucreries. Assila n'a pas d'explication à ce phénomène incompréhensible pour la camée au chocolat que je suis, or il est temps que j'aie ma dose. Il est déjà 13 h 30, des enfants dans leur poussette finissent leurs ronds de pain turc au sésame sucrés comme des brioches, ou croquent une pomme. Alors que nous partons, les glaneurs arrivent. Pas forcément des gens très pauvres, souvent des travailleurs immigrés ou belges, qui améliorent leur quotidien : les fruits et légumes récupérés avant le passage des camions poubelles sont les mêmes que ceux vendus dix minutes auparavant. Là, on se bouscule moins cordialement. À 14 heures, la voirie achève de débarrasser le marché de ses invendus. Je rentre chez moi, avec assez d'agrumes pour tenir un siège antiscorbut.

Camées aux pralinés

En réalité, camées aux « pralines », appellation officielle de ces appétissantes petites bouchées à coques de chocolat, fourrées de ganaches, de praliné (là, le terme est correctement employé) et d'autres merveilles sucrées, chocolatées, noisettées, qu'on appelle du générique grossier « pralinés » en France. Et n'allez pas dire à un Belge qu'une praline, c'est un praliné. Il n'y a pas la même chose dedans, et ici, c'est un crime de lèse-praliné. Pour être honnête, j'ai hésité à placer ce qui suit dans le chapitre « érotisme », quelques pages plus loin.

En préambule à cette chronique d'une importance ontologique capitale, mon intégrité de chocophile (mais je me soigne : je n'ai pas englouti de chocolat depuis deux heures. Parce que je n'en ai plus.) m'oblige à distinguer absolument trois types de chocolats : artisanal, semi-industriel, et industriel. Le premier, on s'en doute, coûte bonbon (ha ha), et vous vouvoie le palais, déroulant ses gammes, quand il est pur et bon, dans chaque atome de votre corps capitulant. Un peu moins rare mais pas toujours plus mauvaise, la production semi-industrielle reprend les recettes qui ont fait le succès d'un maître chocolatier, et les adapte à une fabrication prolixe, qui couvre, disons, le débit de plusieurs dizaines de points de vente. Dans ce cas, les matières premières sont plus mélangées, et au moins une partie de la fabrication est mécanisée. Enfin, en queue de peloton gustatif mais en tête des ventes (j'en ai le foie qui sue et l'estomac qui se signerait, s'il avait des mains), le chocolat industriel. Un pâtissier de renom me confiait à ce propos, la mine horrifiée comme la mienne et une praline quatre étoiles en bouche pour expier de seulement l'évoquer, que les industriels disposent d'un logiciel qui calcule le poids et la composition d'une praline en fonction d'un budget, et non du goût recherché. On entre le prix que cet ersatz doit coûter au producteur puis à l'infortuné qui l'ingérera en pensant que « c'est du bon chocolat, ça, madame, c'est belge » (ou français, ou allemand, le logiciel traître étant disponible dans plusieurs langues, vous pensez bien), et la machine vous recrache, non pas cette saleté trop grasse et trop sucrée, comme chacun devrait le faire, elle recrache une formule (je n'ose employer le terme « recette »). Voilà l'aride vérité sur certains chocolats préemballés. Point de fève tremblant d'impatience d'être torréfiée pour la postérité ; point de chocolatier en transe, les lèvres écumant de cacao frais, le regard fou, dosant la cannelle, le poivre de Cayenne ou la vanille de Madagascar du bout d'un cure-dent émoussé et sous un microscope recouvert de poudre d'amande ; point de recherches au fond d'un atelier labo, les échecs étant dévorés le cœur léger et non balancés aux ordures, le pancréas plombé et l'insuline insultée. Alors oui, bien sûr, le chocolat industriel est démocratique. Mais quand le peuple exigera-t-il enfin que l'on cesse de se foutre de sa gueule sucrée ? En attendant la grande Révolution – que je me vois bien mener, mâchouillant un pavé de Patrick Roger, demi-dieu de la praline, devant un autodafé de Mars –, admettons qu'il y a quand même quelques tablettes qui se laissent sucer dans les grandes marques populaires, que tout le monde n'a pas forcément accès à des pralouzes qui coûtent le prix du diamant taillé et qu'une bonne grosse barre de Côte d'Or au lait décimée avec une galette de maïs bio du Delhaize (essayez, je vous en conjure) vaut bien des paradis artificiels.

Les Suisses ont inventé le chocolat au lait, les Belges les pralines. C'est un pharmacien, Jean Neuhaus, qui a créé le premier ces chocolats fourrés, en 1912. Parce qu'il cherchait une façon de faire « passer la pilule » (c'est d'ailleurs l'origine de l'expression), il a eu l'idée géniale d'enrober les comprimés de médicaments, très amers, dans du chocolat. Les toutes premières pralines se sont donc vendues en pharmacie, ce que l'on comprend aisément vu leur valeur thérapeutique. Elles étaient distribuées dans des cornets en papier, jusqu'à ce qu'en 1916, la femme de Jean Neuhaus imagine et brevette le ballotin. Le chocolat était désormais accessible à tous. La marque existe encore, innovant et séduisant les amateurs, et les produits sont toujours fabriqués dans une chocolaterie en bordure de Bruxelles. Las, la plupart des petits artisans ont progressivement abandonné la torréfaction des fèves de cacao pour acheter leur base de chocolat chez des fournisseurs qui proposent des produits à retravailler de qualité extrêmement variable. Au risque de briser un mythe, en Belgique comme ailleurs, les industriels ont imposé des chocolats de base trop sucrés et trop gras, pervertissant le goût des consommateurs. Le précieux label « Made in Belgium » est toujours très vendeur à l'exportation, mais selon Anne Nihant, artisane chocolatière, « le chocolat belge n'est quand même plus ce qu'il était ».

Les industriels auraient-ils réussi à mettre le cacao KO ? Pas vraiment. Une poignée de puristes résistent au rouleau torréfacteur des multinationales.

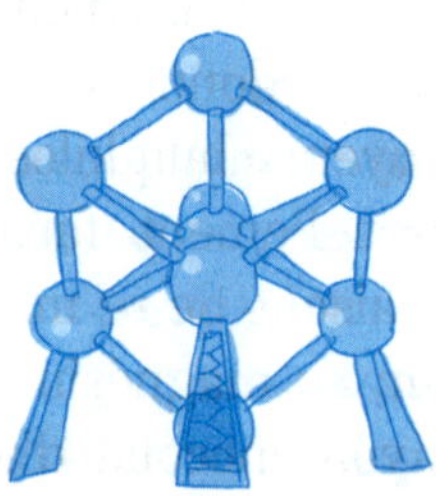

Anne est une jeune femme de 33 ans, charmante, joviale et passionnée – elle peut manger jusqu'à vingt pralines par jour. Normale, quoi. Son mari Benoît et elle, venant respectivement de la banque et de l'industrie, souhaitaient travailler de leurs mains tout en proposant un produit gastronomique de luxe, et ont lancé leur marque, Benoît Nihant, en 2006. Il n'y aurait au monde qu'une quinzaine d'artisans qui torréfient encore eux-mêmes leurs fèves. Depuis 2011, Anne et Benoît les ont rejoints. Ils ont même fait fabriquer par un mécanicien auto une concheuse (ce mot me met presque autant en joie qu'une truffe fraîchement roulée). La concheuse est composée de grosses pierres rondes qui broient, remuent, oxygènent, mélangent et raffinent le chocolat. « On ne mélange pas les fèves d'origines différentes, pour rendre hommage à l'expression de la fève, à la terre, au travail du planteur qui apporte son savoir-faire dans la culture du cacaoyer. » Voilà, c'est ça, le chocolat belge. Mais ce sont aussi les barres Galler aromatisées à l'orange ou sans sucre, les pralines Neuhaus, les ballotins artisanaux de luxe signés Wittamer, les boîtes de palets Marcolini (pionnier en Belgique moderne de la torréfaction maison qui exalte le goût du chocolat comme personne), les fruits salés ou sucrés enrobés de chocolat noir et le gare-aux-noisettes au praliné maison de Laurent Gerbaud, les rochers semi-industriels de Corné Port-Royal, les fruits de mer industriels de Guylian, les truffes de Godiva, et tous les autres qui gravitent autour de la Grand-Place, et chaque pâtissier de quartier qu'on n'aurait plus la place de citer – que ceux qui ne figurent pas dans cette liste non exhaustive me pardonnent, ce sera pour une autre édition. Dévorant en moyenne huit kilos de chocolat par année et par habitant (personnellement, facilement le double), les Belges ont de bonnes raisons de se marrer sous le ciel gris : ils sont dopés au plaisir, au magnésium et au cacao. Il suffit de se promener au rayon chocolat d'un supermarché pour piger l'ampleur de l'addiction : on y sniffe des pans entiers de tablettes, de mignonnettes, et de pralines (la marque Côte d'Or, n° 1 du marché, compte à elle seule 50 recettes).

Anne Nihant me reçoit à l'étage de chez Rob, supermarché de luxe, épicerie fine de compétition. Je vais vous dire, je ne me souviens plus comment elle était habillée, ni comment elle s'était coiffée ce matin-là. Je serais bien infoutue de vous parler de la couleur de ses yeux. Je ne regardais que ses ballotins. Je sais juste qu'elle est mignonne et souriante, et qu'elle m'a tout de suite paru sympathique. Elle m'a apporté une sélection de produits, pour bien que je comprenne son travail. Je m'y attendais, je suis venue à jeun. Elle déballe les boîtes devant moi, dans un salon privé peu éclairé, j'ai l'impression d'être dans une backroom, prise les mains dans le paquet (vous voyez l'idée). On commence par les pralines traditionnelles. Elles sont fourrées : on part d'une coquille en chocolat, qu'on « dresse », et qu'on referme. On leur donne souvent une forme, fruit de mer, tête de cheval, escargot… Je goûte, scrupuleusement, des truffes remplies de caramel salé liquide, des caramels durs surmontés d'une noix de pécan et enrobés de chocolat noir et qui éclatent en cristaux sucrés-salés dans la bouche. Poussant d'autres boîtes vers moi, elle poursuit : « D'autre part, on distingue les chocolats appelés "palets". On part de l'intérieur, on étale une couche d'un centimètre sur le marbre, puis on découpe en carrés, qu'on enrobe de chocolat. Généralement, c'est la version qualitative, là où on voit si un chocolatier maîtrise la ganache. Ça demande plus de savoir-faire que les "moulés", qu'on fourre souvent avec on ne sait pas exactement quoi. » Décharge de sérotonine. Choc d'endorphines. « Pour estimer la qualité d'un chocolatier, il faut acheter ses produits les plus classiques, ceux avec lesquels on ne peut pas tricher : orangettes, truffes, palets or (ganache pure) et si ça c'est réussi, on peut dévorer le reste les yeux fermés. » (Même si c'est mieux de les ouvrir pour ne pas se bouffer les doigts dans l'opération.) À l'issue de cette dégustation, je quitte Anne euphorique, pleine d'allant envers mon prochain, quasi ivre alors que je n'ai bu que du Perrier. Un sac de chocolats à la main.

Lexique de survie

Une tartine : une tranche de pain garnie.
Une tartine fermée : un sandwich.
Un sandwich : une baguette garnie.
Un sandwich mou : un petit pain au lait.
Un café : une marmite de café assez grande pour tremper votre tartine de fromage au petit déjeuner.
Un petit déjeuner : un buffet quasi continental, avec du pain, du fromage, souvent de la charcuterie, et des fruits.
Le lunch : le déjeuner.
Le dîner : le déjeuner.
Le souper : le dîner.

Bon à savoir

Ne vous attendez pas à recevoir une carafe d'eau dans un restaurant bruxellois. Quand on commande de l'eau, on reçoit une bouteille, qu'on paye. De même, la plupart des toilettes publiques sont payantes. Une dame pipi perçoit entre 30 et 50 centimes par passage, et les commodités sont ainsi plutôt accueillantes, y compris dans les fast-foods. D'ailleurs il circule une blague à ce sujet : Savez-vous pourquoi à Bruxelles on dit « une toilette » et à Paris « des toilettes » ? Parce qu'à Paris, il faut en faire plusieurs pour en trouver une de propre. CQFD.

Recette exclusive de la divine crème au chocolat hyper saine de Sandrine Mossiat

1. Cuire 600 grammes de patates douces à la vapeur ou dans un fond d'eau à la cocotte.
2. Faire fondre 200 grammes de chocolat noir dans un peu de l'eau de cuisson des patates douces.
3. Passer le tout au « blender de compet' », genre Vitamix.
4. Le mélange obtenu est tout à fait liquide. Le verser dans des petits pots en verre, à placer au frigo environ 2 heures, le temps que le froid fige les fibres de la patate douce et le chocolat. La texture est à tomber, le sucré parfait, le foie content.

Cho-co-lat (rien que le mot est bon en bouche)

Quand je demande à Sandrine son « Top 5 » des chocolatiers bruxellois, elle me répond sans hésiter : « Il n'existe qu'un Top 2 : Pierre Marcolini et Laurent Gerbaud. » Ces deux-là ont en commun, avec Wittamer et Patrick Roger, une créativité et un talent qui les placent très haut au-dessus de la masse des chocolatiers rassemblés entre le Sablon et la Grand-Place.

Pierre Marcolini
Rue des Minimes, 1 (Sablon)
02 514 12 06
www.marcolini.be
Dès le stade de la torréfaction, de tous les artisans bruxellois, ce pâtissier de luxe réputé pour ses chocolats à tomber est celui, d'après Sandrine, qui respecte le mieux la fève et les caractères spécifiques à chaque origine de chocolat.

Laurent Gerbaud
Rue Ravenstein, 2d (Centre)
02 511 16 02
www.chocolatsgerbaud.be
Sur la devanture de sa boutique, il annonce d'emblée : « Gerbaud, le chocolat qui rend beau ! » Et il a raison. Une telle qualité, ça ne peut que faire du bien. Très peu sucré, sans trucs et machins ajoutés, il travaille avec excellence les jeux de fruits salés et de chocolat.

Wittamer
Place du Grand-Sablon, 6 (Sablon)
02 512 37 42
www.wittamer.com
Ce chocolatier-pâtissier-glacier d'exception mérite amplement sa place dans le trio de tête des meilleurs artisans sucrés de la capitale. Tout ce qui sort des ateliers de Wittamer est bon à rendre fou. Essayez notamment ses Merveilleux, sorte de montage de meringue et de chantilly enrobées de copeaux de chocolat noir.

Et j'ajoute mon grain de sel sucré, un grain français mais qui vaut la balade au Sablon :

Patrick Roger
Place du Grand-Sablon, 43 (Sablon)
02 514 70 46
www.patrickroger.com
Ses chocolats sont parmi les meilleurs que j'ai goûtés, et on est d'accord que j'ai du métier.

Les restaurants préférés de Sandrine

Il faut l'écouter, elle a visité les cuisines.

Au Suisse – Maison Togni
Boulevard Anspach, 73 (Bourse)
02 512 95 89
www.ausuisse.be
La plus grande et ancienne sandwicherie milk-bar de Bruxelles, pour ses baguettes aux crevettes grises, son Martino où je demande de remplacer l'américain par de la salade de thon et pour ses jus fraîchement pressés pomme-carotte.

Tan
Rue de l'Aqueduc, 95 (Châtelain)
02 537 87 87
www.tanclub.org
Pour sa cuisine vivante, hypotoxique et délicieusement gourmande.

Notos
Rue de Livourne, 154 (Châtelain)
02 513 29 59
www.notos.be
Pour sa réinterprétation de la cuisine grecque sensuelle, légère…

Les Filles Plaisirs Culinaires
Rue Vanderschrick, 85 (Saint-Gilles)
0479 17 16 12
www.lesfillesplaisirsculinaires.be
Le lunch en semaine est l'un des meilleurs rapports qualité/convivialité de Bruxelles.

L'Idiot du Village
Rue Notre-Seigneur, 19 (Marolles)
02 502 55 82
Parce que ce resto, qui vient de fêter ses 20 ans, est toujours hors mode et moderne.

La Paix
Rue Ropsy-Chaudron, 49 (Anderlecht)
02 523 09 58
www.lapaix1892.com
Tant qu'à manger de la viande, autant manger la meilleure.

Les commerces de bouche préférés de Sandrine

Chez François
Chaussée de Waterloo, 719 (Bascule)
Le poissonnier indépendant du Carrefour Partner de la Bascule. Japonais et Portugais y font la queue, c'est dire !

Coprosain
www.coprosain.be
Coopérative d'agriculteurs qui produisent du bio et du raisonné, présents sur les marchés de la capitale.

Dandoy
Rue au Beurre, 31 (Grand-Place)
02 511 03 26
www.biscuiteriedandoy.be
Pour ses merveilleux biscuits et spéculoos. Incontournables, inimitables.

Basin & Marot
Rue des Carburants, 53 (Forest)
02 347 41 84
www.basin-marot.be
Pour les vins naturels.

adresses

Envie de frites...

Les fritkots bruxellois testés scrupuleusement par mon amie Elsa, journaliste, fêtarde et gourmande :

La Maison Antoine
Place Jourdan, 1 (Schuman)
02 230 54 56
www.maisonantoine.be
Parce que c'est vraiment bon avant d'être mythique, et pour cela on se farcit la file pleine de touristes.

La friterie de la place de La Chapelle (Marolles)
Hyper bien située, entre le Sablon et le centre-ville, parfaite pour un petit ravitaillement avant une longue nuit.

Chez Clémentine
Place Saint-Job (Uccle)
02 374 08 86
www.chezclem.be
Non seulement les frites sont bonnes, mais en plus Clémentine s'est aménagé une petite terrasse derrière son fritkot. On y va donc pour le plaisir de déguster son cornet assise, même si c'est aussi bon debout.

Frit'Flagey
Place Eugène-Flagey (Flagey)
Pendant la journée, les amateurs de frites aux mille sauces qui font la queue sont les étudiants qui animent le quartier ; le soir on croise les mêmes dans la file qui s'allonge, rejoints par les affamés qui sortent d'un apéro arrosé au Belga, le bar branché du quartier. Il faut bien éponger tout ça.

Chez Léon
Boulevard Général-Jacques, 263 (Etterbeek)
Tenue par une pure Bruxelloise, l'adresse favorite des nostalgiques de la frite.

La Friterie du Bourdon
Place du Bourdon (Uccle)
02 332 04 48
Daniel Delain, le patron, a été promu en 2007 « Chevalier de l'Ordre national du Cornet d'Or » par l'Union nationale de frituristes (parce que oui, il existe une Union nationale des frituristes[1]). Cette maison, reprise par cet ancien boulanger-pâtissier il y a trente ans, est réputée pour ses frites traditionnelles. Daniel Delain est un puriste, ses cornets font des accros de toutes les générations, qui se bousculent pour déguster leurs frites de Proust.

Pour les geekettes, il existe une application iPhone. *Fritkots Bruxelles* propose une sélection des 49 établissements les plus renommés de la capitale, les géolocalise et précise même s'ils sont accessibles à l'heure à laquelle vous vous connectez.

Petit rappel : 100 grammes de frites (une petite frite au fastfood) = 400 kcal.

1. L'Union nationale des frituristes a été fondée en 1984 pour défendre les intérêts particuliers des frituristes, et veiller à la pérennité du secteur. Autrement dit, le lobby de la frite. Il existe plus de 5 000 friteries en Belgique. La tranche la plus carrée du patrimoine gastronomique et culturel belge méritait bien un syndicat.

Coups de cœur pintadeaux

Le Chalet Robinson
Sentier de l'embarcadère, 1 (Bois de la Cambre)
02 372 92 92
www.chaletrobinson.be
Parce qu'on accède à la brasserie plantée sur une île au bout du lac du bois de la Cambre par un bac, pour déjeuner à midi ou manger une crêpe avec les enfants après une longue balade à vélo le dimanche.

Le Framboisier Doré
Rue du Bailli, 35 (Châtelain)
02 647 51 44
Pour ses glaces artisanales conçues dans l'atelier sur place avec de vrais œufs et du lait entier, et ses parfums originaux et incroyablement bons.

Gastronomie bruxelloise

Au Stekerlapatte
Rue des Prêtres, 4 (Marolles)
02 512 86 81
www.stekerlapatte.be
Au cœur des Marolles, une brasserie authentiquement bruxelloise au menu réjouissant : croquettes de crevettes grises, saumon à la Gueuze de Cantillon, jambonneau rôti au four…

In't Spinnekopke
Place du Jardin-aux-Fleurs, 1 (Saint-Géry)
02 511 86 95
www.spinnekopke.be
Un estaminet à l'ancienne dans une belle maison du XIIIe siècle. La carte est en brusseleir !

Les Brigittines
Place de la Chapelle, 5 (Marolles)
02 512 68 91
www.lesbrigittines.com
Institution bruxelloise et valeur sûre pour les gourmets, située en bas du Sablon.

La Canne en ville
Rue de la Réforme, 22 (Brugmann)
02 347 29 26
www.lacanneenville.be
Restaurant de quartier installé dans une ancienne boucherie, cette table est réputée pour la qualité de ses viandes.

Le Vismet
Place Sainte-Catherine, 23 (Sainte-Catherine)
02 218 85 45
Excellents fruits de mer. La cuisine est ouverte, et on voit parfois les parents du chef qui viennent de la côte pour l'aider à éplucher les crevettes. Sans prétention, très bon rapport qualité/prix.

De Oyster Bar
Passage du Nord, 25 (Grand-Place)
02 217 45 52
Un bar à huîtres dans le passage du Nord, adresse hyper confidentielle avec peut-être cinq tables, où l'on sert du champagne, du foie gras, des toasts de crevettes à tomber. Niveau déco, le temps s'est arrêté dans les années 70.

La Cuisine
Rue Lesbroussart, 85 (Flagey)
02 644 29 21
Les jeudis, vendredis et samedis soir. C'est pointu, très bon. Il n'y a pas de carte, juste des suggestions sur le tableau noir. Must-eat : les tagliattas de bœuf. Le vin est bon et pas cher.

Le Berger
Rue du Berger, 24 (Matonge)
02 510 83 40
www.lebergerhotel.be
Un ancien hôtel de passe réhabilité. Le restaurant est simplifié, avec une carte « bistronomique », ambiance années 30, cosy, glamour. Évidemment, au cas où, il y a toujours les chambres à l'étage, même si l'hôtel s'est refait une virginité design.

X **Le Royal**
Rue de Flandre, 103 (Dansaert)
02 217 85 00
www.royalbrasseriebrussels.be

X **Le Selecto**
Rue de Flandre, 95 (Dansaert)
02 511 40 95
www.leselecto.com
Peu de choix à la carte, mais super menus pour une trentaine d'euros, entrée-plat-dessert.

Le Petit Canon
Rue Lesbroussart, 91 (Flagey)
02 640 38 34
Un bar à vin trendy cool, avec des soirées à thèmes. À l'intérieur c'est cosy, à l'extérieur c'est terrasse.

Chez Jacques
Quai aux Briques, 44 (Sainte-Catherine)
02 513 27 62
Ambiance bistrot d'antan et recettes bruxelloises authentiques. Pour les amateurs de poissons.

Chez Vincent
Rue des Dominicains, 8 (Grand-Place)
02 511 26 07
www.restaurantvincent.com
En plein cœur de l'Îlot Sacré se trouve l'un des meilleurs restaurants de viandes de la ville. Entre les galeries de la Reine et la Grand-Place, on peut choisir sa pièce de bœuf en vitrine, et déguster son plat dans le décor typique, esprit « barques de pêcheurs ».

Les Trois Chicons
Rue des Renards, 9 (Marolles)
02 511 55 83
www.lestroischicons.be
Dans une maison cosy au cœur des Marolles, une cuisine de terroir typiquement bruxelloise.

X **Fin de Siècle**
Rue des Chartreux, 9 (Dansaert)
02 513 51 23
Pour bien manger à petit budget. C'est une grande brasserie à tables communes, où tout le monde dîne au coude à coude, de ce qu'on appelle une cuisine « honnête », à partir de 9 euros : on en a largement pour son argent. Une belle qualité, bien servi.

Ballekes de volaille

X **Viva M'Boma**
Rue de Flandre, 17 (Dansaert-Saint Catherine)
02 512 15 93
Pour leur sandwich au cordon-bleu, haricots verts, chou rouge et cressonnette.

Cantines bobo

Unami
Rue du Bailli, 97 (Châtelain)
02 325 95 12
www.unami-store.com
Pour un moment zen, les dim sum savoureux et incroyablement légers, un woolong à l'orchidée avec un moelleux au thé matcha, le paradis !

Quentin
Rue du Page, 7 (Châtelain)
02 537 85 97
www.quentinvins.com
Pour les minihamburgers-frites aux produits frais.

Gaudron
Place Georges-Brugmann, 3 (Brugmann)
02 343 97 90
www.gaudron.be
Dans le Gaudron, tout est bon !

De Markten
Place du Vieux-Marché-aux-Grains, 5 (Dansaert)
02 512 34 25
www.demarkten.be
Pour un verre pas cher, bien servi, des salades et des sandwiches très frais, et la terrasse autant fréquentée par des familles que par des branchés.

Chez Franz
Avenue du Haut-Pont, 30 (Brugmann)
02 347 42 12
www.chez-franz.be
Pour draguer, et de manière générale rencontrer un public éclectique de tous âges, c'est un peu le before des Jeux d'Hiver. C'est after work, costards cravates et A.P.C. Le brunch est très sympa, riz au lait et pain perdu, à la carte ; toutes les petites dégustations et le brunch sont à 12 euros. Idéal quand tu sors de boîte à 10 heures du mat'. Le dimanche à 18 heures : concert de jazz.

Kika
Boulevard Anspach, 177 (Anneessens)
02 513 38 32
Une carte délicieuse de produits frais et de saison. Léger, savoureux. Entre la gare du Midi et la Bourse, l'ambiance est ouverte et hyper chaleureuse.

Le Pavillon
Rue Defacqz, 63 (Louise)
02 538 02 15
Des bons plats copieux à petit prix, un service souriant et agréable, on se sent tout de suite chez soi. Essayez l'onglet de bœuf aux échalotes, le filet de porc sauce estragon et la tarte au citron meringuée !

L'estaminet de Louise (à la Maison des arts)
Chaussée de Haecht, 147 (Schaerbeek)
www.estaminet.sitew.com
Ce tout petit bistrot adjacent à la Maison des arts de Schaerbeek tire une grande partie de son charme de son mobilier pittoresque récupéré d'un café chassé par l'Expo universelle de 1958 mais également du charmant jardin caché à l'arrière de l'ancien château. On déguste à midi la saine cuisine de l'inspirante Louise, journaliste philippine reconvertie en Belgique en businesswoman et cuisinière.

Ici, « le goût juste »
Rue Franz-Merjay, 133 (Brugmann)
0496 52 15 44
Une épicerie-cuisine de comptoir saine et savoureuse, pour le petit déjeuner, le lunch ou un après-midi gourmand, destinée aux épicuriens bohèmes : on y déguste des produits de saison servis en plat du jour selon le marché, des jus frais, des salades et des tartines garnies à emporter. Dans le corner « épicerie fine », on retrouve les incontournables glaces Berthillon, le pain Poilâne, le saumon bio Salma, dans une ambiance « à la bonne franquette », avec Wi-Fi disponible.

Cuisines du monde

La Kasbah
Rue Antoine-Dansaert, 20 (Dansaert)
02 502 40 26
www.lakasbahresto.com
Un super restaurant marocain, convivial, avec un très bon menu végétarien.

Ce soir on dîne à Marrakech
Avenue Brugmann, 408 (Uccle)
02 347 76 01
Le décor nous emmène droit sous une tente du désert, avec gros coussins et tapis au mur. Le couscous et le tajine sont juste à tomber, les viandes fondantes, les desserts parfaits.

Le Livre jaune – Chez Rachid
Rue du Bailli, 51 (Châtelain)
02 648 67 30
Rien que l'accueil du patron est fantastique. La déco est typique, et la cuisine impeccable et très bien servie. C'est une vraie bonne adresse pour déjeuner entre copines ou dîner en famille. On peut aussi commander en take away, et passer chercher son couscous royal avec ses propres casseroles. Attention, si vous commandez pour quatre, vous en aurez assez pour dix…

La Porte des Indes
Avenue Louise, 455 (Louise)
02 647 86 51
www.laportedesindes.com
D'après les connaisseurs, le meilleur indien de la ville. On y va pour le lunch à 12 euros, en choisissant le « poulet rouge », une folie gustative.

Il Monticelli
Rue de Lombardie, 28 (Saint-Gilles)
02 534 35 85 (Réservation conseillée)
On dirait un vieux bistrot bruxellois, on ne pense même pas à s'arrêter. Et pourtant, on devrait : le menu – une entrée, trois plats, un dessert – semble mitonné par une grand-mère italienne. Tout est fait maison, et comme il n'y a que quelques tables, on se refile l'adresse sous le manteau.

Mpoko Bazar
Chaussée de Wavre, 108 (Matonge)
02 502 75 32
Un petit restaurant africain qui ne paye pas de mine, mais on y mange la meilleure viande de chèvre braisée de la ville.

Le Gri-Gri
Rue Basse, 16 (Uccle)
02 375 82 02
www.gri-gri.be
La patronne, Joséphine, est très marrante. En plus, c'est une figure de la communauté congolaise en Belgique.

Michael Collins
Rue du Bailli, 1 (Châtelain)
02 644 61 21
www.michaelcollins.be
Un pub irlandais dans la plus pure tradition, avec une belle carte de spiritueux et des hamburgers-frites maison inoubliables. Idéal pour suivre des événements sportifs importants sur grand écran. Penser à se barioler les joues aux couleurs de l'équipe qu'on supporte : les autres l'ont fait.

The Wild Geese
Avenue Livingstone, 2-4 (Schuman)
02 230 00 69
www.thewildgeese.be
Ambiance mémorable les soirs de match, brunch reconstituant le week-end. Bien aussi pour se trouver un mari fonctionnaire européen…

Le Mont Liban
Rue de Livourne, 30-32 (Louise)
www.montliban.be
Une valeur sûre pour les amateurs de cuisine libanaise, ou l'endroit idéal pour la découvrir pour les autres. On peut s'installer dans la partie snack avec terrasse, pour déguster les mezzes froids et chauds à la carte, ou dans le restaurant, pour profiter du buffet.

Kamo
Avenue des Saisons, 123 (ULB)
02 648 78 48
C'est là, dans ce restaurant étoilé, que se retrouvent les vrais fous de cuisine japonaise.

Hông Hoa
Rue du Pont-de-la-Carpe, 10 (Saint-Géry)
02 502 87 14
www.honghoa.be
Un excellent petit resto vietnamien au Centre, à petit budget (3 à 14 euros). Le top : les calamars grillés sauce aigre douce, et le porc au caramel.

KërGi
Rue Blaes, 159 (Marolles)
02 503 48 44
Spécialités culinaires africaines.

Easy Tempo
Rue Haute, 146 (Marolles)
02 513 54 40
La pizzeria la plus « créateurs » de Bruxelles, où Elvis Pompilio et Edouard Vermeulen ont leurs habitudes. La cuisine est

parfaite, avec des pizzas à partir de 8 euros. C'est pas cher, chic et propre, et on se croirait à Naples, grâce aux fresques en carrelage posées aux murs.

Les brunchs

Le Pain quotidien
Adresses sur www.lepainquotidien.be
Pour les petits déjeuners tardifs partagés autour de tables communes ou en tête à tête, la cuillère dans le pot de pâte de noisettes maison. Une success story qui s'exporte un peu partout dans le monde.

Les Larmes du Tigre
Rue de Wynants, 21 (Palais de justice)
02 512 18 77
www.leslarmesdutigre.be
Une cuisine thaï délicieuse et raffinée. Le lundi midi, c'est une charrette de rue de Bangkok qui propose des « Thaï-noodles soups ». Dimanche midi, le fabuleux buffet est à volonté.

Chez Odette
Rue du Châtelain, 25 (Châtelain)
02 640 26 26
www.chez-odette.com
Un brunch complet et gastronomique dans le cadre cosy de chambres d'hôtes de luxe. L'endroit est charmant, l'accueil soigné, et le buffet pris sous la verrière du restaurant ou dans le salon au coin du feu donne envie de retourner se coucher, amoureux, repu et ravi.

Sofitel Le Louise
Avenue de la Toison d'Or, 40 (Louise-Porte de Namur)
02 549 61 44
www.sofitel.com
Un choix étourdissant de plats du monde, c'est le rendez-vous des papilles raffinées, mais sans tralala. On trouve bien sûr les traditionnels assortiments de viennoiseries, pains et fromages accompagnés de fruits secs, et un plateau irrésistible de pâtisseries et de mignardises. Les enfants sont gâtés aussi, avec des animations (jeux encadrés, maquillage…) et un buffet rien que pour eux.

Le Conrad
Avenue Louise, 71 (Louise)
02 542 42 42
www.placeshilton.com/conrad-brussels
Dans le décor select et confortable de l'un des rares palaces bruxellois, on savoure un buffet tout simplement parfait : les entrées de poisson ou de charcuterie fine sont délicates et variées, les plats chauds valent un banquet à eux seuls, et la table des desserts est purement enchanteresse. Dans l'après-midi, l'afternoon tea remet le couvert avec des mignardises de folie, déclinées dans une thématique raffinée ou enfantine.

Les traiteurs

Fonteyne the Kitchen
Chaussée de Waterloo, 1395 (Uccle)
02 375 48 75
www.fonteyne-thekitchen.be
Pour un tour du monde gastronomique (sélection de spécialités belges, thaïs, italiennes, japonaises et indiennes), les trois chefs créent dans une cuisine ouverte. Le gibier est top.

Rob
Boulevard de la Woluwe, 28 (Woluwé-Saint-Lambert)
02 771 20 60
www.robfinefood.be
Tous les meilleurs ingrédients pour s'éclater en cuisine, et au restaurant à l'étage, une carte de saison exécutée avec art par un chef formé auprès des plus grandes toques. La cave à vins propose une sélection de 1 200 appellations.

À la poursuite du pain français perdu

Le Saint-Aulaye
Rue Vanderkindere, 377 (Bascule)
02 345 77 85
www.saintaulaye.be
En France, on a *sa* boulangerie, *sa* boulangère, on l'aime, on lui est fidèle. À Bruxelles, attachez-vous : on ne trouve *pas* de baguettes. Enfin presque pas. Les Bruxellois mangent des tartines ! J'avoue j'exagère, il y a des baguettes – des « pains français » comme on dit – mais elles n'ont simplement rien à voir avec ce qui se fait dans l'Hexagone. Elles sont souvent molles, ou trop croûteuses avec une mie cotonneuse, pâles, et sèches trois heures après la sortie de la boulangerie. Il n'est pas rare de devoir prendre sa voiture pour aller chercher du (bon) pain ! Pour vous épargner tout de suite de ratisser votre quartier à l'aube l'écume aux lèvres, dirigez-vous directement vers le Saint-Aulaye. Là, Jean-Louis Barré et Fabien Grégoire ont décidé de faire du « vrai pain » et pour cela les deux compères sont partis chercher leur boulanger, leurs apprentis et leur farine en France.

Située en plein cœur du « triangle français » (Châtelain-Bascule-Brugmann), cette boulangerie-pâtisserie compte aujourd'hui plus de 40 % de Français dans sa clientèle, dont certains se déplacent depuis Woluwé et Rhode-Saint-Genèse (le bout du monde) pour acheter leur précieuse baguette. Leur pain star éponyme, « Le Saint-Aulaye », mérite un prix Nobel, et la tarte à la rhubarbe meringuée peut faire perdre la raison. Mon point faible ? L'Archange. Plus qu'un gâteau, c'est un vice, un péché, une extase : une croûte de pâte sablée, un fin tapis de biscuit chocolaté, une épaisse couche de crème brûlée, matelassée de collines de mousse au chocolat ferme comme des joues de bébé, le tout saupoudré de cacao rouge.

Boulangerie Charli
Rue Sainte-Catherine, 34 (Dansaert)
02 513 63 32
www.charliboulangerie.com
L'une des meilleures adresses du centre-ville, pour son pain de grande qualité, ses énooormes couques au chocolat et ses sandwiches parfaitement calibrés.

CHAPITRE 4

Cosmopolitanisme (pas le cocktail, hein !)

Dire quoi : tenir au courant.
— Vous venez souper vendredi ?
— Je vois avec mon mari et je te dis quoi.
Un Brusseleir : un Bruxellois de souche, depuis plusieurs générations. Ils sont encore nombreux à vivre dans les Marolles.
Zinneke : issu d'un mélange de cultures. Si on parle d'un animal, c'est un sans-pedigree.

* Je t'aime!
** Alors on se marie ici ?

Le cœur de la ville

Bruxelles polyglougloutte : quand on marche dans la rue (« en rue »), on ne croise pas deux personnes qui parlent la même langue. On fait un pas, on perçoit de l'albanais, on avance l'autre pied, c'est du danois, du swahili, du chinois, de l'arabe. Évidemment, une langue prédomine, après tout on est dans une ville majoritairement francophone. Je parle de l'anglais. Ce en quoi j'exagère. Français, néerlandais, anglais ou berbère, la langue la plus entendue dépend du quartier, mais une chose est sûre : si Bruxelles est officiellement une ville bilingue, avec chaque nom de rue écrit en français et en flamand, seuls 6 % environ de la population sont néerlandophones. On sait que la capitale de l'Europe est un grand carrefour international, tant par sa position géographique que politique, mais si on se focalise souvent sur les expatriés européens, il ne faut pas oublier les immigrés du Sud et de l'Est. Certains viennent chercher un meilleur confort de vie, ou rejoindre de la famille. S'ils trouvent leur place dans le système, ils parviennent à réaliser leurs rêves, parfois à en profiter. Comme partout ailleurs. Le Plat Pays est aussi une Plate-Forme. Du côté des eurocrates, on rencontre surtout des gens qui sont venus pour leur travail, et qui restent pour le plaisir. Mon amie Viviane travaille à la Commission européenne depuis trois ans. Elle ne le fait pas pour l'argent. OK, pas *uniquement* pour l'argent. Ce qu'elle aime dans cet environnement si particulier, c'est que « tu es en train de parler à un Italien, puis tu tournes la tête, tu réponds en anglais à un Suédois, une Irlandaise qui passe par là te corrige sur une faute de syntaxe, un Grec se marre et t'invite à boire un café turc après le boulot. Ce sont des gens qui ont voyagé, vécu dans différents pays. Ils sont ouverts aux différences culturelles. C'est hyper enrichissant de progresser dans ce type de milieu ». Et le puzzle culturel s'étend autant dans la ville que dans les couloirs des institutions européennes. Vivre dans la capitale de l'Europe, c'est accepter d'être l'étranger de quelqu'un d'autre, tout en ne s'étant jamais senti autant chez soi.

À Bruxelles, ce sont les riches qui vivent en bordure du centre. Les immigrés habitent, eux, en plein centre, dans les quartiers les plus anciens, juste à côté du pôle touristique de la ville. Une fois encore, Bruxelles se mélange malgré elle. Pour Nouria Ouali, chercheuse en sociologie à l'ULB et créatrice du groupe d'études et de recherches « Genre et Migration », il faudrait pourtant arrêter de parler de Bruxelles comme d'une ville « multiculturelle » et du grand « melting-pot bruxellois » : « Certes, dit cette universitaire de 50 ans elle-même fille d'immigrés, il y a de nombreuses cultures à Bruxelles, mais il y a surtout des mondes sociaux différents et ces mondes ne se fréquentent pas. Fonctionnaires européens ou enfants issus de l'immigration ont une vision de la ville restreinte à leurs quartiers. Ils en arrivent à fantasmer sur l'autre et sur son environnement car ils ne le connaissent pas et cela crée des barrières à l'échange. »

Effectivement, lors d'un déjeuner avec Irina, fonctionnaire européenne portugaise de 30 ans tout juste débarquée à Bruxelles, j'ai été un peu scotchée quand elle m'a dit : « Il paraît que la limite à ne pas franchir c'est le Sablon… après c'est trop mal fréquenté. » Le Sablon ? Mais c'est le début de la ville, là qu'une grande partie de Bruxelles commence à vivre ! En dessous du Sablon, il y a la Grand-Place. Un peu plus bas, la rue du Midi, avec ses boutiques de souvenirs, ses magasins, ses cafés. À côté, le quartier gay, trois rues coincées entre la Bourse et le boulevard Lemonnier. Plus bas, la fameuse rue Antoine-Dansaert et ses boutiques de créateurs. Au bout de cette rue, le canal, qui coupe la ville en deux. Ici, on est « du bas » ou « du haut », première ségrégation, ou d'un côté ou de l'autre du canal, deuxième différenciation ! Pauvre Irina. Pour elle, pas de bières au Roi des Belges, pas de shopping chez Hunting and Collecting. Encore moins de soirées endiablées place Fontainas ou de marché aux puces place du Jeu-de-Balle. Oubliée aussi, la chasse aux trésors rue de Brabant ; relégué au fantasme des filles en vitrines, le quartier populaire de la gare du Nord et ses snacks aux durums débordant de viande émincée et de chou râpé, investis par des hommes qui discutent en buvant un soda et des mères de familles pressées.

Coincée entre la place Liedts et la gare du Nord, la rue de Brabant ne doit pas faire plus de 500 mètres, mais c'est sans aucun doute l'une des artères les plus chargées de la capitale. Concerts de raï et de rap français à travers les vitres baissées des grosses BMW en double file, camionnettes en livraison, échoppes qui débordent sur la chaussée. On n'est pas loin du souk. La baronne (la « beurette » bruxelloise) adore, nous aussi. Brol (qu'on pourrait traduire par souci de clarté par « des trucs et des machins ») chinois de mauvaise qualité, vrais plats à tajines en terre cuite, épices, tissus, bijoux, pâtisseries, chaussures pas chères, djellabas brodées… on trouve tout et surtout n'importe quoi rue de Brabant.

Et les magasins y sont ouverts le dimanche. Il est bon de s'armer d'un peu d'audace pour aller à la « rue d'Brabs », car elle se situe au beau milieu d'un des quartiers les plus chauds et les plus populaires de Bruxelles : le quartier nord. Derrière les commerces colorés et éclectiques se trouve la tristement célèbre rue d'Aerschot où les prostituées s'exhibent en vitrine. Un tabouret en façade se loue 250 euros la journée. Les filles se relaient tous les jours, de 6 heures du matin à 18 heures et de 18 heures à 6 heures du matin. On peut les voir accoudées au comptoir d'un snack halal, sirotant un café pendant leurs pauses. Rue de Brabant, des femmes voilées qui achètent de la toile cirée au mètre croisent des femmes en talons aiguilles et minijupe, qui fument des clopes en attendant leur prochain client. Vous avez dit melting-pot ?

Samira, la Maro-xelloise

Devant mon air consterné de pintade au régime 90 % du temps (c'est-à-dire quand je ne suis pas en train de m'enfiler une tourte à la choucroute et aux lardons pour compenser), Samira me confirme que le thé à la menthe fraîche qu'elle vient de me servir est déjà sucré : « Ça ne se fait pas d'offrir un thé sans sucre, c'est le signe qu'on n'aime pas la personne. » Si c'est une marque d'amitié ça change tout, et je déguste le délicieux thé brûlant, que je fais glisser avec une part de cake au flan maison : un quatre-quarts sur lequel Samira a cuit une crème caramel. Je sais dès cet instant que je viens de basculer dans les 10 % du temps, et je m'en réjouis, vu ce que la jeune femme apporte de la cuisine. Déjà que j'étais venue avec une grande boîte de cupcakes pour les enfants, on ne risque pas de souffrir d'hypoglycémie à l'heure du goûter. Samira est la sœur d'une amie, jeune maman marocaine de 28 ans établie à Bruxelles depuis trois années, et elle nous a invitées avec nos pintadeaux, pour que les gamins fassent connaissance et jouent ensemble après l'école. Je ne l'avais encore jamais rencontrée, et elle m'ouvre sa maison et son frigo comme si on était frangines. Après le gâteau, elle apporte des *bagrirs*, petites crêpes épaisses sur lesquelles elle tartine du beurre. Air ravi des mômes. Puis elle dispose, sur la table basse placée devant la télé où défile un dessin animé espagnol d'une chaîne du câble, des bols de pistaches et de petits salés apéritifs. Ses deux petites filles, mignonnes à croquer avec leurs shorts sur un legging à pois et chemisettes colorées, parlent espagnol parce qu'elles sont nées en Espagne, berbère comme leur mère, et français grâce à l'école. Après avoir englouti de quoi se passer de dîner et de petit déjeuner, les enfants filent jouer dans la chambre des petites, une pièce toute rose pleine de Hello Kitty-eries, ce qui leur vaut des « Ah ! » et des « Oh ! » de la part de leurs invités éblouis, notamment par un camion Barbie géant. Une fois que Samira a étalé toutes ses splendeurs caloriques sous mon nez, elle s'installe sur son canapé en cuir bleu nuit recouvert de plein de coussins en satin brodés pour un brin de causette.

Elle et son mari vivent à Schaerbeek, en plein quartier marocain, au milieu de petits restos et de boutiques d'articles

de puériculture discount, dans un trois-pièces en enfilade typique, 150 m² qu'ils payent 550 euros par mois. Il y aurait bien un coup de peinture à passer sur les réparations au plâtre encore apparentes, mais ça attendra un peu. Samira dispose en plus d'une grande cour où les filles peuvent faire du tricycle. La maison est impeccablement rangée, ce qui m'épate toujours avec de jeunes enfants à la maison. Elle cherche du travail, mais en attendant, elle est mère au foyer, ce qui lui laisse le loisir de passer derrière le désordre des petiotes. La jeune femme, avec sa queue-de-cheval serrée et ses yeux de chat maquillés aux khôls bleu et noir, m'explique qu'elle est née au Maroc et a vécu trois ans en Espagne avant d'arriver en Belgique. Elle ne parle pas encore bien français, même si elle se fait parfaitement comprendre. C'est une très jolie fille, souriante et posée. Ses sourcils épais lui font un visage de Cléopâtre. Aujourd'hui, elle porte un jean blanc très seyant, un top Liberty, et en guise de pantoufles, des babouches brodées. Elle ne porte pas le voile, parce que dès qu'une femme est mariée, c'est son mari et non plus ses parents qui prend cette décision pour elle. En l'occurrence, le père de ses enfants, cuisinier dans un restaurant de poisson marocain, ne lui demande pas de cacher ses cheveux. Samira a grandi dans une famille traditionnelle d'un petit village de l'Anti-Atlas, et elle se sent très dépaysée à Bruxelles, même si elle adore la ville. « Au début, j'ai eu du mal à me faire des amies, alors que je sortais beaucoup, boire un thé avec ma cousine qui était déjà installée depuis dix ans, pour faire les courses ou juste comme ça, avec de nouvelles copines. Mais je me sentais décalée par rapport au Maroc. C'est toujours le cas, parce que dans le coin, il y a aussi beaucoup de Turcs et d'Albanais, en plus des autres nationalités et cultures, ça complique l'intégration, de devoir s'adapter à tant de repères. »
Et les Belges ? « Ils sont gentils, mais toujours très occupés ! Je ne désespère pas, je suis sûre que je me ferai des amis

belges un jour… » Comme les gamins ne regardent plus la télé posée sur un grand vaisselier vitré, elle coupe le son pour qu'on s'entende mieux causer, tout en resservant du thé. « Mon mari m'aide beaucoup, quand il est là, c'est lui qui fait la cuisine, mais il a des horaires de fou, et il est souvent trop fatigué. Ici, on a un rythme plus dur qu'au Maroc ou en Espagne. » Malgré ces difficultés, Samira, tout comme de nombreuses Marocaines, se sent bien à Bruxelles. Elle ne veut plus en bouger : « La justice est bien organisée, les salaires sont confortables, l'administration efficace, les écoles ont un bon niveau, le système de santé est excellent. Pour moi, la qualité de vie est bien meilleure qu'au Maroc. Oui, tout est plus cher que là-bas, mais on trouve quand même plein de petites boutiques, des marchés et des restaurants à petits prix, il y a vraiment moyen de vivre agréablement. » Seul souci de Samira : elle attend toujours d'avoir un droit de séjour en ordre. Elle pourra alors trouver un « vrai emploi » (pour l'instant, elle fait quelques ménages au noir), et ensuite, elle rêve d'acheter une maison avec son mari. Lui aussi attend ses papiers. Mais les frais de dossiers sont exorbitants pour eux : elle me raconte que l'administration viendrait de leur réclamer 2 500 euros « rien que pour ouvrir la lettre de relance de notre avocat ». Ils ont payé, n'ont pas encore de nouvelles. La sœur de Samira, qui a commencé à travailler à Bruxelles dès qu'elle a posé le pied sur le sol belge, il y a douze ans, n'a jamais obtenu la précieuse carte d'identité valable cinq ans, elle doit se contenter de papiers provisoires valables seulement quelques mois. Samira galère pour trouver « un bon avocat », selon elle : « En Espagne ou au Maroc, tu payes 500 euros, et l'avocat s'occupe absolument de tout. Ici, on paye sans jamais savoir quand ça s'arrêtera, et en plus on doit faire toutes les démarches administratives à la commune nous-mêmes : l'avocat ne fait qu'envoyer des courriers. En même temps, je sais qu'il n'a pas le droit d'aller au bureau des étrangers…

Finalement, que tu prennes un avocat ou non, c'est quasiment la même chose, tu dois te débrouiller. »
Samira aime son quartier. « Le bruit de la vie, les conversations dans les magasins. Tu vois, je ne pourrais pas vivre à Ixelles, c'est trop calme. » Elle y a néanmoins scolarisé ses filles en maternelle, près du travail de sa sœur qui lui donne un coup de main. « Je ne voulais plus les mettre à l'école communale à côté de la maison, parce qu'elle est sale et qu'on ne s'occupe pas assez des enfants. Un jour, j'ai trouvé la petite de 3 ans dans la cour, en plein soleil, avec 39 °C de fièvre. Elle avait vomi sur elle, personne ne l'avait changée, on ne m'avait pas appelée. » Samira ne profite même pas du hammam très réputé qui a ouvert à deux portes de chez elle : elle ne supporte pas la chaleur. « C'est pour ça que j'aime Bruxelles, au Maroc et en Espagne, je passais mon temps à fuir le soleil et les trop hautes températures. » Ici en effet, elle ne risque rien…

Les baronnes

En 2009, dans *Les Barons*, le réalisateur belge Nabil Ben Yadir dressait un portrait drôle et piquant de la communauté marocaine de Bruxelles (qui représente environ 13 % de la population totale) à travers les questions existentielles de quatre glandeurs au cœur tendre. Si ces « barons », rois de la vadrouille, se promènent en survêt-basket-veste en cuir-casquette, les baronnes, elles, ont la rage et la classe.

Certaines de ces filles issues de la deuxième génération de l'immigration maghrébine, jeunes et branchées, ressemblent à des femmes d'affaires dans leurs tailleurs nickel, avec leurs brushings plus impec que celui d'Anna Wintour. Elles sont belles comme des déesses et lookées comme des killeuses, ces aristocrates du « bas » de la ville ! Il n'est pas rare de croiser une mini-Jennifer Aniston méditerranéenne à 8 heures dans le métro en train de réviser son cours de maths. Oui, elles s'habillent comme des stars pour aller à l'école, faire des courses ou simplement se balader. Mais comment font-elles pour être tirées à quatre épingles en toutes circonstances ? « C'est dans les gênes, rigole Houria, 27 ans, ouvreuse de cinéma. De toute façon, avec les cheveux que nous a donnés la nature, on n'a pas le choix ! »

Houria est une très jolie brune avec des yeux marron si clairs qu'ils sont presque verts. Mariée avec un Belge qui ne la laissait pas assez respirer à son goût, elle vient de divorcer et elle est retournée vivre momentanément chez ses parents à Forest, en attendant de retomber sur ses pattes. Quand elle me raconte qu'elle s'occupe elle-même de sa crinière de lionne, je manque de m'étouffer avec mon sérum à la soie pour pointes sèches. *Toute seule !* Je n'ai que de modestes bouclettes, que je dompte quotidiennement à coups de litres de démêlant pour ne pas avoir un buisson sur la tête. Et ce n'est rien à côté des tignasses de Houria et de ses copines : elles arborent des tonnes de cheveux épais et brillants en se débrouillant avec les moyens du bord. « M'occuper de mes cheveux, cela me prend une heure tous les soirs minimum », explique Houria (l'afro de Tina Turner, c'est de la rigolade à côté de la sienne). « D'abord, les laver, les soigner, les peigner ; ensuite je fais la patcha avant de dormir, une technique que ma grand-mère m'a apprise. Aussi efficace qu'un brushing, sauf que tu ne te crames pas les cheveux et que ça ne coûte rien ! »

Du 100 % homemade donc… et ça marche ! Quand je la retrouve pour boire un thé, quelques jours plus tard, ses cheveux sont domptés et brillants comme du satin. On discute et soudain, il se met à pleuvoir ! Le visage de Houria s'assombrit comme le ciel. Sa copine, Hind, un vrai baron manqué, rigole : « On va devoir rester ici jusqu'à ce qu'il arrête de pleuvoir, les Marocaines ne mettent *jamais* la tête sous l'eau… » Houria rit jaune et peste : elle aussi devra se faire faire un lissage brésilien. « Ce truc a révolutionné nos vies. Toutes les Marocaines que tu croises avec les cheveux bien lisses… c'est sûr, c'est du brésilien ! »

Et les filles voilées ne font pas exception à la règle : ultra-sapée, hissées sur des talons, souvent maquillées, brushing millimétré sous le hijab. Pas de raison de se laisser aller sous le voile. Au contraire. « Le frottement du tissu, le fait de ne pas laisser respirer les cheveux ce n'est pas très bon, alors on fait encore plus attention. Et puis à la maison, nous sommes “découvertes”, pas question de ne ressembler à rien », raconte la cousine de Houria, Najma.

Parfois, et je dis bien parfois, par exemple quand elles vont acheter leur pain au coin de la rue, vous pouvez les surprendre « à la cool », en caftan ou en djellaba, les cheveux relevés en chignon, mais c'est furtif et il faut être aux aguets ! Les musulmanes de Bruxelles sont plus nombreuses à porter le foulard dans les communes populaires, et certaines trouvent des arrangements entre la pression de leur entourage – le porter ou au contraire l'ôter – et le contexte social général, le mettant uniquement le soir pour rentrer chez elles, ou quand elles traversent certaines communes seulement. Deux arrêts de tram, et elles l'enlèvent. À l'école, l'interdiction du port du voile est désormais quasi généralisée. Quant au voile intégral, il est légalement banni de l'espace public, et les contrevenantes s'exposent à des amendes. La question des traditions dépend ensuite de chaque famille et de son origine, du quartier où elle vit, de son environnement sociologique, et en tirer une généralité en contredirait dix autres. Mais selon une de mes amies marocaines installée à Bruxelles depuis huit ans mais qui retourne régulièrement à Marrakech : « À Schaerbeek, Molenbeek, Anderlecht ou même dans le bas de Saint-Gilles, on porte plus le voile qu'au Maroc ou en Tunisie ! »

Pour faire la patcha, il faut :

— un peigne à larges dents en bois
— une brosse
— des épingles à cheveux plates
— un foulard

Lavez et essorez vos cheveux. Faites une raie au milieu et démêlez les longueurs à l'aide du peigne à larges dents. Faites une raie au niveau de l'oreille gauche et coiffez votre chevelure avec la brosse sur le côté droit. Mettez une ou deux pinces au niveau de l'oreille droite pour fixer la mèche. Tournez cette grosse mèche à l'arrière de votre tête tout en la peignant de l'oreille droite vers la gauche, pour faire le tour complet de votre tête. Mettez une ou deux pinces au niveau de l'oreille gauche pour fixer la mèche. Si vos cheveux sont longs, continuez de l'enrouler et fixez-en l'extrémité avec une pince. Nouez un foulard et attendez que vos cheveux sèchent pour enlever la patcha.

Les enfants de Matonge

Stéphanie, Belgo-Congolaise de 27 ans, m'a donné rendez-vous dans un des innombrables salons de coiffure afro de Matonge (prononcer « Matongué »). Là, dans ce minuscule triangle formé par la chaussée de Wavre, la rue de la Paix et la chaussée d'Ixelles, bat le cœur de la vie africaine de Bruxelles.
À Matonge cohabitent des communautés congolaise, rwandaise, ghanéenne, camerounaise… D'après une étude du Centre pour l'égalité des chances et la lutte contre le racisme, à la fin de la Seconde Guerre mondiale, on dénombrait officiellement 10 Congolais en séjour légal en Belgique. Aujourd'hui, ils sont environ 41 000 : 16 000 ressortissants de nationalité congolaise, et 25 000 Congolais de naissance naturalisés belges, dont 30 % vivent à Bruxelles.
Je sors du métro à la porte de Namur, je longe la chaussée d'Ixelles quelques dizaines de mètres, puis je tourne à gauche et BAM ! Les gens se bousculent sur le trottoir. Je slalome entre les poussettes, les tontons élégants dans leurs costumes trois pièces, les mamans qui négocient le prix du *makayabu* (un poisson séché et salé) avec les épiciers pakistanais, des groupes de jeunes filles maquillées, coiffées et habillées comme Rihanna (ses coupes font fureur chez les Congolaises) et parfois quelques petits jeunes du quartier, casquettes Gucci vissées sur la tête, volutes occasionnelles de weed dans leur sillage, qui tiennent les murs adossés aux façades d'un carrefour, plus occupés à tchatcher qu'à bosser leurs cours.
Je dois rejoindre Stéphanie chez « John Coiffure » au n° 102 de la chaussée de Wavre. Des coiffeurs il y en a au moins

cent cinquante, coincés entre les boutiques de « mèches » et de perruques, les épiceries exotiques et les magasins de wax (les tissus imprimés dont la technique s'inspire des batiks javanais, réalisés avec des cires [wax] hydrophobes). À peine la porte de « Chez John Coiffure » poussée, vingt-cinq femmes se taisent soudainement d'un coup et me matent de la tête aux pieds. Les conversations reprennent dès que Stéphanie me fait la bise. « Ne fais pas attention, ce n'est pas parce que tu es blanche ! Elles se "toisent" même entre elles. » Ici, « toiser », c'est-à-dire regarder l'autre de la tête aux pieds avec le regard le plus pénétrant possible, est plus qu'une entrée en matière.

Stéphanie m'a donné rendez-vous à 14 heures, et m'avoue avoir demandé à sa grand-mère, Christine, d'être là à midi. « Elle est toujours en retard, c'est une femme occupée, elle est présidente des mamans du Bandundu ! » En effet Christine est tout juste en train d'enlever sa veste, mais pas son chapeau – « il fait trop froid dans ce pays » –, quand j'arrive. Le salon est minuscule, tout le monde s'agite dans tous les sens. Certaines sont là depuis le matin, elles se font tresser et ça prend des heures. Stéphanie me dit que le mieux est encore de se faire coiffer à la maison par des cousines car au moins quand on en a marre on peut dormir, se mettre à l'aise, regarder la télé… Mais pour les soins, elle, sa mère et sa grand-mère viennent chez John toutes les deux semaines. Quels sont « les cheveux les plus difficiles à coiffer du monde ?

Les cheveux crépus… Tu veux vraiment que je t'explique pourquoi ? » me demande Stéphanie.
J'adorerais, mais elle hausse brusquement le ton avec une femme plus âgée qui s'excite sous son casque de mise en plis.
« Les *mundele* par-ci, les *mundele* par-là, vous n'en avez pas marre de dire que c'est de la faute des Blancs ? » explose Stéphanie. Les tantines autour de nous « tchippent » de plus belle. Tchipper c'est réussir à faire, avec la bouche, un bruit significatif qui exprime au choix de l'exaspération, du mépris, de la colère. « Tous leurs malheurs, tout ce qui arrive au pays, pour elles, c'est de la faute des Blancs », m'explique-t-elle.
« Tu sais ma fille, les Blancs n'étaient pas tous méchants, ils ne nous connaissaient pas, c'est tout », décode diplomatiquement Christine, la grand-mère de Stéphanie. L'échange témoigne des maux causés par le colonialisme (s'il n'a pas causé toutes les catastrophes africaines, il en a quand même apporté des caisses) et son lot de mésententes entre les gens après coup. À 68 ans, cette petite femme, au regard franc caché derrière des lunettes triple foyer, est une « ancienne », une des premières Congolaises à s'être installée à Bruxelles.
La mère de Stéphanie interpelle à son tour maman Jocelyne sous son casque : « Mais, maman Jocelyne, il faut arrêter de vivre dans le passé ! Tu vis où maintenant, en Belgique non ? Et tu es heureuse ici ? Alors arrête de te plaindre et de tout reprocher aux Blancs ! » C'est dit. « Tantine Sophie », comme tout le monde l'appelle, intervient à son tour. Cette femme très élégante, respectée dans la communauté, est infirmière à domicile et élève seule ses quatre enfants.
« Je ne supporte pas cette mentalité, car je ne pense pas que les Blancs soient la cause de tous nos malheurs…
Ce serait tellement plus facile. On nous a toujours dit "heureux le peuple qui chante et qui danse" et nous avons cru à cela, nous avons dansé et chanté sans nous occuper des problèmes de notre pays. Et tant pis si je me fais

régulièrement traiter de Bounty. » Bounty ? « Noir dehors, blanc dedans ! »
Sophie avait 6 ans quand sa mère est arrivée à Bruxelles pour rejoindre son père. Certes, elle se souvient des brimades des bonnes sœurs à l'école, particulièrement « mauvaises » avec elle dans ses souvenirs d'enfant, de son job de caissière au supermarché pendant ses études, où « il n'y avait jamais personne à la caisse de "la Noire" ». Elle se marre ! « Il y a des cons partout ! N'est-ce pas, maman Jocelyne ??! »
Celle-ci, acquiesce, en ajustant son châle et en ponctuant son hochement de tête d'un tchip d'au moins dix secondes. Stéphanie me tire par le bras. « Viens on va chercher à manger, elles ont faim. » Nous prenons commande pour tout le salon. « Je suis la plus jeune et personne n'est occupé sur ma tête, donc c'est moi que l'on "envoie". » Pour peu que vous fréquentiez des Congolais, vous comprendrez rapidement que le mot « envoyer » est utilisé pour illustrer le fait de demander vingt fois par jour à un plus jeune que vous d'aller chercher ceci, cela, de vous donner le téléphone quand il est à côté de vous, la télécommande quand elle est de l'autre côté du canapé. Le but étant de toujours trouver un plus petit que vous pour le faire. Ce jour-là, pas de bol : Stéphanie est vraiment la plus jeune. Dès que l'on referme la porte du salon, elle se justifie. « Je suis désolée, et ne va pas croire que les Blancs sont notre seul sujet de conversation, ce n'est pas le cas. »
Elle m'emmène donc au Mpoko Bazar, un restaurant congolais plus haut sur la chaussée où, selon elle, on peut manger la meilleure *ntaba* (viande de chèvre) de Bruxelles. Elle me prévient : « Quand tu entres dans un resto congolais de Matonge, surtout, ne te demande pas à quoi ressemble la cuisine ! Tu manges, tu savoures, tu bois une bière, mais tu ne te casses pas la tête sur les conditions d'hygiène sinon tu te chopes une bactérie direct. » Je décide

de la croire sur parole. Elle se marre parce que je reste debout et m'explique : « On en a au moins pour deux heures, tu ferais mieux de t'asseoir ! T'en as pour la journée et une bonne partie de la soirée t'sais ! » OK, OK ! Pour passer du temps avec des Congolais « il ne faut pas être pressé », me glisse Stéphanie dans l'oreille en se moquant gentiment d'une des cuisinières qui traverse la pièce en traînant la savate.
« Je me considère comme une pure Bruxelloise, ajoute-t-elle. Franchement je ne suis pas du tout tiraillée entre deux cultures, d'ailleurs je m'étais toujours sentie plus belge que congolaise avant d'aller au Congo pour la première fois. » Elle y a fait son stage de fin d'études. « J'avais la trouille d'y aller, et tout le monde pensait que je n'allais pas réussir à m'adapter. Mais dès que je suis descendue de l'avion, je me suis dit : "Ici aussi, je suis chez moi !" » Cela fait quinze minutes que l'on est assises et la serveuse vient à peine de prendre notre commande. Stéphanie me propose de me faire visiter un peu le quartier en attendant que la chèvre grille, elle regarde sa montre et me propose de m'emmener « chez Noémie », « c'est beaucoup, mais alors beaucoup plus cool que ce que tu peux trouver ici », s'écrie-t-elle.
On marche un peu, dix minutes, vers la place Flagey, pour finalement pousser la porte d'une minuscule boutique de la rue Malibran. Une jolie métisse, coupe afro, sneakers dernier cri aux pieds, robe en wax et jersey ajustée sur la silhouette, nous accueille. Noémie Wilputte est la créatrice de la marque Nuo et la propriétaire du Wake-Up Shop. Elle a ouvert sa boutique en 2010 à la place de son ancienne cuisine. « Je n'aurais jamais pu ouvrir un shop si je n'avais pas déjà eu l'espace. Les loyers, c'est ce qui stoppe les jeunes qui veulent se lancer. » Pas question pour Noémie de migrer vers le centre et le quartier hype Dansaert où, de toute façon, « quand tu es dans les petites rues autour, les gens ne savent même pas que tu existes » (aficionada des

petites rues en question, je me permettrais de nuancer ses propos, tickets de caisse délirants à l'appui, mais je la laisse poursuivre). La jeune femme de 26 ans s'estime parfaitement située. « Juste en dessous de Matonge où je m'approvisionne en wax pour mes créations et à deux pas de la place Flagey où je peux boire des verres dans des bars branchés, le deal parfait ! » Dans les rayons du Wake-Up Shop, du streetwear ultra-pointu : Wemoto, la marque belge Omsk, les funky chaussettes Happy Socks, les baskets afrostyle de la marque londonienne Ohema Ohene, et la marque « afrowear » de Noémie. J'ai envie de tout essayer, l'ambiance, le choix des couleurs, tout ici met de bonne humeur.
Mais l'heure tourne et Stéphanie me rappelle à l'ordre. Il est temps d'aller chercher nos plats au Mpoko Bazar. J'échange mon numéro avec Noémie. À Bruxelles, pas de bla-bla inutile. Quand on a besoin d'une info, d'un coup de main, de quoi que ce soit, on ne tourne pas autour du pot. « File-moi ton GSM, je te rappelle et je te présente les filles de mon collectif, tu verras elles sont super cool », s'exclame-t-elle. Rendez-vous pris !
Il est presque 17 heures quand on pousse à nouveau la porte du restaurant qui commence à se remplir. Ça sent drôlement bon et c'est plus animé que tout à l'heure. La serveuse nous donne une pile d'assiettes en plastique recouvertes d'alu, sans oublier un pot de purée de piment (« de la bombe », selon Steph). On embarque le tout et on se précipite chez John. Cris de joie quand on arrive, distribution des plats de chacune : *chikwang*, plantain, *pundu*. On mange comme on peut, assiettes sur les genoux, avec les mains… C'est délicieux ! Ça pique à décoller les muqueuses, mais je ne me dégonfle pas, j'adore les plats épicés. Les conversations ont dévié et ressemblent maintenant à celles de tous les salons de coiffure du monde : les hommes, l'amour, les fringues…

Les Franbelloises

La principale source d'immigration à Bruxelles est… la France. Cinquante mille Français ont investi la capitale européenne, à tel point qu'on appelle souvent Bruxelles « le XXIe arrondissement de Paris ». Les Bruxellois belges les considèrent parfois comme des cousins gentiment envahissants, la plupart d'entre eux les apprécient ou ne se rendent même pas compte qu'ils sont français (ça m'arrive tout le temps qu'une connaissance se frappe le front en s'écriant « Ah, tu n'es pas belge ! », alors que j'ai un accent qui ferait danser le french cancan à l'Arc de Triomphe). Parfois ils s'en fichent tout simplement, parfois ils s'exaspèrent de ceux qu'ils mettent tous dans le même panier. Si certains Français viennent effectivement chercher ici une plus grande clémence fiscale vis-à-vis des grandes fortunes, c'est loin d'être le cas de tous ces expats, qui pour la plupart payent les mêmes impôts (salés) que tout le monde.

C'est évidemment un peu caricatural, mais il est vrai que vu d'Uccle, l'invasion franchouillarde peut prendre des allures de colonisation. Autour de la place Brugmann, on est carrément dans une enclave cocorico. Mon amie Laurence, sémillante directrice de com' dans une boîte de communication digitale, habite un immeuble sis en plein sur cette « petite France », avec panorama imprenable sur la terrasse de Gaudron, un traiteur pâtissier qui fédère par sa belle carte (le club sandwich et la croûte aux framboises !), mais aussi pour son public estampillé « évadés fiscaux », à tort ou à raison. Toute ouverte aux étrangers qu'elle soit, Laurence a parfois la mayo qui lui monte au nez. Elle va vous raconter, vous allez vite comprendre :

« Tiens, commençons par le parking : le Français est visiblement très paresseux. Plutôt que de garer sa voiture correctement dix mètres plus loin, il préfère stationner en double ou triple file et discuter avec ses amis français dans une boutique, ignorant le concert de klaxons autour de son coupé BMW. Et quand il revient avec son journal plié sous le bras un quart d'heure plus tard, il ne s'excuse même pas. Ensuite, il se gare mal plus loin, et s'installe sur la terrasse de Gaudron. Gaudron, c'est l'endroit de Bruxelles où tu risques le plus d'avoir envie de voter communiste. Une bonne rééducation par le travail aux champs leur remettrait les idées en place et leur apprendrait quelques règles de savoir-vivre : ils resquillent à la caisse et sont hyper bruyants. Quand il y a quatre Français à une table, on dirait qu'ils sont cinquante. Les femmes viennent avec leur retriever et leurs trois enfants habillés en Finger In The Nose. Elles débarquent en groupe, avec leurs gamins rois qui hurlent sur la terrasse bondée. Parfois elles disent : "Mais mon chéri, il ne faut pas crier", alors que depuis une demi-heure, tout autour, les gens deviennent fous. Elles font pareil avec leur chien. En même temps, ils font marcher l'économie. Et puis à notre contact quotidien, ces Français commencent à avoir une autre image des Belges, ils arrêtent de faire des blagues pourries avec un accent forcé pour dire "moules-frites". Quand ils commencent à se rendre compte qu'on n'est pas des ploucs, ils peuvent enfin s'intégrer tout en restant râleurs : y'a rien à faire, ils restent français. C'est dingue, ils ont toujours un motif de mécontentement. Mais on les aime bien, en réalité, parce qu'ils apportent une petite touche d'exotisme à la ville, et que finalement, ce ne sont pas les pires. Les Anglais par exemple ne font aucun effort. J'en connais un qui après sept ans en Belgique, ne sait toujours pas commander une pizza en français au téléphone. Nous avons des intérêts communs avec les Français : la littérature et l'amour de la langue, une vision plus large de l'État. Eux voient le monde français, francophone bien sûr, mais notre pays est si petit qu'on est trop tournés vers l'intérieur. On vit simplement, et c'est ça qui rend l'existence si belle, ici. Pour les Français, la France sera toujours le plus beau pays du monde, ils sont fiers d'en être citoyens. Parfois, c'est casse-couilles, mais ça force l'admiration. Ça nous manque, à nous, d'être fiers de notre pays. Les Français sont nos cousins. On voit en eux les défauts qu'on a en nous, mais démultipliés par mille. Ils nous servent de paratonnerre, c'est pratique, on critique chez eux ce qu'on ne supporte pas en nous. On commence seulement maintenant à réconcilier les complexes de supériorité de la France et d'infériorité de la Belgique. Mais ce qui est encore plus irritant que les Français, ce sont les Belges incapables d'accorder un participe passé, mais qui disent “soixante-dix-sept” au lieu de “septante-sept”, par snobisme. Ici, la conjugaison, c'est souvent une figure libre. L'un dans l'autre, on est complémentaires. »

Le marché du Châtelain

C'est un microcosme. Un petit marché chic et super agréable, installé le mercredi après-midi sur une des places fortes de la bobo-isation

bruxelloise, le triangle « Ixelles-Frontière-Uccle », où l'on ne croise quasiment aucun Belge. Non qu'ils boudent les étals haut de gamme de ce Fauchon itinérant, mais ils sont simplement sous-représentés dans ce cœur particulier de la vie franco-européenne. On vient au marché du Châtelain pour faire le plein de produits rares, jambon au torchon et charcuteries françaises de première qualité, champignons cueillis en Bourgogne le matin même par le commerçant qui fait l'aller-retour chaque semaine, traiteurs italiens qui concoctent des ravioles fraîches et des mille-feuilles d'aubergine à perdre la tête. Dès 18 heures, pointe de fréquentation, inutile d'espérer arpenter les allées odorantes avec une poussette ou même un caddie : on dérange les habitués de l'apéro, agglutinés autour de tables de bistrots, qui tètent du vin blanc accompagné de caricoles, des bulots servis en cornets par des marchands ambulants. D'ailleurs, le multiculturalisme des commerçants est à l'avenant de celui des clients : primeurs marocains, maraîchers flamands, stand de gaufres de Liège chaudes (plus petites, plus épaisses, plus sucrées et plus grasses, bref, meilleures que les gaufres de Bruxelles) faites à la minute devant vous, restaurateurs asiatiques qui font un carton avec leurs nouilles sautées en barquette à l'heure où les chalands commencent à avoir faim, le Roi du Poulet et ses dizaines de volailles ruisselantes de jus sur leur broche, boulangers allemands proposant alléchants bretzels et briques de pain noir, chocolatiers belges, on rentre chez soi chargé de mets fins, et le ventre déjà plein tant on a grignoté sur place. Les mères de famille viennent les premières après l'école, n'oublions pas que nous sommes mercredi, pour suspendre à la poignée de leur landau des quiches chèvres-asperges à réchauffer pendant dix minutes à même la plaque du four, des brownies gluants de chocolat noir de premier ordre, et des boîtes d'olives géantes qui fleurent bon l'Orient. On croque dans sa fougasse, on craque pour une robe de maille ou un sarouel pour enfants en coton fleuri. Même les stands de vêtements sont pointus. Rien à voir avec les bazars populaires où se côtoient des gaines beiges, des pantoufles en pilou rose et des chaussettes de tennis conditionnées à la douzaine. À force, on salue les habitants du quartier ou des communes voisines, qui viennent chercher leur flétan ultra-frais chez leur poissonnier attitré, des cerises noires de la taille de boules de bowling, des fleurs de courgettes bio qui n'attendent que d'être plongées dans la friture, bien emballées dans leur maillot de beignet. On s'en doute, de nombreuses échoppes affichent le label bio, ou une garantie de production locale à la ferme, dans des conditions respectueuses de la terre et des consommateurs. Il suffit de flâner devant les étals d'Élément Terre ou de la Ferme de l'Hoste et leurs végétaux exceptionnels, pour se rêver à mitonner des salades composées, des soupes multivitaminées et de grandes poêlées de légumes croquants. Chez les vendeurs marocains, les fruits viennent du soleil, le service aussi, et on est assuré que ce sont les plus beaux produits qui atterrissent sous nos yeux.

On croise des belles à peine cachées derrière leurs verres teintés, qui promènent un bouquet de fleurs dans les allées, faisant de toute évidence un marché d'un autre genre : le Châtelain est un haut lieu de la drague bruxelloise, notamment autour de la fameuse dégustation de petit blanc, où les dames portent des talons hauts, et les messieurs arrivent directement du bureau en costume cravate. D'une certaine façon, c'est tout Bruxelles qu'on croise ici, ses populations eurocrate, estudiantine, les anciens du coin qui ont vu le quartier évoluer, les célibataires, les familles nombreuses. À marché branché prix boostés, on trouve parfois les mêmes stands (prononcez « stannnnd », de même qu'on dit « Disneylannnnd ») sur d'autres marchés où les tarifs ont miraculeusement baissé. Mais puisque « faire le Châtelain » tient autant de l'utile que du hautement agréable, on accepte la « légère » inflation générée par l'environnement ou on change de crémerie, à contrecœur. Les commerçants avoisinants profitent également de la faune chic du mercredi soir, notamment les bars et cafés, qui récupèrent les promeneurs du marché après la fermeture des camions-boutiques. Contrairement aux autres marchés, une fois les cagettes remballées, on ne croisera aucun glaneur, tout au plus... quelques glandeurs.

Une Américaine à Bruxelles

Gilly est née à New York, mais comme tous les New-Yorkais, ses parents sont nés ailleurs. Elle a épousé un autre New-Yorkais rencontré à Boston. Le cosmopolitisme, c'est l'histoire de sa vie. Et comme la plupart des Bruxellois, ses enfants nés à Bruxelles ont des parents qui ne sont pas originaires de la capitale. Il y a dix-huit ans, elle a suivi son mari, John, muté dans le cadre de son boulot. Gilly était ravie de venir en Europe. De toute façon, pour elle, tant qu'à vivre aux États-Unis, c'était New York ou rien. Donc, direction Bruxelles, parce que c'est un peu la Grosse Pomme (frite) de l'Europe, avec ses 45 nationalités différentes, où entre un tiers et la moitié de la population est étrangère ; avec moins de 38 ans d'âge moyen, c'est la région la plus jeune de Belgique (mais où le revenu moyen par habitant est le plus faible du pays). Ils ne l'ont jamais regretté.

Au début, si John s'est rapidement recréé un réseau professionnel, Gilly ne connaissait personne. Heureusement à Bruxelles, on se fait très vite des amis. Deux ans plus tard, installés derrière la prison de Saint-Gilles, un centre pénitentiaire à l'architecture de château fort construit en plein quartier résidentiel, ils pouvaient suivre les matches de foot internationaux par les radios poussées à fond et les cris d'encouragement des détenus pour leur équipe favorite. Puis ils ont eu deux enfants, et à ce moment-là seulement, se sont avoué qu'ils resteraient à Bruxelles : « On a cessé d'utiliser l'expression "*for now*" en parlant de notre vie ici. » Ils ont acheté une grande et belle maison à Ixelles. Les enfants étaient scolarisés dans une petite école primaire, et le temps passant, ils se sont mis à la recherche d'un établissement secondaire. Gilly a été choquée par « l'anarchie du système belge, et par le manque d'accent porté sur les langues. L'enseignement du flamand, c'est la cata, sans parler de la quantité innommable d'heures de maths et de latin ». Désenchantée par l'école publique (qui affiche néanmoins un très bon niveau général, souvent supérieur aux écoles publiques françaises par exemple), elle s'est orientée vers le lycée français et ses avantages. Il lui évitait de ghettoïser ses enfants dans une école ultra-élitiste comme l'International School of Brussels, celle où sont, pour la plupart, scolarisés les enfants des businessmen américains expatriés. Vous entendrez peut-être dire que le lycée français coûte une pêche, mais absolument rien de comparable avec l'ISB. C'est l'école privée la plus chère d'Europe, avec des frais d'inscription d'environ 13 000 euros par an pour les maternelles, montant jusqu'à plus de 30 000 euros en dernière année de secondaire. Généralement, c'est l'employeur des parents qui paye pour cet enseignement de luxe, l'inscription des rejetons de cadres de multinationales faisant partie du pack incitatif. Les petits Américains frayent également avec des élèves belges de « grande noblesse », ainsi que des cancres de familles très aisées. Au lycée français en comparaison, avec des frais de scolarité qui tournent entre 5 000 et 6 500 euros annuels de la maternelle à la dernière année de lycée, les gamins sortent quasiment d'un roman de Dickens. On y croise évidemment beaucoup de petits Français, des enfants qui n'ont de française que la nationalité, puisqu'ils sont presque tous nés à Bruxelles de parents expatriés ou diplomates qui souhaitent garder une cohérence dans la scolarité de leurs enfants, contraints qu'ils sont de déménager tous les deux ou trois ans. Car dans tous les lycées français du monde, le programme est « raccord ». On rencontre ainsi des petits Grecs parfaitement francophones, après avoir vécu quelques années aux États-Unis, au Portugal, en Suisse et en Allemagne. En outre, le lycée français offre une section bilingue anglophone. Gilly voulait que ses enfants à elle soient en contact avec des gamins qui voient plus loin que le territoire de la Belgique. Elle a été exaucée. D'autres parents, en revanche, se montrent parfois nettement moins ouverts. « J'ai vu des Français très cathos, qui poussaient des hauts cris à cause d'un cours d'éducation sexuelle dispensé par des intervenants du planning familial. À la fin du cours, les pédagogues avaient procédé à une distribution de préservatifs. Bien mal leur en a pris. Lorsqu'ils sont revenus deux semaines plus tard pour poursuivre leur cours de planning familial, certains gamins s'étaient vu interdire cet atelier par des parents outrés. » (Sans doute désireux de devenir grands-parents le plus vite possible ?)

Gilly est formelle : « Les Français sont beaucoup plus coincés que les Belges. » Sans doute la décontraction du Nord… « Au niveau du public du lycée, c'est United Colors of Benetton : il y a des Asiatiques, des Noirs, des Juifs, des Musulmans, des Belges… de tout. Le niveau social moyen est élevé, parfois démesuré, certains enfants sont déposés par un chauffeur. »

Après sept ans à ramer à la commune pour obtenir un droit de séjour, et sachant que pendant ce temps elle n'était pas autorisée à travailler, Gilly a pu introduire une demande de naturalisation. « C'est vrai, certains aspects de l'administration sont surréalistes, comme souvent dans les maisons communales. En revanche, la gestion de la santé est excellente. Par exemple, la kiné pré et postnatale est prise en charge par la mutuelle, y compris à domicile. Aux États-Unis, c'est à peu près inimaginable. » Effectivement, le système de santé à Bruxelles est à la pointe, les médecins particulièrement bien formés et les hôpitaux hyper bien équipés ; d'ailleurs de nombreux frontaliers viennent s'y faire soigner. Des premières visites chez le dentiste – 100 % remboursées par la mutuelle pour les enfants – aux différents contrôles de santé au cours de la vie, on est très bien pris en charge.

Pour autant, à côtoyer l'administration, quiconque doté d'un esprit logique à peu près basique peut devenir fou en essayant de faire changer l'attributaire d'un compteur d'eau. Si c'est votre cas et que vous n'êtes pas déjà sous psychotropes, armez-vous de patience. Il vous faudra passer par diverses étapes dignes d'une demande d'accès aux locaux de la CIA. Et je ne parle même pas de la file aux bureaux de poste. On raconte qu'un moine bouddhiste s'est mangé le bras après avoir tenté de récupérer un courrier recommandé. J'exagère à peine.

Comme beaucoup d'expatriés, Gilly s'enthousiasme de la qualité de la vie à Bruxelles : « À Bruxelles, par rapport à New York, pour un même budget, on a un niveau de vie dix fois plus élevé. On a vite accès à de la verdure, en maximum dix minutes de voiture. La vie est facile, c'est la qualité d'un gros village, avec les avantages d'une faune internationale. »

De l'avis général, au milieu de cette sinécure, l'un des gros inconvénients de la ville, c'est la négligence vis-à-vis des espaces publics et le manque de civisme viral. « Les rues sont sales, les gens ne nettoient pas devant leur porte, on passe sa vie à slalomer entre les crottes de chiens. » Même si de plus en plus de gens prennent conscience de la nécessité de ramasser, parfois amendes à l'appui, les déjections de leur canidé, les rues ressemblent encore trop à des toilettes à ciel ouvert. À croire que de nombreux maîtres de chiens trouvent ça décoratif. « Bruxelles manque aussi de services pendant le week-end… » À force, Gilly se sent européenne, même si elle se demande régulièrement comment on peut supporter cette approximation ambiante, des délais injustifiés dans toutes sortes de systèmes, les télécoms qui disent qu'ils viennent « entre 9 heures et 18 heures » (ils viendront à 17 h 50, quand ils viennent), des travaux jamais expliqués aux riverains qui « popent-up » un beau matin devant leur maison, l'impression de manque de coordination généralisée. C'est sans doute dû aux multiples attributions de compétences entre la Wallonie, la Flandre, la Région, puis chaque ministère, puis chaque échevinat, chaque commune. Il y a beaucoup de structures à Bruxelles, une organisation trop complexe pour ce qui est finalement une « petite » ville. New York, huit millions d'habitants, a un maire, l'équivalent du bourgmestre en Belgique. Bruxelles, un million d'habitants, en a… dix-neuf. Chacun ayant des pouvoirs et des enveloppes propres, c'est comme un mille-pattes qui se marcherait tout le temps sur les pieds.

Gilly a mérité de se sentir aimée par Bruxelles : « Elle ne se donne pas sur un plateau, comme Paris ou New York, qui se prêtent volontiers à la curiosité des touristes. Il faut la chercher, la fouiller, l'amadouer, la découvrir. Avoir la patience de gratter dans les recoins. Tout le monde ne peut pas déshabiller Bruxelles, elle se séduit d'abord. De l'avis général des expatriés que j'ai rencontrés, il faut deux ans pour la comprendre. Puis il devient impossible de la quitter. » On ne compte plus le nombre d'étrangers qui sont venus à Bruxelles pour trois mois ou pour deux ans, et qui n'ont jamais plus voulu repartir.

Tournez manège en 23 langues

Viviane passe ses soirées sur la place face à la gare du Luxembourg. Il faut dire que c'est sans doute la gare la plus clean d'Europe, on n'y retrouve pas l'ambiance souvent oppressante

des quais. Nous sommes au cœur du quartier européen, un centre administratif typique, avec ses bâtiments officiels coiffés de drapeaux, ses snacks trendy, ses costards gris et ses tailleurs cintrés. Mais comme on est à Bruxelles, il y a plusieurs squares parmi les tours de verre, et les arbres piaillent des cris des perruches vertes qui ont envahi tous les parcs de Bruxelles après qu'une vingtaine de spécimens ont été malencontreusement relâchés d'une réserve naturelle. Tout l'écosystème s'en est trouvé bouleversé, et si ces piafs tout verts, du bec aux pattes, sont très jolis dans la ville anthracite, les mésanges et les pigeons crèvent désormais la dalle.
La plupart des immeubles des institutions européennes, Commission, Parlement, conseils, les agences et plus petites structures officielles, sont concentrés ici sur quelques pâtés de maisons, édifices modernes au carrefour des vieilles rues d'Etterbeek, Bruxelles-Ville et Schaerbeek. Du lundi au vendredi de 8 heures à 18 heures, on se croirait à la City. Le reste du temps, le quartier devient quasi fantôme, et les rues avoisinantes sont rendues à leurs premiers occupants, souvent issus de l'immigration, et s'animent surtout le dimanche, au moment du marché de la place Jourdan. Les cafés se remplissent alors, le quartier originel refait surface. Certains soirs, face à la gare du Luxembourg, la petite place austère et grise sous la pluie à 10 heures du matin devient méconnaissable dès l'after work. Bordée de cafés qui se ressemblent tous, la Bruxelles des eurocrates pousse la musique à tue-tête de 17 heures à 21 heures les mercredis, jeudis et vendredis en fonction de la météo, des vacances et des longs week-ends. Le point fort de l'happy hour a lieu entre 18 et 19 heures. Au premier rayon de soleil, et comme dans toute la ville, la petite pelouse décorative plantée au centre de la place est envahie d'une foule qui s'allonge à même l'herbe,

qu'on soit en costard ou en jean. Il est toujours amusant de voir les Bruxellois investir le moindre carré de pelouse dès que pointe un air de printemps.

Viviane a tellement fréquenté ces apéros qu'elle a presque du mal à les raconter : trop familiers. Alors elle m'y emmène un jeudi soir, le meilleur, pour que je comprenne.

Elle me prépare comme pour un marathon : « Quand t'arrives, tu ne vois que du gris, 80 % de mecs qui ont entre 30 et 45 ans, et aucun arbre. » En débarquant au milieu des tables de café, je vois surtout une nuée de stagiaires bulgares, polonaises et moldaves qui ont entre 20 et 25 ans, plus blondes et plus longues les unes que les autres, avec du rouge à lèvres carmin. On devine d'avance quels couples vont matcher. Les mails d'invitation à l'apéro ont été envoyés d'un bureau à l'autre dès 16 heures. Des tables hautes sont installées à l'extérieur pour y déposer les multiples verres, les chaufferettes connaissent leur heure de gloire.

Il faut dire que les apéros de la place du Luxembourg, c'est toute l'année, par tous les temps. Et ça veut dire quelque chose. Dès que la météo permet d'être dehors, c'est noir de monde en gris. Seules les femmes se colorent avec les beaux jours. J'assiste à d'hallucinants échanges de cartes de visite : j'en reçois d'ailleurs une dizaine, dont seul le nom change ; le format et les logos sont les mêmes. Alors que je palabre depuis deux heures en anglais avec de parfaits inconnus éminemment sympathiques et ouverts, je réalise que personne ne parle français, pas même les serveurs. Comme c'est la sortie du bureau et que personne n'a encore mangé, à 19 heures, tout le monde est saoul. J'essaye de capter les conversations ambiantes : on parle de boulot, de la bombe en tailleur d'à côté, des prochaines vacances et des insultes qu'on a reçues parce qu'on est fonctionnaire européen. Alors que Viviane négocie un dîner avec un séduisant Ibère, les restaurants du quartier sont pris d'assaut, et concomitamment, tous les distributeurs de billets alentour, dits les « Mister Cash », sont vides. Il ne reste plus grand monde. Vers 19 h 30, une première vague s'en est allée, les pères de famille qui devaient rentrer chez eux et se sont justifiés d'un « pot au boulot ». Avant 21 heures, les groupes de potes sont partis manger, et seuls les dragueurs tiendront la place encore une heure ou deux. Ils finiront tous, comme Viviane et Pablo, comme moi avec eux, dans un des restos du quartier, presque tous italiens, souvent tenus par des Grecs. C'est ça aussi, l'Europe.

Pour 3 mois depuis 19 ans

Il y a presque vingt ans, Petra a suivi une copine qui avait décroché un contrat temporaire dans les institutions européennes ; cette jeune Allemande, alors âgée de 22 ans, s'est elle-même rapidement trouvé un stage de trois mois. Elle venait d'une petite ville de Bavière, et voulait découvrir l'Europe. Petra a débarqué à Bruxelles sur un coup de tête, pour le fun. Comme la majorité des jeunes dans sa situation, elle ne pensait pas rester. Comme la majorité de ces expatriés « de courte durée », elle n'est jamais repartie. De prolongation de contrat en concours de fonctionnaire, la jeune femme s'est très vite sentie chez elle. Puis elle a rencontré Giuseppe. Il était italien, installé « pour six mois » comme « Expert national détaché », un système d'échange de fonctionnaires entre des ministères de pays membres de l'Union et les institutions européennes pour des missions limitées dans le temps. Il a poussé son contrat au maximum, quatre ans, puis a réussi un concours, car il n'arrivait à quitter ni Petra, ni Bruxelles. J'ai connu de nombreux END, comme on les appelle. Quand ils n'arrivent pas à se dégotter un poste fixe sur place à la fin de leur mission, c'est le cœur fendu qu'ils retournent à leur ministère national, en France, en Espagne ou en Suède. Il arrive même que leur épouse reste sur place avec les enfants tant la famille est attachée à la vie bruxelloise, et les pères font la navette.

Petra et Giuseppe parlent italien entre eux, elle s'adresse en allemand à leur fils, et le petit va dans une maternelle francophone. Cet enfant de 3 ans est trilingue, et il est loin d'être un cas à part à Bruxelles. Pour la suite de sa scolarité, ils envisagent de l'inscrire à l'École européenne qui propose un enseignement dans de nombreuses langues de l'Union. Répartie sur plusieurs sites, elle permet aux employés des institutions européennes de scolariser facilement leurs enfants à Bruxelles, la plupart du temps dans leur langue maternelle. Les Belges qui ne sont pas employés par les institutions peuvent aussi y scolariser leur progéniture, moyennant des frais d'inscription plus élevés, quand il y a des places disponibles. Cet environnement particulier a l'air de réussir aux euro-pintadeaux, car presque tous les anciens de cette école en gardent un souvenir ému, et un réseau pour la vie.

Petra et Giuseppe ont tout de suite compris les avantages de Bruxelles. Jeune couple, ils passaient leurs week-ends à Londres, à Rome, à Paris ou à Amsterdam, parce que les vols ne coûtaient pas grand-chose, et qu'on est à une heure d'avion de toutes les grandes villes d'Europe, ou presque. Petra parle de Bruxelles en termes « d'aventure et d'ouverture ». Au début, ils ont pourtant eu du mal à se créer un réseau d'amis, parce que les gens bougent beaucoup, et ça vaut autant pour les étudiants en Erasmus que pour les employés de la Commission. Giuseppe, qui est né près de Milan et bossait depuis cinq ans à Rome, s'est quant à lui senti appelé par « le contexte d'ouverture internationale, et par la qualité de vie bruxelloise. Le niveau de service est beaucoup plus élevé qu'à Rome ou à Milan. À Bruxelles, on n'encaisse pas tout ce stress dans le métro, où l'on peut même se poser entre deux rames pour écouter la musique diffusée par des haut-parleurs. Parfois, je laisse passer trois trains, rien que pour profiter de cette musique ». Quand il est arrivé, Giuseppe l'Italien sortait tous les soirs jusqu'au petit matin, et à partir d'une certaine heure de la nuit, tout le monde finissait par se comprendre sans parler la même langue. Bruxelles est une tour de Babel où tout le monde se débrouille pour communiquer. Mais au fil du turnover de ses amis, il se retrouvait souvent seul, et en a profité pour explorer la ville : « Il y a quelque chose de nouveau à apprendre chaque jour. L'offre culturelle est énorme, plus intéressante à mon sens qu'à Rome ou à Milan, car la population est plus variée. »

Contrairement à beaucoup de Bruxellois, Petra et Giuseppe ne passent pas leur temps à se plaindre de l'administration belge. Il faut dire que la Commission européenne gère une partie des démarches de ses employés. Mais comme tout le monde, le couple germano-italien a souvent pataugé des heures à la commune, pour un formulaire ou une demande de certificat officiel (compter plusieurs déplacements et la visite exhaustive de tous les guichets). Petra n'avait jamais dû passer par là en Allemagne ; ça fait rire Giuseppe qui en a vu d'autres à Rome. Ils ont remarqué en passant que certains étrangers étaient parfois mieux traités que d'autres…

Alors Giuseppe se sent bien, à Bruxelles. Pour ce fonctionnaire qui donne des cours de yoga pendant son temps libre, « Bruxelles est une petite ville. On a l'impression de vivre dans un village, la liberté de vivre comme on l'entend en plus. Tu sors de chez toi, tu connais tout le monde, mais tu ne te sens pas surveillé. C'est un bourg international ». Avec son épouse, ils ont vécu à Ixelles la bobo, dans le bas de Schaerbeek – « une énergie très différente, nos voisins étaient tous marocains, on y était bien » –, à la Hulpe bucolique et bourgeoise, dans le quartier Saint-Jacques au cœur de Bruxelles, « parce que c'est un autre monde ». Le quartier Saint-Jacques, on peut le vivre comme une fête permanente, où tout le monde se parle.

Du coup, ils se sentent allemande et italien à Bruxelles, mais quand ils se retrouvent dans leur pays d'origine, ils prennent conscience qu'ils appartiennent désormais à une autre culture. « On prend le meilleur de chaque pays. » Giuseppe, le Milanais qui se définit maintenant comme apatride, dit « se sentir de partout, sans racines, on verra ce qui poussera ». Après presque vingt ans, ils sont « Petra et Giuseppe à Bruxelles, tout simplement ».

Euro-énervés

Il y a ceux qui conspuent les conducteurs de voitures immatriculées « EUR + 4 chiffres » des fonctionnaires européens, les accusant de se garer n'importe comment – en réalité ils ne se « parkent » ni plus mal ni mieux que les autres, c'est juste que leurs voitures sont identifiables –, il y a ceux qui les accusent d'avoir fait exploser les prix de l'immobilier à Bruxelles, ce qui est partiellement vrai mais incomplet, car les employés des lobbies, banques et entreprises vivant des institutions sont tout aussi bien payés, et pas loin d'être aussi nombreux, sans parler des autres expatriés à hauts revenus qui n'ont rien à voir avec la Commission et le Parlement. D'autant qu'on leur jette volontiers la pierre quand leur pouvoir d'achat augmente les loyers, mais on est moins gêné par ce qu'ils consomment et dépensent dans l'économie locale…
Parmi les comptes et légendes qui nourrissent une certaine forme d'euro-jalousie, le principal malentendu est que les fonctionnaires européens ne payent pas d'impôts, ce qui est inexact. Ils sont imposés comme tous les citoyens, mais auprès de l'Union européenne directement. On croit aussi souvent qu'ils sont payés 10 000 euros par mois pour passer six heures par jour à côté d'une machine à café. C'est bien entendu faux et caricatural. Les salaires des fonctionnaires européens sont plus élevés que la moyenne nationale, mais ils sont justifiés par leurs compétences pointues, leur formation poussée, et selon leur pays d'origine, l'alignement sur la moyenne des salaires nationaux. Il faut être attractif pour attirer l'élite internationale à Bruxelles.
Il y a évidemment des tire-au-flanc comme partout, ceux-là s'en vantent parfois bêtement et ce faisant, attisent l'exaspération ambiante, mais la grande majorité du personnel

des institutions travaille bien plus que ses heures déclarées. Ils sont souvent amenés à se déplacer loin de leur famille, sont recrutés pour leurs compétences élevées, d'ailleurs les concours d'entrée sont drastiques, et la sélection impitoyable. Mais pour « les autres », cette situation privilégiée constitue souvent un point de crispation. Les euro-expatriés sont perçus par certains Belges moins bien nantis comme des envahisseurs, et doivent parfois faire des efforts pour s'intégrer à la belgitude, d'autant que dans ce milieu international, il est très facile et très tentant de vivre en huis clos. Il y a ceux qui évitent de porter leur badge en dehors des bâtiments officiels, ceux qui « oublient » de mentionner où ils travaillent lors de soirées où différents milieux sont mélangés, ceux qui ne parlent que de leurs hobbies comme si c'était leur principale occupation (« Heu, je suis jardinier… »). De toute façon, les organisations européennes sont si complexes, que personne n'y comprend rien de l'extérieur. Quand on voit le bazar que c'est de faire fonctionner une famille classique ou une entreprise de quelques dizaines de personnes, vous pouvez imaginer ce que c'est que de faire tourner ensemble 27 pays parlant 23 langues différentes, pour organiser l'entente et la coopération de cinq cent millions de citoyens ne pensant pour la plupart qu'à leur nombril. L'Union européenne, territoire de paix et de prospérité, quoi qu'on en dise, depuis plus de soixante ans, est une réussite unique dans l'Histoire. Une famille qui connaît des crises et frôle des faillites, mais avant tout un espace solidaire en interaction. À gérer, c'est un sacré bordel. Un passionnant bordel.

Pour les inconditionnelles de la cuisine et de la culture japonaise, le quartier nippon se concentre autour de la chaussée de Vleurgat à Ixelles : c'est là qu'on trouve la plupart des restaurants et supérettes distribuant des produits du pays du Soleil-Levant. Il y a également un petit (tout petit) Chinatown à Bruxelles, juste en face de la Bourse, rue de la Vierge-Noire, avec son supermarché chinois, et une enfilade de restaurants et de petites boutiques de vêtements traditionnels et de gadgets.

Stone Manor
Steenhofstraat, 28 (Everberg)
02 759 49 79
Mecque de produits américains et britishs, pour nostalgiques du vrai lemon curd.

American Womens' Club of Brussels
Avenue des Érables, 1 (Rhode-Saint-Genèse)
02 358 47 53
www.awcb.org
Un centre culturel qui organise des conférences, des expos, des barbecues… On se croirait en Nouvelle-Angleterre !

La Maison des femmes de Schaerbeek
Rue Josaphat, 253 (Schaerbeek)
www.lamaisondesfemmes.blogspot.com
Lieu de rencontre et d'échanges multiculturels ouvert à toutes les femmes, sans distinction d'âge, de nationalité ou de milieu social.

L'Accueil des Françaises
Rue Marie-Depage, 53 (Uccle)
02 347 02 17
www.accueil-bruxelles.be
Une association née il y a plus de cinquante ans, pour orienter et aider les familles françaises fraîchement débarquées à Bruxelles.

L'Accueil organise différentes activités qui leur permettent de nouer des liens et d'apprivoiser ce nouvel environnement.

Aperitivo Milano
Patinoire du Bois-de-la-Cambre
Chemin du Gymnase, 1 (Bois de la Cambre)
02 649 70 02
www.aperitivomilano.eu
Pour le dire en italien, une « *after-hour Italian style* ». Depuis deux ans, c'est l'happening incontournable des Italiens le jeudi soir de 19 heures à 21 heures, formule apéro (presque) à l'italienne (on paie le drink, les tapas et les pâtes sont offertes). Ensuite, on lance la musique et l'ambiance est festive. On est sûr d'y rencontrer des amis, même ceux de passage dans une atmosphère « *classy and cool* » (toujours dans la langue).

Théâtre de Toone (marionnettes de tradition populaire de Bruxelles)
Impasse Schuddeveld, 6 (Grand-Place)
02 513 54 86
www.toone.be
Pour ressentir l'esprit brusseleir. Les grands classiques de la littérature et du théâtre sont revisités de façon irrévérencieuse, à la bruxelloise. Par exemple, la Nativité, qui voit naître Jésus sur la Grand-Place, avec une agent de police qui tente de faire circuler Marie et Joseph. Avec l'accent de circonstance ? Non, peut-être !

CHAPITRE 5

Fashion, mais pas victime

Non, peut-être : oui.
Oui, sûrement : non.
S'utilise uniquement si la question était stupide. Par exemple :
— On va boire une drache ?
— Ah non, peut-être !
— Et on emmène l'autre emmerdeur ?
— Wé, sûrement !

Comme ça, on zappe la cohue des soldes…
…et on évite les tentations superflues.
OMSK
BELGIUM
H&M
DVF
Sandrina Fasoli

À la mode de chez nous

Mon premier choc avec la « *Belgian touch* », je l'ai eu avec des hommes. C'était en 1996, je travaillais dans le cinéma, enfin à l'époque j'étais *mandaï* (grouillot) sur des tournages. Tout en courant chercher des cafés, j'en profitais pour apprendre et observer. Outre la décontraction des garçons de la régie (qui abattaient pourtant un boulot dantesque qui aurait fait passer le nettoyage des écuries d'Augias pour un rapide passage de la manche sur une poussière sur un marbre blanc), j'étais fascinée par leur allure. Alex, 25 ans à l'époque, blond vénitien quoique Bruxellois, portait les cheveux coupés court avec quelques mèches rebelles sur le haut, des lunettes à grosse monture barraient sa gueule d'ange, et il maîtrisait parfaitement cette science de la superposition qui fait la signature des Belges se souciant un tant soit peu de leur apparence, du moment que ça reste confortable. Un tee-shirt, un pull fin en V par-dessus, un gilet sur le tout, dans des camaïeux de noir et bleu marine, un pin's humoristique comme cerise sur le manteau. Pour le bas, un pantalon en toile baggy mais pas trop et aux pieds, des baskets de skateurs, compliquées et colorées. Laurent, qui avait le même âge, grand brun ténébreux, affichait plus ou moins le même dressing, en version plus sporty avec Carhartt et sweat à capuche. Chez ces garçons, rien n'était laissé au hasard, ils avaient besoin d'être à l'aise, leur mode n'était ni sophistiquée ni engoncée et pourtant, il se dégageait d'eux une impression d'élégance nonchalante qui était aussi pointue que difficile à cerner. Lorsque plus tard j'ai rencontré leurs copines bruxelloises qui s'habillaient aussi de manière recherchée, parfois sans budget en accumulant les pièces ZaraH&Mango et les descentes aux puces, sans s'encombrer de pièces trop fashion qui auraient semblé artificiellement plaquées sur des silhouettes finalement modestes pour une capitale, j'ai réalisé que la mode à Bruxelles ressemble à ses habitants : *easy going*, ludique, pas bégueule, mais profonde et réfléchie sous des couches d'apparente décontraction. Le temps a passé, la tendance s'est accentuée.

Coline, étudiante en psycho, est passée pro dans l'art de dénicher *la* petite veste en jean qui mettra ses très longs cheveux noirs en valeur, sur une robe fluide qui lui bat les mollets. Elle claque les pavés avec des bottillons cloutés, elle a glissé un legging noir sous ses jupes, ses chaussettes sont peut-être fluo. Coline ne dispose pas d'un budget élastique (ou plutôt, l'élastique lui a depuis longtemps claqué sur les doigts), mais elle sait comment faire ressortir ses yeux de chat avec une étole de cachemire bleu pétrole trouvée à 30 euros dans une vente de stocks, enroulée autour de son cou et de sa tête comme une capuche. Ce simple détournement de l'écharpe redessine toute la morphologie de cette plus-tout-à-fait-ado, toute mince et longue. La jeune fille, comme ses copines, remplit son placard de brol de mass market acheté au kilo dans les grandes enseignes espagnoles et suédoises, de pièces improbables dégottées sur des brocantes pour 1 euro qu'elle superposera ou découdra pour en faire un autre vêtement, et de quelques vestes de laine, tops de mousseline et sac griffés qu'elle a soit piqués à sa mère, soit achetés avec ses économies, en patientant le temps qu'il fallait. Ce cocktail de styles couture, rétro, fripes et enseignes de fast-fashion, on peut le retrouver sur une seule Bruxelloise, parfois tout en même temps. Le stylisme chez les Belges s'est toujours caractérisé par la recherche dans les volumes. L'épure, oui, mais si bien découpée et assemblée qu'on ne soupçonnerait pas les étapes de construction nécessaire à cette « simplicité ». Les gens qu'on croise dans la rue ne le savent pas toujours, mais ils poursuivent cette tradition plusieurs fois centenaire, initialement rendue nécessaire par la météo locale qui challenge la production de sérotonine.

La pintade bruxelloise a plutôt le dressing modeste. Frileuse à cause du vent du Nord et par une tradition de modestie atavique, la femme de la rue a généralement deux ans de retard sur New York et Londres, et un sur Paris : « J'attends de voir ce que ça donne sur les autres + je me lance enfin = j'ai quatre saisons dans la vue. » Pourtant, ce délai d'action/réaction ne la traumatise pas. En Belgique, on prend le temps. Le temps de se trouver un gouvernement, deux ans tout de même en 2010-2011, le temps de voir les films qui sortent ici souvent après la France, le temps d'adopter le design : puisque de toute façon les fashionistas de toute l'Europe, d'Asie jusqu'à l'Oural et des États-Unis se pâment devant la fantastique vivacité de la création belge, il n'y a pas le feu à la Senne. Il faut dire qu'ici, on s'habille pour se sentir bien, looké mais point trop n'en faut, bien plus que pour épater la galerie. Bruxelles reste donc la petite sœur provinciale de Paris, où l'habit fait la caille.

« Le style de la Bruxelloise ? Elle n'en a pas ! » Ça, c'est le cri du cœur de mon amie Zaïette, qui tient une boutique de fringues et de déco originales au cœur du quartier bohème-bourgeo-chic du Châtelain. Elle s'évertue à dégotter les petites robes tabliers à *polka dots* comme-il-faut, les bottes cavalières vert fluo qui vont avec, et pour aller bosser, des sabots compensés cloutés comme on n'ose même pas les rêver dans les fêtes branchées suédoises. Et elle s'arrache les cheveux. C'est dommage, ils sont savamment coupés en dégradé, avec plusieurs teintes de blond qui ne dérogent pas à l'élégance de cette quadra beaucoup plus trendy que la masse des ados bruxellois en uniforme « abercrombien ».

« Quand une femme rentre dans mon magasin, je vois au premier coup d'œil si elle vient de Bruxelles ou d'ailleurs. Si elle est bruxelloise, je peux même dire si elle est francophone ou flamande : les Flamandes ont beaucoup plus de style. » Notoirement, la recherche d'esthétisme, l'intérêt marqué pour une architecture chiadée et un design d'avant-garde sont des valeurs traditionnellement plus ancrées dans la culture des citoyens néerlandophones du pays. « La Bruxelloise, je l'entends hésiter : elle n'ose pas, ni pour elle, ni pour ses enfants. Une chemise à fleurs pour un petit gars de 5 ans à peine, c'est déjà trop pour elle. Je vois ça toute la journée. Elle entre dans la boutique parce qu'elle y a vu une robe super originale, elle l'essaye et elle a raison parce qu'elle est sublime dedans, puis elle dit : "Je vais réfléchir", et je ne la revois pas. »

Ce comportement conservateur et traditionaliste ne se limite pas aux fringues. Pourtant, aussi tempérée soit-elle, la pintade bruxelloise n'en reste pas moins demandeuse de style. Il est vrai qu'on a du mal à s'expliquer le décalage entre Paris et Bruxelles : une heure vingt de train, mais au minimum une année de retard sur la tendance. « C'est que la Belge est plus conservatrice : quand la Parisienne se précipite sur ce qu'elle a vu en vitrine ou dans les magazines, la Bruxelloise attend que la pièce phare de l'hiver ait fait ses preuves sur ses voisines et qu'elle soit adoubée par la rue. »

Zaïette s'arme de patience avec ses clientes, mais trépigne pour elle-même : « Dans les artères soi-disant modes comme l'avenue Louise, je ne trouve jamais rien. Tout au plus quelques basiques de mass market pour compléter mes tenues. » Les choix shopping de la Bruxello-pintade sont plus souvent dictés par une marque de référence que par une authentique recherche de mode : « On casse sa tirelire pour s'offrir un sac Delvaux comme maman, on habille ses enfants en Superdry, on écume les enseignes qui distribuent les mêmes basiques partout dans le monde et on ne prend pas trop de risques. »

Le fait de ne pas être up-to-date chagrine-t-il la Bruxelloise ? Manifestement pas, et ce n'est pas par méconnaissance de la tendance, mais plutôt par recul sur elle-même, le regard plein d'humour. C'est pour la même raison qu'elle n'accumule pas les vêtements de façon compulsive : elle réfléchit trop. Une veste, ça doit servir pour la demi-saison comme pour l'hiver. C'est-à-dire dix mois par an. Généralement, la Bruxelloise a l'esprit pratique. Or le pratique, c'est rarement funky. C'est une base de jean (même si elle le choisit bien taillé) ou d'une jupe au genou, de plusieurs tops faciles à assortir et à empiler – ça coupe le vent – et de chaussures qui permettent de galoper sur les pavés. Plus running shoe que Jimmy Choo. Un blazer ou un trench, voire une veste en maille épaisse, et la blague est faite. Même en été, la Bruxelloise a souvent une fine écharpe ou un foulard dans son sac, parce que dès que le soleil décline, si tant est qu'il se soit montré, on grelotte.

La Cambre, usine à talents

Pour espérer croiser du « style à forte personnalité », il faut chercher du côté des étudiants d'écoles d'arts comme Saint-Luc ou La Cambre. Ces oiseaux-là arborent un style original, mélange de *do it yourself*, de pièces de créateurs et de récup. Ils écument comme des pros les Petits Riens, sorte d'Emmaüs local, puis customisent, cousent un tee-shirt sur un pull, et balafrent l'ensemble d'imprimés ou de touches flashy. Il y a quelque chose de joyeux et de coloré dans ce parti pris de mixer les matières, qui touche au je-m'en-foutisme le plus étudié. Ceux-là osent. « Oser », le mot est lâché. « Se lâcher », l'expression est encore osée.

Le département mode de l'école de La Cambre, l'une des plus prestigieuses d'Europe – donc du monde – se répartit sur deux bâtiments. L'un, d'une superbe architecture du XIIIe siècle, réhabilité dans les années 20. L'autre, sur l'avenue Louise, ressemble à une administration postcommuniste de Berlin-Est. Tags sur la façade, couloirs éclairés au néon, salles de cours défraîchies, on a peine à croire que la nouvelle génération du glamour ultra tendance sortira d'ici. Et pourtant.

La Cambre dispense une formation professionnelle particulièrement complète, axée sur une maîtrise impeccable de chaque métier de la mode, avec, justement, un intérêt marqué pour la recherche dans les volumes. Cette institution est publique, contrairement aux écoles de stylisme de Paris ou de Milan, où c'est le chéquier des parents qui garantit une place aux étudiants, et non pas leur seul talent. Ici, les élèves travaillent jour et nuit à maîtriser la conception d'un vêtement, jusqu'à sa mise en vitrine. Forts de leur vision intègre, ces jeunes créateurs ne se laissent pas contaminer par la tendance « à peine consommé, aussitôt démodé ». Chaque saison, de défilés en podiums, d'un styliste à l'autre, on peut avoir une sensation de déjà-vu. Ça n'arrive pas avec les Belges, qui dessinent une mode subtile, sans concession. Ils se soucient plus de leur cohérence artistique que de son retentissement économique, de toute façon moindre que les mastodontes français ou italiens, souvent soutenus par de grands groupes financiers. Du coup, les étudiants de l'école bruxelloise sont la coqueluche des chasseurs de têtes des grandes maisons, qui s'arrachent leur signature dès l'obtention de leur diplôme, parfois même en cours de cycle. Balenciaga, Louis Vuitton, Chanel, Lanvin, Maison Martin Margiela, Jean-Paul Gaultier, Thierry Mugler, et la liste n'est pas exhaustive, comptent parmi leurs rangs des anciens élèves de La Cambre. Même lorsqu'ils commencent tout juste un stage, les Belges sont appréciés pour leurs compétences à tous les niveaux de la création, ils sont efficients sans avoir besoin de l'aide d'une première d'atelier, comprennent un dessin et n'ont pas peur d'enchaîner les journées de seize heures. Ça les distingue des autres stagiaires. Les recruteurs aiment que leur formation aide ces étudiants à se dépasser techniquement, à expérimenter, à pousser leur créativité loin au-delà des évidences. Leur stylisme s'inscrit dans un contexte sociologique et économique, avec une vision d'avance. Et en plus, ils sont team players.

Didier Vervaeren finit un entretien particulier avec une étudiante de dernière année. Le directeur créatif de Modo Brussels, organisme de promotion de la mode bruxelloise, est aussi styliste et prof à La Cambre, section accessoires. Toujours vêtu de plusieurs fines couches de noir et d'un pantalon slim, Didier Vervaeren y ajoute parfois un kilt, noir évidemment, et ne quitte jamais son couvre-chef, une casquette en cuir, ni ses lunettes de soleil. Le fils stylistique de Morticia Adams et du juge Demort de *Roger Rabbit* promène depuis plus de vingt ans un regard pointu et bienveillant, caché derrière des verres fumés, sur toute la faune fashion.

La jeune femme a étalé sur les bancs de bois maculés de peinture et de colle ses essais de matières pour son travail sur les accessoires, et elle note religieusement les commentaires de son prof. Il a bien entendu gardé ses lunettes noires – vu l'éclairage d'hôpital, je l'envie – et il dispense avec patience son enseignement à la gamine qui boit ses paroles. Il explique, il propose des améliorations, il encourage : « Les cotons à démaquiller enduits de porcelaine pour créer un collier, c'est une excellente idée, mais que penserais-tu d'essayer avec de la cire ? » L'élève veut exprimer la fragilité, thème de sa collection, et elle a aussi apporté des tessons de porcelaine. Didier trouve le concept intéressant, mais la prévient contre le risque de privilégier l'esthétique aux dépens du confort : « Le mannequin ne doit pas se blesser, il faut polir les bords. » Cette collection deviendra sa carte de visite, après le défilé de fin d'études du mois de juin.

Finalement, tout en gardant un œil sur son smartphone, Didier m'accorde, à moi aussi, toute son attention. Je pose mon carnet au milieu des poussières de plâtre, de latex et de dentelle.

« Désormais, Bruxelles s'est fait une place, au même titre qu'Anvers, à qui elle n'a plus rien à envier. Il est récent que les gens adorent Bruxelles. Avant, c'était une ville coupée en deux, le haut pour les riches, le bas pour les pauvres. Du coup, il y avait une place à occuper pour toute une génération de créatifs. L'émergence de la bouffée d'oxygène bruxelloise avec sa mode avant-avant-gardiste coïncide avec le lancement de l'atelier de stylisme de La Cambre en 1986. »

Vers le début du XXIe siècle, on a enfin pris conscience que Bruxelles est une capitale internationale. À taille humaine, amusante, riche, elle est devenue hype. Ses créateurs pouvaient commencer à percer. À Bruxelles, gravite aujourd'hui tout un milieu des métiers de la mode : mannequins, photographes, ateliers, créateurs, presse.

Ce qu'on aime à Bruxelles, c'est son côté « laboratoire ». « On observe un phénomène de pyramide, avec au sommet les maisons de luxe (Delvaux, Natan...) ; tout en bas, les étudiants qui font des expériences et des performances d'avant-garde, et qu'on peut découvrir entre autres grâce à Modo Brussels. Au milieu se situent les créateurs et les boutiques-ateliers qui reviennent à l'artisanat, en fabriquant des pièces à l'arrière du magasin, qui sont ensuite vendues en vitrine », explique Didier. Si les jeunes stylistes installent souvent leur atelier sur place, les structures plus importantes se débrouillent, dans la mesure du possible, pour fabriquer en Belgique ou en Europe. Il existe une volonté de préserver le savoir-faire local. Et la Bruxelloise alors, quel bénéfice en tire-t-elle ? Didier s'esclaffe : « *La* Bruxelloise ? Ça ne veut rien dire, elle est si variée qu'elle est difficile à cerner. Mais *ma* Bruxelloise, elle, existe. C'est une femme indépendante, avec un caractère de garçon, relativement imperméable aux diktats de la mode. Ce que *Vogue* dit, ce que *Numéro* dit, la Parisienne le fait. De façon générale, chaque femme colle au discours de la presse mode de sa ville. La Bruxelloise, elle, compose sa garde-robe sans trop se soucier des magazines. Elle a des phases : couleurs, noir, court, long... Son œil traverse les tendances. Et surtout, elle a de l'humour. Elle joue avec le luxe, s'amuse avec Chanel, sans vouloir faire "Cambon". Elle jongle avec les codes du vestiaire masculin : pantalon, trench, pull à col rond... tout en restant féminine. Mais en y réfléchissant, à côté de *ma* Bruxelloise, il y a quand même *la* Bruxelloise : une fausse Parisienne, fausse Milanaise, fausse New-Yorkaise.

Un ersatz, qui applique la mode au lieu de l'adopter. Elle est moins libre. C'est une femme à l'image de sa ville, multiculturelle et multiforme. »

Elle est flamande, a 23 ans, les yeux aussi clairs que les cheveux qu'elle porte coupés au carré. Céline De Schepper est bruxelloise depuis cinq ans, et vit à deux pas de la rue du Bailli. Un petit village, où l'on pourrait saluer une personne sur deux sans même la connaître, car son visage est familier, où sur un tronçon de rue de cinquante mètres on a entendu dix langues différentes en attrapant les bribes de conversations des passants. Céline, comme tous les étudiants qui vivent par ici, est accro à ce quartier. Je la retrouve dans sa salle de classe, où elle achève sa cinquième année d'étude, la dernière, celle où elle joue son avenir. Elle arrive avec cinq minutes de retard parce qu'il y a eu une panne dans le métro, et elle s'en excuse. Le cliché selon lequel les peuples du Nord sont aussi fiables sur les horaires que les gens du Sud vivent l'horloge avec décontraction est facile à vérifier en Belgique.

Gracile, vêtue d'un pantalon 7/8 d'une teinte carotte-cognac indéfinissable, d'un chemisier à fleurs années 60 probablement de seconde main boutonné jusqu'au col, d'un gilet chiné noir, d'un sautoir en émail « à l'ancienne mais de chez Zara » et de souliers vernis gris à semelles compensées de bois, la jeune créatrice m'explique pourquoi elle a jeté son dévolu sur La Cambre : « D'abord, parce qu'elle est installée à Bruxelles, l'une des villes les plus intéressantes que je connaisse, grâce au mélange de cultures et de langues. J'avais envie d'en faire partie. Je voulais entrer dans cette école pour son approche de la création très libre, expérimentale, avant-gardiste et proche des étudiants. Dans ce bâtiment, on est mélangés avec d'autres sections, architecture, peinture, céramique, design textile, scénographie, graphisme, reliure, restauration d'œuvres d'art… On se donne des coups de main dans nos projets respectifs, par camaraderie, et pour mettre nos apprentissages en pratique. À la cafétéria, les profs se mélangent aux étudiants, ce n'est pas compartimenté. On travaille énormément. Les deux premières années, chacun explore la recherche sur les volumes, les matériaux, diverses techniques, et pour cela, on part d'un énoncé. Il y a un cadre. La troisième année, on bosse obligatoirement sur une collection masculine, ce qui est très intéressant au niveau de l'expérimentation sur la coupe. En quatrième et cinquième années, il faut prendre son indépendance, et chercher des partenariats et des sponsorings. On obtient de l'aide pour monter une vraie collection qui montre nos capacités et notre savoir-faire, et qui deviendra notre carte de visite. »

De fait, la collection de Céline De Schepper est sublime. Elle présente des mariages d'étoffes et de textures passionnants, des lignes très féminines, des silhouettes aux jupes courtes contrebalancées par des capes légères qui flottent autour de courbes étroites. Elle joue avec le design et l'architecture pour réinventer des chaussures à talons qui, bien que massives parce qu'elle leur a ajouté des structures cubiques au niveau de la cambrure, n'en restent pas moins des pompes de fée. La jeune femme est bosseuse – pas le choix – et vit sainement. Elle aime prendre le temps d'acheter des produits frais et de saison, et n'hésite pas à ramener son cuiseur vapeur à l'école pour se concocter des artichauts au déjeuner. Au cours de cette dernière année d'étude, comme ses amis, chaque matin, elle se lève tôt. Arrivée à l'école, elle commence à chercher des photos, des images, des volumes sur bustes, elle envoie des dizaines de mails de demandes de sponsoring pour pousser le niveau de sa collection. Elle prend des rendez-vous pour visiter des showrooms de fournisseurs, elle vérifie les prototypes qui reviennent des ateliers qui la secondent, elle comme ses collègues, quand ils ont réuni les fonds nécessaires. De toute façon, on ne monte pas une collection tout seul en filant soi-même à la main. « On organise des réunions entre élèves, pour avoir l'avis des uns et des autres. Il y a une compétition, mais elle est amicale, pour se motiver et s'améliorer. Pendant l'heure de table, on s'accorde de petites pauses. On arrive en disant "on ne parle pas de travail", et bien sûr, on ne fait que ça. »

Si aujourd'hui une nouvelle génération de créateurs gravite, perce et décolle à Bruxelles, elle le doit à sa persévérance, mais aussi à une poignée de stylistes qui ont révolutionné la mode belge et internationale dès le début des années 80. Et ce n'étaient même pas des Bruxellois : on les appelle toujours les « Six d'Anvers », baptisés ainsi par la presse anglaise qui peinait à prononcer leurs noms (apprenez-les par cœur, il y a une interro à la fin) : Dries Van Noten, Walter Van Beirendonck, Dirk Bikkembergs, Marina Yee, Ann Demeulemeester, et Dirk Van Saene. La plupart d'entre eux sont toujours sur l'avant de la scène, et plusieurs générations de créateurs leur ont emboîté le pas, avec un style qui a évolué. La signature de la nouvelle vague bruxelloise est plus excentrique, plus funky, plus jeune. Jean-Paul Lespagnard, Valeria Siniouchkina (la marque Omsk), Sandrina Fasoli, ou Anthony Vaccarello et Cédric Charlier qui sont allés, eux, chercher l'envergure de Paris, ont conservé comme leurs aînés une certaine indépendance financière et créative, et une identité très forte dépouillée de compromissions commerciales. Garder toutes ses plumes sèches contre vents et marée, c'est l'avantage d'avoir grandi en Belgique.

Je ne me suis pas défilée pour le défilé

Le défilé de l'école de stylisme de La Cambre, c'est l'un des grands événements mode de l'année à Bruxelles. Parce que c'est un des seuls, et en tout cas, c'est le show le plus important. Tous les étudiants, de la première à la cinquième année, présentent leur travail, et je peux vous dire, pour avoir vu autant de défilés que de défis laids, que même les premières années pourraient tenir la dragée haute à bien des couturiers qui distribuent de « l'habillement » en appelant ça de « la mode ». Il y a de l'humour dans ces vêtements, qui sont presque des sculptures, constructions surréalistes de silhouettes qui semblent de plâtre ou de bois, lançant sur scène des mannequins sortis des délires hybrides de Cocteau et de Transformers. Tout cela est cohérent, la musique est parfaite. Alors qu'on avance dans la présentation des collections vers les dernières années, les modèles quittent progressivement leur côté expérimental pour devenir désirables. On a vu une Jeanne d'Arc dans une robe blanche translucide, faite de superpositions de tissus légers comme du voile, fashionistique et quasi mystique, qui a valu des « Ah ! » à sa créatrice. La jeune fille sur le podium arborait comme accessoire un sac de cuir ouvragé en forme de bouclier grandeur nature que je ne renierais pas dans la rue. Enfin peut-être dans le tram. Si le show sur scène, avant-gardiste, positif et joyeux, enfonce, de loin, ceux de pas mal de professionnels aboutis, le spectacle est aussi dans la salle. Comme il y a peu d'occasions de « s'habiller » à Bruxelles, ce défilé, c'est toujours un peu le concours de celui qui plisse le plus loin. On croise des créateurs en treillis réinterprétés ambiance « Rambo à Ibiza », des rédactrices en chef vêtues seulement d'une robe chemise en coton fin avec un grand chapeau de paille alors qu'il fait 8 °C dehors (en juin, je sais), des journalistes qui sont rentrées dans leur jupe taille haute trop cintrée avec un chausse-pied et qui ne pourront ni s'asseoir, ni monter d'escaliers, ni respirer de la soirée (bon d'accord, ça, c'était moi), des blogueuses portant comme seul habit une cape de soie vert menthe avec un microshort, des étudiantes en robes faites de bandelettes noires qui laissent voir leur peau dès qu'elles bougent. Surtout, c'est l'occasion d'un invraisemblable défilé de godasses, les plus hautes, les plus chics, les plus trash, les plus belles, elles sont là, qui piétinent devant les Halles de Schaerbeek, centre culturel et salle de concert situé en plein Schaerbeek comme son nom l'indique (alors que l'Hôtel de Paris lui, est à Monaco). Ça m'interpelle toujours d'imaginer ce que doivent penser les habitants de ce quartier populaire (Schaerbeek, pas Monaco), devant cette débauche de filles à moitié à poil et de garçons tatoués, crêpés, parfois sur talons aussi hauts qu'elles, parfois eux aussi en robe (ou assimilé), fumant clope sur clope, une bière à la main, sur le trottoir devant la salle, avant et après le défilé, et à l'entracte. Ça sert à ça, la mode : déplacer les limites. La Cambre s'y emploie un peu plus chaque année, sur le podium et dans les gradins. Et en plus, c'est drôle à voir.

Bruxelles-Omsk et retour

Schaerbeek est une commune métissée à double titre. Sa population se compose d'immigrés et d'eurocrates (le quartier européen est juste à côté), et de Belges plus ou moins riches, selon la portion de la commune qu'ils occupent : le Schaerbeek populaire, avec ses boucheries de mouton et ses restaurants halal, ou le Schaerbeek bourgeois, où les maisons de maîtres de la fin du XIXe siècle et des débuts de l'Art nouveau ont été préservées, en bordure de parcs verdoyants. Valeria Siniouchkina, créatrice de la marque street-couture Omsk, m'accueille chez elle, parce que sa collection vient de partir en production, et qu'elle souffle un peu en attendant de se lancer dans la suivante. Blonde aux yeux bleus perçants, elle est habillée par elle-même, d'un sweat gris à écusson en coton tout doux et d'un jean étroit gris. Sobre, mais avec cette touche « créateur » qui la distingue des autres filles dans la rue.

Valeria est russe, et elle a beaucoup voyagé dans son enfance, suivant les mutations de son père employé d'Aeroflot. Elle a posé ses valises à Bruxelles à 15 ans. La jeune femme a fréquenté l'École européenne où ses copains étaient allemands, espagnols, français ou italiens. Elle est totalement bruxelloise. Avec son regard de modeuse, elle définit sans mal le style des femmes qui l'entourent : « La francophone est plus classique, plus sobre et plus élégante, dans le sens bourgeois du terme. Mais elle n'est pas très pointue, elle préfère les grandes marques sans risques. La Flamande a le regard plus éduqué au niveau tendance. » Le style de Valeria, c'est une allure fraîche, bien dans son âge, comme sa marque, qui parle aux 25-35 ans. « C'est la couture pour tous les jours, avec un twist, et une recherche au niveau de la culture russe, le *fichka*, comme on dit là-bas.

Parce qu'à Bruxelles, la communauté russe n'est pas très développée, moins qu'à Anvers en tout cas. » Elle ne se sent pas belge, mais bien bruxelloise, comme la plupart des expatriés de cette ville. « C'est ça, Bruxelles, pour moi : tu rencontres de tout, c'est libre, il n'y a pas de prise de tête. J'aime que les quartiers soient variés… Cette ville est un véritable patchwork, et même si l'harmonie n'est pas toujours parfaite, je trouve ça positif. Ça influence mon travail. On vit *easy,* ici, je fais du *easywear.* »

« Je fréquente des gens de toutes origines, je n'ai pas envie de m'enfermer dans la communauté russe. Ce qui me manque de la Russie ? La stupidité de la grandeur de Moscou : tout là-bas est "bombastique". C'est l'excès permanent, avec ses avantages et ses inconvénients. C'est fatigant, de vivre à Moscou. À Bruxelles, la vie est plus douce. Pour sortir le soir à Moscou, il faut s'apprêter pendant des heures. Ici, tu sors comme tu es, ou presque. Là-bas, les boutiques poussent et se fanent comme des champignons. L'immobilier est en plein boum, et la ville est bousillée. La bruxellisation de l'urbanisme, à côté, ce n'est rien. On ne voit pas cette course au fric à Bruxelles, en tout cas pas dans ces proportions. Moscou, ce n'est pas une ville pour les faibles. Bruxelles est humaine, la qualité de vie est exemplaire. Tous ceux que j'ai connus et qui ont quitté Bruxelles y sont revenus. »

Itinéraire des enfants branchés

Bruxelles ne s'encombre pas des contingences d'agenda des fashion weeks, et dicte son style pointu toute l'année, à travers des événements ponctuels. Si les grandes enseignes belges défilent dans les capitales de la mode, Tim Van Steenbergen, créateur de la « nouvelle génération », a aussi monté un podium dans des anciens abattoirs cachés au fond de quais interlopes pour présenter sa collection à la presse, tandis que Jean-Paul Knott, créateur en son nom et ancien directeur artistique chez Cerruti, organisait un happening dans une galerie d'art, exposant ses modèles sur des statues vivantes. Pour promouvoir la mode à Bruxelles, l'organisation Modo Brussels pousse les créateurs émergents et confirmés, notamment à travers le « Parcours Modo ». Lors de plusieurs jours de festivités, les designers exhibent leurs créations, dans un joyeux maelström de scènes personnelles à chacun, entre salon urbain de la mode, carnaval de rue branché, vitrines d'expositions déjantées et apéro général.

C'est un vendredi soir de novembre. Bien sûr, il pleut.

On se les gèle rue Dansaert et dans les rues adjacentes.

Mais il fait bien chaud dans les magasins ouverts en nocturne, et l'ambiance sur les trottoirs envahis de tables et de bancs comme à la kermesse fait vite tomber la veste, malgré un vent à vous décoller les muscles du squelette. On dirait que tout le monde est de sortie. Les cafés sont envahis de fêtards, de curieux, de journalistes et de modeux. Des DJ ont été convoqués pour l'occasion, et les boutiques, du chausseur au coiffeur, affichent dans leur vitrine le travail interpellant de jeunes créateurs. À la Centrale électrique, le centre d'art contemporain bruxellois, La Cambre expose les collections qui ont défilé en fin d'année scolaire. Modo n'a de commun avec une fashion week classique que sa volonté de célébrer la mode du cru. Quasi dépouillé de considérations mondaines et commerciales, authentiquement festif, l'événement tendance de l'année ressemble moins à un concours de popularité rasoir où l'on évalue sa notoriété selon le rang où on est placé qu'à un soir de fête nationale. Il y a des fanions accrochés aux réverbères et aux fils électriques tendus d'un bout à l'autre de la rue, un designer a habillé les plots de parking avec du tricot, et des tapis de fleurs parsèment les trottoirs. Au moins les plantes seront-elles arrosées, comme chacun au cours de sa promenade au cœur de Bruxelles, transformée sous la flotte en musée vivant de la mode d'aujourd'hui et de demain.

Comme chaque année, je me balade d'un spot à l'autre, on ne reste pas en place pendant le Parcours Modo. Je croise la moitié des gens que je connais, et par petits groupes qui se font et se défont au fur et à mesure des rencontres, nous entrons quasi méthodiquement dans toutes les boutiques de la rue Léon-Lepage. On est accueillis par un plateau de mignardises et une coupe de champagne (avec une soixantaine de créateurs exposants dans l'opération, je vous laisse imaginer la précision des gestes de chacun en fin de soirée). On reprend les mêmes, le cheveu un peu de travers dès le lendemain matin, on ajoute des badauds et des familles avec poussettes, et jusque tard dans la nuit, on fume et on bavarde devant le café « brandé » *Elle* avec créateurs, commerçants et passants. Rebelote et dix de der dès la nuit tombée. Le dimanche matin, on brunche au même endroit et on fait du shopping. On s'amuse beaucoup sur quelques rues pendant ces quelques jours-là, au milieu des concerts live dans les boutiques et les haut-parleurs qui diffusent de la musique en joyeuse cacophonie. Nous sommes collés les uns aux autres dans une atmosphère de réveillon, il ne nous manque que les lampions. En rentrant chez moi après avoir écumé le Parcours avec des grappes de potes pendant trois jours, je me dis, comme beaucoup, que la mode à Bruxelles n'est pas seulement très pointue, elle est aussi sympa et conviviale. Et ça, vous pouvez toujours le chercher ailleurs.

Shopping : opération commando

La fashioni-pintade se heurte à une autre difficulté structurelle : il n'existe pas vraiment de centre « mode » à Bruxelles. Comme les transports publics ne sont pas extraordinairement développés, faire son shopping devient vite un casse-tête : on doit prendre sa voiture pour se lancer dans une longue transhumance d'un bout à l'autre de la ville rien que pour visiter deux boutiques, perdre une heure pour se garer, et encore, tout cela n'est possible que le samedi parce que le soir en sortant du bureau, à part les supermarchés, tout est déjà fermé. Ça, on vous le dira dès votre arrivée à Bruxelles : c'est une cité que les expatriés adorent, parce qu'elle présente tous les avantages d'une capitale, avec la qualité de vie de la province. Tous les avantages ? Pas tout à fait. L'un des gros inconvénients du rythme de travail « respectueux d'une vie privée pour chacun », c'est que les magasins baissent le rideau au plus tard à 18 h 30, y compris en fin de semaine. Habituées des boutiques ouvertes 24 h/24 à New York et Hongkong, ou des Galeries Lafayette qui font leurs nocturnes jusqu'à 21 heures, préparez-vous à mener une course effrénée pour espérer acheter une paire de boots entre la sortie du bureau et l'extinction du feu des enseignes : vous n'aurez qu'une demi-heure.

Nous passerons rapidement sur ces rues à licences internationales, les Mc Do de la mode uniformes d'Athènes à Copenhague, qui attirent comme partout les consommatrices de fringues au poids de tissu et les étudiantes désargentées friandes de tendances, qui s'arrêtent entre deux sprints de shopping nivelé pour manger une mitraillette ou une gaufre. À Bruxelles, ces rues grouillantes chaque samedi et un poil déprimantes toute la semaine s'appellent rue Neuve (la plus longue, aussi la plus populaire), chaussée d'Ixelles, et dans une moindre mesure, chaussée d'Alsemberg. Dans ces deux derniers cas, les allées marchandes se concentrent sur un tronçon, quelques pâtés de maison, au beau milieu d'un quartier résidentiel.

Il n'y a pas que la Belgique à être scindée en deux entités complémentaires et quasi étrangères l'une à l'autre. Le cœur de Bruxelles aussi bat en deux ventricules où chacun reste dans sa bulle : le « haut » et le « bas » de la ville. Schématiquement, le haut comprend les quartiers chics, Uccle, Ixelles, l'avenue Louise, la Toison d'Or, le boulevard de Waterloo, et s'étend jusqu'au Sablon. En deçà, on arrive dans les Marolles, au centre historique, et aux quartiers immigrés qui suivent le canal.

Quand on débarque à Bruxelles, pour prendre le pouls du shopping qui fait monter la libido acheteuse, il faut impérativement commencer par le quartier Dansaert, dans le bas de la ville, plus arty, qui attire la faune underground vers les boutiques streetwear et les vitrines de créateurs belges. Le boulevard Anspach draine les touristes et les fashionistas, ceux-ci évoluant dans deux sphères parallèles, de la gare du Midi vers le centre, en passant par la Grand-Place, la place de Brouckère et la place Sainte-Catherine. À la base quartier populaire qu'il valait mieux éviter le soir, il s'est largement bobo-isé, et s'il y a encore certains coins mal famés, on n'y reste pas longtemps mal fagoté. On trouve ici de quoi éclater son dressing (et son portefeuille), notamment autour de la rue Antoine-Dansaert, qui relie la Bourse et le canal. Perpendiculaires à cette colonne vertébrale de la *Belgian touch*, les rues des Chartreux, de Flandre et Léon-Lepage regorgent de trésors de mode, entre créateurs puristes – souvent des artisans ou au minimum des « loca-fabricants » –, boutiques vintage de luxe et échoppes de bric-à-brac où l'on chine un sac Hermès des années 60 comme un Casimir en caoutchouc pour le bain, les deux garantis d'époque. Les vitrines affichent un esprit expérimental bien foutu et mettable, globalement « Made in Belgium », dégotté là où les autres n'ont pas eu l'idée d'aller.

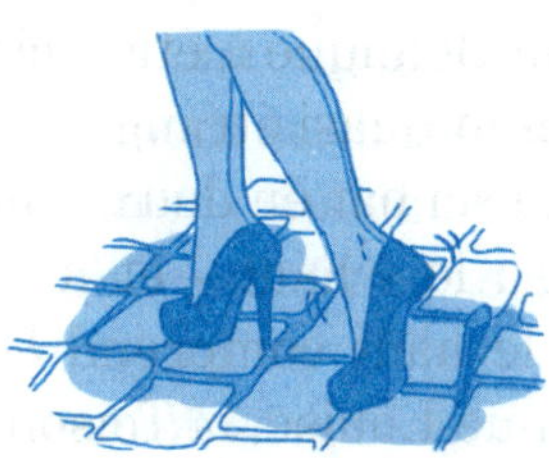

Niveau mode, Audrey, branchée « électro » trentenaire, n'est pas « Dansaert », elle est « Chartreux ». Elle chine beaucoup, surtout chez Oxfam, elle est trop féminine pour être totalement streetwear, et elle s'habille dans le bas de la ville ou sur Internet. Ses amis sortent des écoles d'arts de Bruxelles, ils travaillent dans les médias, le cinéma, la musique ou l'événementiel. Les garçons portent des lunettes sans verres, un slim baggy (?), une besace en matériaux de récup genre *fair trade*, et une barbe d'une semaine. Les filles accordent des couleurs improbables, comme un rouge à lèvres rouille avec un pull en mohair rose bonbon qui leur donnent un air livide, elles s'inspirent du look « nerd » des années 80. Les filles électro qui flirtent avec des hipsters chinent des robes de grand-mère informes à motifs papier peint qu'elles customisent avec des ceintures flashy, des leggings fluo et des boots, et elles ajoutent sur le tout des bijoux oversize en plastique. La revendication du cheap devient le comble du chic, les vide-greniers et les corners de seconde main leur donnent prétexte à flamber solidaire.

Tout le contraire de mon amie Sonia, plus « haut de la ville ». Ses deux fils de 5 et 7 ans n'ont pas le droit de se traîner avec les miens dans le bac à sable à cause des microbes, et pour ne pas froisser leur chemise à carreaux bien repassée, rentrée dans leur pantalon beige à pinces. Quand elle était « jeune » (avant de se marier), elle sortait aux Jeux d'Hiver, elle picolait aux apéros de l'Hippodrome, elle forçait un accent parisien alors qu'elle n'avait jamais quitté Bruxelles. La journée, elle porte un foulard noué sur le cou, et elle laisse les deux premiers boutons de sa chemise ouverts. Le soir, elle retire son carré, et le remplace par un petit diamant discret qui pend au bout d'une chaîne fine. Elle conduit la voiture de société de son mari, une Range Rover ou un 4X4 alors qu'il n'y a pas un pavé déchaussé près de chez elle, avec des gants de cuir rouges, c'est sa touche de folie. Elle vit aux abords du quartier Fort-Jaco, dit le « Fort-Jac' », à Uccle. Elle porte des pantalons blancs ou crème qui s'arrêtent à la cheville, des twin-sets en cachemire, des mocassins ou des Church, mais de toute façon, des chaussures plates ou avec un petit talon, des perles aux oreilles. Comme presque toutes ses copines, elle est blonde et coiffe ses mèches brushées en queue-de-cheval basse. C'est une « pétzouille », terme bizarrement affectueux. Elle possède un appartement à Knokke (dit « le Zoute ») et entretien sa taille de guêpe au David Lloyd, un club de fitness select.

Pour faire du shopping, Sonia se dirige tout droit vers le boulevard de Waterloo, l'équivalent bruxellois de l'avenue Montaigne. Les plus grands noms du luxe international s'alignent au coude-à-coude : Chanel, Louis Vuitton, Escada, Versace, Tiffany's, Sergio Rossi, Salvatore Ferragamo… Sur le trottoir d'en face, la rue change de nom. Elle s'appelle avenue de la Toison d'Or, avec ses cinémas et ses grandes enseignes plus populaires. Sonia ne traverse jamais la rue, sauf pour faire une descente chez Petit Bateau et offrir une glace aux enfants. Le public de l'un et de l'autre côté de la chaussée n'est pas le même. Fourrures, bottes siglées et sacs de marque à gauche ; jeans, tenues décontractées et chaussures « Made in Asia » à droite.

Mais le haut de la ville ne fait pas que ronronner, il innove aussi, explore, pousse ses créateurs. Les boutiques aux marques phares d'un classicisme dépoussiéré comme A.P.C., Isabelle Marant, Claudie Pierlot et les parfums Diptyque se concentrent autour de la place Brugmann, côtoyant les stylistes belges qui ont percé à l'étranger et peuvent désormais s'offrir un pignon sur rue. Féminines et sharp sans concessions, les collections de Sandrina Fasoli et les bijoux de Wouters et Hendrix s'exposent entre les bars à vins et les magasins de jouets incontournables de ce pâté de maisons principalement investi par des familles, des expatriés français et des retraités (ici on dit « pensionnés ») aisés. Il serait dommage de se cantonner à l'une ou l'autre des parties de la ville : c'est ensemble qu'elles dépotent. Un truc bien belge…

Descente dans les Marolles

Depuis quelques années, les boutiques de seconde main fleurissent à Bruxelles. De plus en plus souvent, elles se revendiquent haut de gamme, servant de dépôt-vente à des collectionneuses de sacs à 5 000 euros qui souhaitent renouveler les objets de leur obsession. D'autres développent une vocation humanitaire et sociale, distribuant pour 1 ou 10 euros des vêtements datant du siècle dernier, et récupérés dans des stocks d'associations de réinsertion ou dans des greniers oubliés. Si les pintades un brin déplumées ne peuvent shopper que dans les secondes, ces friperies offrent un terreau de style décalé aux fashion militantes de la décroissance, aux étudiantes dégourdies pro de la customisation, et aux hipsters qui fondent sur les robes les plus infâmement démodées, avec des motifs qui font mal aux yeux et une coupe qui devrait être illégale, tous leurs fantasmes de branchitude. Finalement, le vintage s'adresse à tous les nécessiteux : ceux qui ont besoin de se vêtir à moindre frais, et ceux qui ressentent le besoin impérieux de se fagoter à faire pâlir une cover-girl.

Quand on descend vers le Sablon, avec en contrepoint Notre-Dame, sa magnifique église gothique, incontestablement la plus belle de Belgique, ses antiquaires chics et dispendieux, ses salons de thé et chocolatiers cinq étoiles – Wittamer et Marcolini, incontournables à juste titre – avec leur public de touristes et de gourmets bien informés, et ses bijouteries de luxe, il suffit de faire quelques pas pour pénétrer dans les Marolles. On découvre alors le cœur historique de Bruxelles, là où se sont installés ses premiers habitants.

« Il y a une quinzaine d'années, il y avait encore ici des cafés qui tendaient une corde au milieu de leur salle pour que les gens qui avaient trop bu puissent se tenir debout. À 5 heures du matin quand les établissements fermaient, on enlevait la corde. Tout le monde tombait. » Béa me balade dans *ses* Marolles. Cette quadra hyper trendy travaille dans la presse et la mode, elle passe quasiment tous ses dimanches aux abords des puces de la place du Jeu-de-Balle. Elle connaît tout le monde et ses petites histoires, chacun la salue chaleureusement. Avec son maquillage discret, ses longs cheveux bruns et son sens surnaturel de la sociabilité, elle produit toujours son effet. Évidemment, son boulot glamour contribue à sa popularité, mais en ce dimanche gris et froid, elle est autant dans son élément parmi les vendeurs de bric-à-brac récupéré on n'ose imaginer où que dans une de ces fêtes fashion people auxquelles elle est plébiscitée. Vêtue d'un manteau cognac, d'un top gris clair, d'un pantalon bleu marine et de Richelieu bicolores plates, elle me tend le bras parce que je titube en talons – les pavés sont tous déchaussés dans le coin – et me présente aux commerçants et aux restaurateurs qui l'ont quasiment vue « grandir » depuis la fin de ses études, quand elle s'était installée rue des Minimes. Sise au pied du palais de justice, cette rue délimite la ligne subtile où le Sablon chic déteint depuis une dizaine d'années sur les Marolles des pauvres : « Comme par une étrange loi de la gravité, le Sablon glisse pour bobo-iser les Marolles. » Pour le coup, ce quartier pas du tout bourgeois où l'on peut apercevoir, tôt le matin, des familles entières s'extraire de locaux à vélos où elles dorment la nuit, devient le week-end et surtout le dimanche, le rendez-vous tendance des expatriés fortunés, des chineurs et des touristes. « Bruxelles est une ville riche. Aux puces, on peut donc dénicher des merveilles, comme un chemisier Balenciaga pour quelques euros. » Rue Blaes et rue Haute, les deux axes parallèles qui animent tout le quartier, les antiquaires sont cinq fois moins chers qu'à Saint-Ouen. Les Parisiens le savent bien, eux qui viennent en convois entiers par Thalys pour meubler leurs appartements du XVIe en trésors du XVIIIe.

Sur la place même, on côtoie autant de quasi-clochards venus tirer un peu d'argent d'objets glanés que de vendeurs professionnels d'antiquités diverses. Les anciens Marolliens boivent un coup ensemble, on fait la dînette à La Brocante, un café « dix-huitième degré » à l'angle de la rue des Renards et de la rue Blaes, qui diffuse du jazz à l'extérieur, à l'attention des passants et des clients de son bar à huîtres. Au coin de la place, quasiment invisible si on ne la cherche pas, se cache Les Bains, une piscine communale qui offre une vue époustouflante sur le vieux Bruxelles.

La plupart des brocanteurs n'ont même pas d'enseignes sur leur vitrine, juste leur nom et numéro de téléphone manuscrits sur une feuille de papier scotchée à la porte. À l'intérieur, des merveilles. Bien sûr, il faut trier le brol, mais on tombe souvent sur un tourne-disque des années 60 intact, sur une montre rare. Notre balade nous emmène chez Bernard Gavilan, l'un des papes du vintage à Bruxelles. Ce que vous voulez d'hier pile dans la tendance d'aujourd'hui, il l'a. Une sélection pointue de bottes et de chaussures de seconde main pour hommes et femmes, des accessoires, des pièces uniques. Il a lancé le concours de mode « Customisez-moi », un événement fashion qui fédère chaque année plus de participants et de sponsors. Un spectacle immanquable, délirant. Plus loin, nous entrons au Caducée, une petite boutique remplie de trucs bizarres. Un cabinet de curiosités, un dépôt pour collectionneurs. Frankie, le poète gardien du trésor, me présente une météorite de 93,300 kg, découverte au XVIe siècle, sans doute la plus grosse d'Europe. Une véritable étoile filante, là, dans sa vitrine, coûte 12 000 euros. Il possède également un œuf d'oiseau géant préhistorique, gros comme deux ballons de rugby, et des bagues romaines en bronze datées de plus de deux mille ans, à 50 euros pièce, « prisées par les jeunes filles comme accessoires en soirée ». Contre le mur, cette pile d'assiettes blanches hérissées de picots est en réalité une portion de colonne vertébrale de dinosaure. Je passe sur les crânes « surmodelés » de Papouasie-Nouvelle-Guinée.

Tout se mélange sur les puces, les petits machins à 1 euro et les très belles pièces. Mais la boutique favorite des folles de tendance, pour ses pièces historiques, c'est Modes. On se croirait dans la réserve de costume d'un théâtre : dentelles anciennes, hauts-de-forme, chemises d'hommes Belle Époque, vestes en tweed, épingles à chapeaux, gants et sacs de bal d'avant-guerre, robes longues et linge de maison, on est ici chez un antiquaire de la mode. D'ailleurs le public ne s'y trompe pas. On rencontre ici des étudiantes en stylisme, des collectionneurs, des bobos et bien sûr, des curieux. Finalement, nous nous dirigeons chez KërGi, le restaurant sénégalais de Naphie. Dès qu'on entre, un parfum délicieux nous scotche au comptoir. Les murs sont signés par les habitués, dont Philippe Gelück. Naphie concocte un plat par jour, souvent à base de riz et de *saca-saca*. Sa spécialité ? Le jus de gingembre frais, et pur. Béa m'en offre un verre. Confiante, j'en avale une grande lampée. J'ai l'impression que ma rétine va se décoller de mes yeux. Pendant que j'essaye de retrouver ma respiration, une Noire entre, commande la même chose, descend son verre d'un trait, paye, sort. Moi, j'ai l'impression que ma langue a triplé de volume. Béa continue de saluer tout le monde, papis, Marolliens, eurocrates, qu'elle croise ici régulièrement. Nous faisons un détour par la rue Saint-Ghislain pour admirer la petite école communale dessinée par Victor Horta. Elle m'explique que même si on vient seul un dimanche midi, on finit toujours par manger avec des gens qu'on connaît.

Au Sablon, la rue à écumer pour faire du shopping est la rue Lebeau, où Elvis Pompilio, Jean-Paul Knott, Anna Heylen, la Collector's Gallery et la librairie Taschen ont élu domicile. Juste en bas, les Marolles ont conservé leur esprit « village », malgré l'invasion touristique. « Au Sablon, on croise plutôt les touristes premier degré et les bourgeois. Il suffit de comparer le prix du café. »

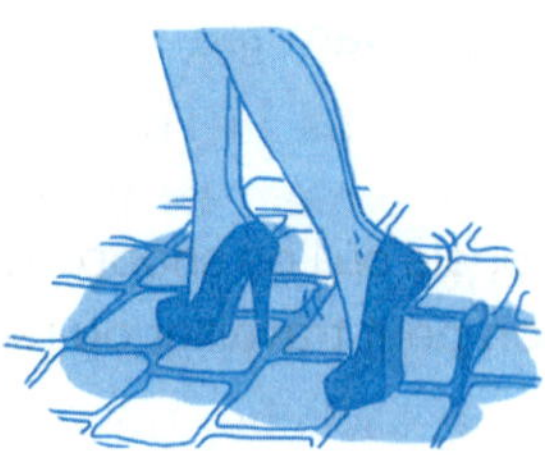

Le dimanche, la plupart des boutiques des Marolles, de la place Brugmann et de la rue des Chartreux sont ouvertes.

Infos programme Modo Brussels : www.modobrussels.be.
Infos Customisez-Moi : www.customisezmoi.com.

Les adresses mode et culture de Céline De Schepper

Peinture Fraîche
Rue du Tabellion, 10 (Châtelain)
02 537 11 02
« Une librairie d'art et de beaux livres, pour se plonger dans des univers d'artistes et trouver de l'inspiration. »

Le Bozar Shop
Rue Ravenstein, 15 (Centre)
02 514 15 05
www.bozarshop.com
« La boutique des musées royaux des Beaux-Arts, pour sa belle sélection de films cultes, de musique et de livres. »

Passa Porta
Rue Antoine-Dansaert, 46 (Dansaert)
02 502 94 61
www.passaporta.be
« Une librairie internationale où l'on shoppe tout type de littérature et de romans, et où l'on peut travailler ou rencontrer des gens. »

Degrif Shoes
Rue Simonis, 49 (Châtelain)
02 538 42 89
www.degrif.be
« Des chaussures de grandes marques à petits prix, avec un peu de chance on trouve la paire de nos rêves, comme des Miu-Miu dorées pour 150 euros (hors soldes, en plus !). »

Gabriele Vintage
Rue des Chartreux, 27 (Dansaert)
02 512 67 43
www.gabrielevintage.com
« J'ai un faible pour les chapeaux et ici, j'en trouve toujours de magnifiques. »

Les adresses fashion, antiques et curieuses des Marolles

Sébastien Kacou
Rue Haute, 248 (Marolles)
Il faut fouiner dans ce qui ressemble à un bazar mal rangé, pour extraire d'authentiques trésors.

Marc de Grande
Rue des Renards, 38 (Marolles)
0496 25 98 68
Ouvert uniquement le week-end et sur RDV. Une brocante chic, des montres anciennes, des vinyles, des magazines des années 80.

Bernard Gavilan
Rue Blaes, 146 (Marolles)
02 513 92 90
www.bernardgavilan.be
Une sélection de pièces vintage aussi excentriques que Bernard, l'inimitable propriétaire DJ et muse de mode.

Le Caducée
Rue du Chevreuil, 26 (Marolles)
0496 43 76 33
Antiquaire/cabinet de curiosité.

Idiz Bogam
Rue Haute, 180-182 (Marolles)
02 512 10 32
Jacqueline Ezman a plusieurs talents. Celui de sélectionner des pièces rétro carrément avant-gardistes, de pulser un quartier tout entier par sa simple enseigne, de changer une pintade lambda en pin-up chic et powerful d'un simple regard sur ses portants. Jacqueline sait aussi transformer des meubles vintage en objets insolites impossibles à dater quand elle les a retapissés et modifiés, et elle a l'intuition de dessiner et de vendre une ligne de robes qui exalte les courbes féminines. Elle découvre aussi pour nous des stocks de souliers rétro neufs, fabriqués par le chausseur de Marilyn Monroe. Je l'ai dit, Jacqueline Ezman est une femme pleine de talents.

Modes
Rue Blaes, 164 (Marolles)
02 512 49 07
www.modes-antique-textiles.com
Vêtements et accessoires rares du début du XXe siècle.

Patricia Shop
Rue Blaes, 158 (Marolles)
02 513 36 48
De la lingerie de marque « au quinzième du prix ». Ferme à 13 heures.

Roissart et Bronze
Rue Haute, 165 (Marolles)
02 514 04 27
Un magasin d'antiquités du XVIIIe siècle à Napoléon III. On se croirait dans un boudoir, avec des guéridons à pattes de lion, d'adorables bergères fuchsia, des miroirs sur bois cérusé et des candélabres d'époque.

Shopping « haut de la ville »

Avenue Louise, avenue de la Toison d'Or, boulevard de Waterloo, rue du Bailli, rue Franz-Merjay, place Brugmann, chaussée d'Alsemberg, rue Vanderkindere, le tronçon « Vert-Chasseur » de la chaussée de Waterloo…

Francis Férent
Avenue Louise, 43 (Louise)
02 545 78 30
www.francisferent.be
Les grands noms du prêt-à-porter de luxe.

Louise 54 (prononcer « fifty-four »)
Avenue Louise, 54 (Louise)
02 511 62 43
www.louise54.com
Une petite boutique écrin qui accueille les plus belles pièces des grandes maisons parisiennes, notamment en matière de souliers.

Luc Duchêne
Avenue Louise, 82-84 (Louise)
02 512 45 52
www.lucduchene.com
Une marque belge de prêt-à-porter pointue, avec des accents « couture ».

Mer du Nord
Avenue Louise, 46 (Louise)
02 502 23 69
www.merdunord.com
Une autre enseigne belge, des collections de basiques chics et trendy pour femmes, hommes et enfants.

Natan
Avenue Louise, 158 (Louise)
02 647 10 01
www.natan.be
La maison de couture d'Edouard Vermeulen habille les reines du quotidien, femmes actives qui enchaînent mille vies en une matinée, un bébé et un attaché-case accrochés au bras avant de sortir le soir, tout comme les princesses des cours d'Europe, avec la même élégance féminine et trendy, facile à vivre.

Bellerose
Chaussée de Charleroi, 5 (Louise)
02 025 39 44
www.bellerose.be
Une griffe trendy de « facile-à-porter » belge.

Diane von Furstenberg
Rue du Grand-Cerf, 11 (Louise)
02 648 62 24
www.dvf.com
La plus américaine des créatrices belges n'a pas seulement inventé la robe portefeuille qui rend toutes les femmes belles. Elle décline des collections hyper féminines, confortables et élégantes, transposables dans toutes les vies qu'on cumule dans la journée.

Cachemire Coton et Soie
Rue Franz-Merjay, 53 (Brugmann)
02 647 09 88
www.cachemirecotonsoie.com
Tout est beau, parfait, désirable. Pas donné, mais il faut ce qu'il faut.

Graphie Sud
Rue Berkendael, 195 (Brugmann)
02 344 31 92
Pour leur sélection de créateurs belges et français, et les mille petits accessoires déco à croquer.

Dod
Rue du Bailli (Châtelain)
www.dod.be
Cinq boutiques. Des fins de stocks de grandes marques pour hommes, femmes en prêt-à-porter et lingerie, junior et enfants. Un vrai bon plan.

Zao
Rue du Bailli, 96 (Châtelain)
02 534 38 32
www.zaodeco.be
Parce qu'il est impossible de ne pas ressortir heureux de cette boutique.

Kakkoiiiro
Rue Africaine, 108 (Châtelain)
02 538 77 08
www.kakkoiiiro.com
Une sélection ultra-kawaï.

Shopping « bas de la ville »

Rue Antoine-Dansaert, rue des Chartreux, rue Léon-Lepage, rue de Flandre, rue aux Pierres…

Hunting and Collecting
Rue des Chartreux, 17 (Dansaert)
02 512 74 77
www.huntingandcollecting.com
Du tout rare et edgy.

Mapp Store
Rue Léon-Lepage, 5 (Dansaert)
02 551 17 67
www.thisismapp.com
Une sélection parfaitement complémentaire de jeunes créateurs belges.

Icon
Place du Nouveau-Marché-aux-Grains, 5 (Dansaert)
02 502 71 51
www.icon-shop.be
Des collections magnifiques et rares.

Hatshoe
Rue Antoine-Dansaert, 89a (Dansaert)
02 512 41 52
www.hatshoe.be
Des chaussures originales et élégantes, et une petite sélection de modèles complètement extravagants.

Mr Ego
Rue des Pierres, 29 (Centre-Grand-Place)
02 502 47 87
www.mr-ego.be
Streetwear.

Fresh Kicks
Rue du Lombard, 23 (Grand-Place)
0474 27 61 61
Sans doute la meilleure boutique de baskets streetwear, très bien fournie en éditions limitées.

Prive Joke
Rue du Marché-au-Charbon, 76 (Grand-Place)
02 502 63 67
www.privejoke.be
Une belle sélection des marques internationales qu'il faut là-tout-de-suite-maintenant.

Haleluja
Place du Nouveau-Marché-aux-Grains, 6 (Dansaert)
02 512 42 50
www.haleluja.be
L'adresse de référence pour des pièces d'éco-créateurs, et surtout fashion friendly.

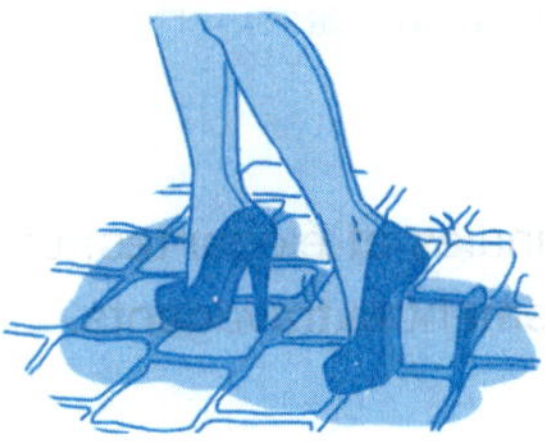

Vintage, rétro, seconde main, et autres vieux machins très très modernes

Vintage Market
Avenue du Port, 1 (Canal)
www.brusselsvintagemarket.be
Tous les premiers dimanches du mois, le Vintage Market est le vide-dressing des fashionistas et des collectionneurs de fringues et accessoires de créateurs, trèèès tendances.

Ramon et Valy
Rue des Teinturiers, 19 (Grand-Place)
02 511 05 10
Les pièces qu'on a ratées parce qu'on n'était pas né et dont on rêve, elles sont là.

Isabelle Bajart
Rue des Chartreux, 25 (Dansaert)
02 514 78 09
www.isabellebajart.com
Une sélection magnifique de vêtements et d'accessoires de grandes maisons, à des vrais prix « seconde main ».

Must Have
Rue de Livourne, 156 (Châtelain)
0477 51 67 90
Des sacs de marques de luxe, comme neufs.

Les enfants d'Edouard
Avenue Louise, 175 (Louise)
02 640 24 48
www.lesenfantsdedouard.net
Des vêtements de marque, impeccables.

Rétro Paradise (boutique de vêtements vintage des Petits Riens)
Rue Américaine, 105 (Châtelain)
02 537 30 26
Avec un bon radar, on trouve des merveilles dans cette friperie solidaire.

Lady Dandy
Rue du Page, 81 (Châtelain)
02 538 47 74
www.ladydandy.com
Des vêtements et des accessoires de grandes marques, avec un bon turnover.

Pièce Unique
Rue Franz-Merjay, 167-169 (Brugmann)
02 347 48 96
Une sélection pointue de vêtements et d'accessoires haute couture.

Think Twice
Rue du Vieux-Marché-aux-Grains, 57 (Centre)
www.thinktwice-humana.be
Une boutique de seconde main avec un choix énorme, pour adultes et enfants. À la fin du mois, tout est à 1 ou 2 euros.

100 % créateurs belges

Stijl
Rue Antoine-Dansaert, 74 (Dansert)
02 512 30 36
www.stijl.be
La boutique à Bruxelles où découvrir le meilleur des créateurs belges, pour hommes et femmes : Tim Van Steenbergen, A.F. Vandevorst, Dries Van Noten, Ann Demeulemeester, Sofie d'Hoore, Raf Simons, Kris Van Assche… Le temple des tentations les plus edgy. Chaque collection est accompagnée par la ligne de chaussures assorties !

Carine Gilson
Rue Antoine-Dansaert, 87 (Dansaert)
02 289 51 47
www.carinegilson.com
Lingerie haute couture, brodée à la main dans des ateliers bruxellois. Des collections tellement désirables et intemporelles qu'on les porte parfois en vêtements.

Sandrina Fasoli
Place Georges-Brugmann, 22 (Brugmann)
02 343 33 86
www.sandrinafasoli.com
Des lignes rétro d'une modernité affolante. Entre teintes poudrées, volants de soie, cuir patiné et noir fatal, une signature affirmée pour sublimer sa féminité. Une griffe couture et ludique à la fois, unique.

Maison Martin Margiela
Rue de Flandre, 114 (Dansaert)
02 223 75 20
www.maisonmartinmargiela.com
S'il faut encore le présenter, c'est qu'il est temps d'aller découvrir celle qui fut la première boutique en Europe du mystérieux créateur surréaliste belge.

Jean Paul Knott
Rue Lebeau, 57 (Sablon)
02 511 66 56
www.jeanpaulknott.com
Des coupes affûtées, de belles matières, un merveilleux mix de masculin-féminin.

Annemie Verbeke
Rue Antoine-Dansaert, 64 (Dansaert)
02 511 21 71
www.annemieverbeke.be
Une mode sans concession, une créatrice passionnée par la restructuration du vêtement, tout en suivant son fil rouge d'une sophistication chic et osée.

Azniv Afsar
Rue du Marché-aux-Porcs, 26 (Dansaert-Sainte-Catherine)
02 649 27 53
www.aznivafsar.be
Des collections aux coupes et aux couleurs franches, axées sur la pureté des lignes, une attention particulière portée aux proportions, et une géométrie inspirée par l'architecture.

Conni Kaminski
Rue du Marché-au-Charbon, 102 (Anneessens)
02 502 51 55
www.connikaminski.com
Elle démonte le vêtement pour lui repenser une forme unique, toujours élégante et fonctionnelle. Imprimés insoupçonnables, lignes graphiques, elle invente un nouvel usage à des classiques, en créant une pièce de collection casual.

Ménage à Deux
Rue de Flandre, 120 (Dansaert-Sainte-Catherine)
02 880 89 52
www.menageadeux.be
Vanessa Vukicevic conçoit des robes couture parfaitement dessinées qui mettent la silhouette en valeur, des collections pointues aux déclinaisons strictes et élégantes, visionnairement sophistiquées, tout en élégance. On entre dans sa boutique, on est une femme, on en sort, on est une bombe.

Le Fabuleux Marcel de Bruxelles
Rue du Marché-aux-Porcs, 8 (Dansaert-Sainte-Catherine)
02 201 03 61
www.fabuleuxmarcel.be
Une ligne de marcels, robes toutes simples et sweat-shirts originaux, aux imprimés humoristiques et soignés, destinés à toute la famille, du body de bébé aux tee-shirts humoristiques pour adultes bruxellophiles.

Valérie Berckmans
Rue Van-Artevelde, 8 (Dansaert)
02 502 94 00
www.valerieberckmans.be
Un stylisme trendy, élégant avec une touche de fantaisie, qui prouve qu'on peut créer une mode écolo loin d'être ennuyeuse.

Omsk (chez Mr Ego)
www.omsk-belgium.com
Des influences eightie's, trash'n'fluo, et un pendant casual et élégant : toute l'audace d'une génération sexy qui n'a pas froid au style.

Elvis Pompilio
Rue Lebeau, 67 (Sablon)
02 512 85 88
www.elvispompilio.com
L'un des derniers vrais modistes belges, qui conçoit des chapeaux, parures de cheveux et voilettes féeriques et ludiques à la fois. L'homme est un artiste, ses créations des petites œuvres dont on se sent couronnée.

L'Anvers c'est les autres

Si Bruxelles est la petite capitale qui monte, qui monte, qui monte, Anvers est depuis trente ans l'autre pôle avant-gardiste des créateurs et de la mode belges.

Ra
Kloosterstraat, 13 (Anvers)
03 292 37 80
www.ra13.be
C'est un des lieux cultes de la branchitude anversoise, une plate-forme exploratrice, entre boutique et galerie d'art conceptuelle. Un espace pluriculturel en tout cas, 800 m² de promenade avant-gardiste.

Graanmarkt 13
Graanmarkt, 13 (Anvers)
03 337 79 91
www.graanmarkt13.be
Derrière sa façade blanche, Graanmarkt 13 est une invitation à la découverte, au-delà des étiquettes et des cabines d'essayage. Les amateurs d'architecture apprécieront l'ouvrage de Vincent Van Duysen, qui a conçu ce lieu comme un petit temple de sérénité trendy.

Princess Blue
Schrijnwerkersstraat, 7 (Anvers)
03 231 21 22
www.princess.eu
Une sélection belge et internationale à perdre le Nord.

Renaissance
Nationalestraat, 28-32 (Anvers)
03 369 01 08
www.renaissance-antwerp.com
Un grand espace lumineux à l'architecture d'inspiration industrielle, une vitrine aiguisée de la tendance internationale.

Het Modepaleis
Nationalestraat, 16 (Anvers)
03 470 25 11
Littéralement, le Palais de la Mode de Dries Van Noten.

Mode Museum (MoMu)
Nationalestraat, 28 (Anvers)
03 470 27 70
www.momu.be
Il faut avoir visité un jour le musée de la Mode, pour ses expos et rétrospectives passionnantes et bien conçues, et toutes les infos sur la mode anversoise.

Les créateurs belges sur Internet

Famous Box
www.famousbox.be
L'e-shop qui propose une fine sélection de vêtements et d'accessoires de 70 créateurs belges et internationaux, à collectionner ou à découvrir, de ceux qu'on ne trouve pas toujours ailleurs.

Le Dressing
www.ledressing.be
Un site 100 % stylistes belges, qui rassemble le meilleur de la *Belgian touch*, et un « dépôt de luxe » qui brade des pièces Lanvin ou Chloé neuves, à – 50 %.

CHAPITRE 6

Pintadeaux élevés sous la mère

Ajouter un « ke » au prénom de quelqu'un donne une connotation affectueuse. Par exemple, Lucike, c'est comme dire « ma petite Lucie ».

Un ket (quète) : un petit garçon.

En stoemelings/en shmet : en douce.

Un coup de chance : je n'ai pas eu de place en crèche.
Tu vas être OBLIGÉE de rester avec lui quelques mois de plus.
Les premiers mots de Tom ont été : « Ne quittez pas j'ai un double appel. »
CONTRAT

« On dirait le Nord »

Par une belle journée d'été, de passage en France, je portais ma fille de trois mois en écharpe – c'était en 2003, la situation s'est un peu adoucie depuis – et je me suis fait arrêter dans la rue par des passants soucieux de vérifier si elle pouvait respirer – au cas où j'aurais omis ce détail – et par des vieilles dames qui persiflaient qu'elle ne prendrait jamais son indépendance (contrairement à tous ces nourrissons autonomes qui passent leur permis). J'ai alors saisi tout l'écart qu'il y avait entre être mère à Paris ou à Bruxelles. En repassant la frontière dans l'autre sens, j'ai retrouvé avec soulagement la bienveillance des Belges à l'égard du pouponnage, les espaces verts prévus pour les tout petits, la prévenance des chalands qui s'arrêtent au milieu de leur trajet pour vous ouvrir les portes des magasins et vous aider à passer avec votre buggy, les passagers des transports en commun qui se mettent à deux pour hisser votre poussette dans le tram, sans qu'on ne leur ait rien demandé. J'ai savouré les conseils de ma pédiatre « tant qu'elle grandit bien et qu'elle est tonique, ne t'occupe pas des autres », le soutien des mères qui étaient déjà passées par là : « Écoute ta fille, pas les bouquins. » Oui, il est bon d'élever ses pintadeaux dans un pays qui ne se prend pas la crête.

Traditionnellement en Belgique, on materne plus à la façon des pays septentrionaux que des cousins français. La Bruxelloise est généralement décomplexée de la tétée (qu'elle la pratique ou non !), souvent adepte du portage (les pavés contribuent largement au peau-à-peau), et quand elle en a la possibilité matérielle, elle est peu encline à mettre son petit en crèche au lance-pierres, épuisant souvent toutes les solutions pour repousser l'échéance. Le maternage, comme dans toutes les sociétés, c'est l'équilibre entre la transmission d'une génération à l'autre et les diktats du quotidien. Or à Bruxelles, où ont éclos mes pintadeaux, le regard posé sur les marmots est plutôt tendre. On ne vous pousse pas à la césarienne pour des impératifs de finale de golf du médecin, et la plupart des hôpitaux bénéficient d'infirmières et de sages-femmes formées à l'allaitement. Si on le leur demande, ces accoucheuses peuvent venir à domicile assurer le suivi et donner des conseils plusieurs semaines après la naissance (service partiellement pris en charge par la mutuelle, qui prête aussi du matériel de puériculture, pèse-bébé, tire-lait et autres must-have glamour), et on ne regarde pas comme une bête curieuse une femme qui donne le sein à un bambin qui marche déjà (s'il porte un appareil dentaire, on lui posera quand même des questions). Comme je ne connaissais pas le « modus bébéi » des maternités françaises, j'ai trouvé tout cela normal, jusqu'à ce que mes amies restées dans l'Hexagone commencent à se reproduire. Là, j'ai saisi tout le choc culturel des pays « du Nord » face aux habitudes latines.

Dans les maternités bruxelloises, on ne vous jette pas dehors à peine le cordon coupé, comme je l'ai si souvent entendu de pintado-parturientes parisiennes, et on ne gave pas de lait artificiel votre nourrisson si vous ne le souhaitez pas. J'ai connu une styliste belge expatriée à Paname qui a dû appeler au secours ses copines bruxelloises quand elle a accouché, tant les infirmières de sa clinique semblaient déterminées à flinguer son allaitement pour gagner du temps en nursery. Selon ma gynéco, auprès de qui je m'en suis étonnée, il existe de bien plus grandes disparités dans la qualité de l'accueil du bébé et de l'accompagnement de la mère au sein des maternités en France qu'en Belgique et à Bruxelles en particulier. Si les cliniques « Amies des bébés », un label qui implique des conditions très strictes de respect du rythme des enfants et des jeunes accouchées, sont encore peu répandues en France, on en trouve plusieurs de ce côté-ci des Ardennes.

En 2008 en Belgique, moins de 19 % des accouchements ont nécessité une césarienne, contre 21 % en France, ce chiffre grimpant à 43 % dans certaines cliniques privées parisiennes. Il existe cependant quelques légendes au sujet des accouchements à domicile : Bruxelles n'est pas aux Pays-Bas, où un tiers des petits Hollandais naissent à la maison, et ici, seules 4 naissances pour 1 000 ont lieu dans le lit conjugal. Une fois les bébés livrés, plus de 80 % seront allaités à la maternité, 37 % bénéficieront encore exclusivement du lait maternel à trois mois, 58 % en mixte à neuf mois. En comparaison, en France, et ceci en tenant compte du fait que ce pays affiche l'un des taux d'allaitement les plus bas au monde, moins de 70 % des nouveau-nés sont nourris au sein à la naissance, et à l'âge de neuf mois, ils sont moins de 30 %.

Au niveau pédagogique, des organismes comme la Leche League, Infor allaitement ou l'École de portage dispensent, gratuitement ou presque, des ateliers d'information. À chacune de saisir ce dont elle a besoin, et de faire ensuite le tri avec ses convictions… et ses disponibilités. En plus, l'ONE (prononcer « ohéné »), l'Office de la naissance et de l'enfance, contacte généralement chaque nouvelle accouchée pour proposer un passage à domicile, offrant un soutien au démarrage de la vie de famille.

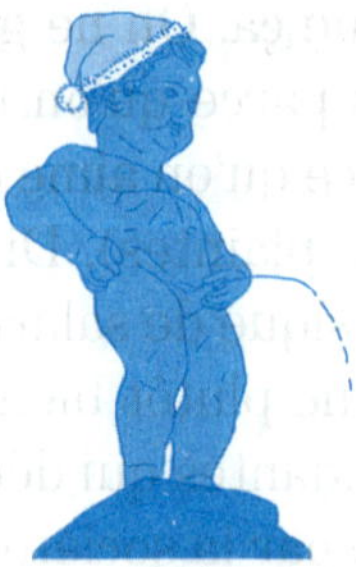

Si le cœur des pintades bruxelloises n'est jamais très loin de leurs œufs, la loi ne leur facilite pas vraiment la vie. Pour les salariées, le congé maternité est de quinze semaines, dix-neuf en cas de naissances multiples. Et si ce n'est déjà pas bézef, pour les indépendantes, c'est-à-dire les professions libérales, on tombe à… trois semaines postnatales, et quatre en cas de tir groupé, jumeaux ou triplés. Au mieux, on peut y ajouter les deux semaines de congé prénatal, soit cinq semaines en tout. C'est pourquoi de nombreuses crèches proposent un accueil des bébés bien avant trois mois, certaines même dès la naissance. Alors, pour garder son poussin dans ses plumes, on s'adapte. Ces mères qui semblent avoir un cosy greffé au bras en ont l'air plutôt heureuses.

L'une de mes amies, commerçante, a gardé sa fille pendant six mois dans son arrière-boutique, courant la bercer entre deux clients, tandis que ma pharmacienne a confié pendant un an et demi son fils à sa mère, à l'étage de son officine, pour pouvoir le câliner à la demande, ou presque. Florence, prof dans l'enseignement supérieur, a opté pour l'allaitement matin et soir après son retour au travail, rythme qu'elle a tenu plus d'un an. Un marathon, dont on s'accommode parfois plus facilement que d'une mise en gardienne ultra-rapide. D'autant qu'à Bruxelles comme partout, les places en crèches sont rares, et les assistantes maternelles souvent chères et prises d'assaut.

Mais il n'y a pas que ça. On ne garde pas forcément son bambin sous ses ailes parce qu'on n'a pas d'autre solution, mais parfois juste parce qu'on aime ça, tout comme le gamin (on n'a jamais reçu de plaintes). Difficile à mettre sur pied dans une carrière classique de salariée, le binôme « maman-bébé au taf » fonctionne plutôt bien, du moins les premiers mois, pour les indépendantes qui décident de jouer le jeu, et c'est très bien accepté par la société. J'ai vu des journalistes trimballer leur nourrisson en écharpe dans des showrooms, des médecins caser leur baby-transat sous leur bureau, des retoucheuses porter leur bambin dans le dos, en porte-bébé, tandis qu'elles prenaient les mesures d'un pantalon à raccourcir.

Personnellement, j'ai galopé des mois avec mes bouts de choux « à bras », comme on dit ici, j'ai réalisé des interviewes avec un tout petit à cheval sur mes genoux, j'ai donné des bananes écrasées avec du jus d'orange et un biscuit, les « panades », à un bébé attentif, pendant des réunions. On ne fait pas ça tous les jours, et on peut penser qu'un certain milieu créatif est particulièrement compréhensif, mais les exemples sont nombreux d'épiceries, d'ateliers de déco ou de boutiques qui ont servi de nursery à la patronne, un mois ou un an. Quand l'équilibre n'est plus gérable, on passe le relais à la crèche ou à la prégarderie, sorte de prématernelle pour bambins à partir de dix-huit mois. Il y a aussi des pintades pleines de bonne volonté qui avaient prévu neuf mois de congé parental, et qui craquent après quatre mois de tête à tête avec un poupon qui n'a pas autant de conversation que leurs collègues adorés. Elles abrègent ce congé et rempilent au boulot, satisfaites d'avoir au moins essayé.

Pour les mères qui ne travaillent pas durant la petite enfance, et qui veulent éviter de péter les plombs nez à nez toute la journée avec un gamin qui ne s'entend même plus brailler, il existe des Maisons vertes et des Maisons d'enfants, disséminées dans toutes les communes de Bruxelles, qui permettent de rencontrer d'autres parents et de sociabiliser les marmots, en toute convivialité, et en gardant un œil rassurant sur sa progéniture. Certes, le système social tient plus des législations du sud de l'Europe, mais la proximité avec son bébé dans les premiers mois, voire les premières années, s'inspire des traditions nordiques. Même si ça implique de jongler entre travail et marmaille, ce que mère veut, mère l'obtient.

Le peuple des bois

C'est l'intention qui compte. Pour beaucoup de parents, « scout » rime avec « la paix le dimanche ». Catholiques ou laïques, à moins qu'on soit un bouffeur de curé pur et dur, c'est globalement la même chose. Presque tous les dimanches de l'année, un certain nombre de parents bruxellois déposent leurs marmots de 6 à 18 ans au local de l'unité et les récupèrent en fin de journée, lessivés et crasseux (les gamins, pas les parents). On les croise souvent, ces petits courageux, printemps comme hiver, dans les parcs de la ville à s'adonner aux jeux les plus variés et à chanter au moment du rassemblement. On reconnaît aussi leurs foulards, dont les couleurs sont différentes en fonction de l'unité, dans les bus et les trams bruxellois.

En se demandant, reconnaissons-le, comment quatre postadolescents encore « biactolés » peuvent superviser avec le sourire une vingtaine de jeunes en culottes courtes complètement survoltés. « Anna et Martin, le poirier dans le métro, c'est pas cool. » Mais loin de se contenter de ces quelques heures hebdomadaires, les scouts belges organisent également des camps d'été qui courent de quelques jours pour les plus petits à deux semaines pour les plus grands. Avec à la clef, jeux de piste à gogo, construction du camp de base et spaghettis bolo. Chacun passe par son petit coup de cafard (notamment les mères, avec ces foutus nuages de poussière qui s'abattent sur leur mascara au moment du départ du car), mais les lettres et bonbons envoyés par les parents sèchent bien des larmes et les petits reviennent à Bruxelles fiers comme Artaban. Lors des grands rassemblements, le bois de la Cambre est envahi par des lutins bleu marine pire qu'une armée de poilus tout entière en campagne autour du lac, souriants, sales et édentés. Les parents se retrouvent, se posent dans l'herbe, évoquent leurs années scout, fument une cigarette en cachette de leurs mômes (« Tu me dis s'ils arrivent ! »). Presque tous les adultes que je connais ont porté le petit foulard entortillé et les chaussettes montantes, et quand j'évoque l'horreur que cette vie en communauté, sans sanitaires et sans chauffage central, m'inspire, je sens la mer Rouge qui s'ouvre entre nous. Désormais, je me tais et, me contentant de demander des nouvelles de la météo au-dessus de la tête de leurs marmots, réprime une grimace de dégoût à l'idée d'avoir les talons crottés et un reste de flageolets mangés tièdes incrusté sur la chemise.

Depuis que je vis à Bruxelles, je me suis rendu compte que ses habitants sont divisés en deux catégories basiques : les pro et les antiscout. J'ai des copines belges qui n'ont jamais intégré les mouvements de jeunesse (qu'ils soient catholiques, laïcs, unisexes ou mixtes) et qui jurent que leurs enfants n'y mettront jamais une semelle, paroles de Bruxelloises. Parce que franchement, elles ne voient pas ce qu'il y a de rigolo à courir dans la gadoue sous le crachin et ne veulent pas imposer à leur progéniture de dormir sous tente sur un lit de camp même pas hypoallergénique et de chanter l'alphabet scout autour du feu. Mais je connais également des aficionadas du scoutisme, et elles sont nombreuses. Pour celles-là, les scouts ne sont pas seulement un hobby du dimanche mais aussi une école de la vie. On y apprend l'engagement et le partage, on y développe les activités physiques (en particulier au moment de l'adolescence, hé hé), sociale, morale voire spirituelle. Ce qui m'a le plus surprise, c'est de constater que ces jeunes qui ont parfois consacré quinze ans de leur jeunesse au scoutisme – avec quelques années de zèle comme chef scout, la « consécration » en quelque sorte – y ont développé un cercle d'amis en acier inoxydable. Je connais des anciens compagnons de foulard noué qui se sont mariés et ont eu des mômes, d'autres qui sont parrains-marraines de leurs enfants respectifs. D'autres encore qui continuent à se voir toutes les semaines et partent en vacances ensemble, troquant le campement pour un B & B plus confortable, certes, mais gardant « l'esprit scout »… et les spaghettis bolo.

Les poumons verts

La pluie tombe, épaisse comme de la poix, sur la balançoire qui résiste bravement à la rouille. Emballés dans leur imperméable fermé à double tirette, quelques bambins épongent l'eau du toboggan avec leurs fonds de culotte. Leurs mèches blondes ou brunes, emportées par le vent, leur cinglent le front. Pourtant, ils se marrent. Contents d'être dehors et de profiter de cette journée d'été. Parce que nous sommes fin juin, dans un parc à la verdure luxuriante. Pas plus tard qu'hier, il faisait 30 °C, et sous mon manteau de laine doublé, mon coup de soleil picote encore. C'est toujours comme ça, en Belgique. On peut voir défiler quatre saisons complètes en une journée. Je grossis certes le trait du parapluie, mais si peu. Alors on sort, puisque de toute façon, personne ne peut prévoir si ce soir, il n'y aura pas une canicule. Heureusement que Bruxelles se prête bien aux flâneries urbaines et aux détentes les pieds dans l'herbe, même quand elle est mouillée. Vous entendrez souvent, notamment de ma bouche, que Bruxelles est une capitale internationale avec tous les avantages d'une ville de province. Le rythme de vie est plutôt doux, on a tout à portée de main à n'importe quelle heure du jour et de la nuit (pas tout à fait comme à Londres ou à Séoul, mais il ne faut pas non plus charger la barque sur le lac du bois de la Cambre !). On voit du vert partout, et il suffit de rouler un quart d'heure depuis le centre-ville pour être dans la pampa, les herbes hautes chatouillant le bas d'une jupe crayon standard. En 2011, Bruxelles était la neuvième ville la plus verte d'Europe, par la surface de verdure par habitant. Près de 7 500 hectares d'espaces verts, en comptant la forêt de Soignes plantée à cheval sur les trois régions belges. Merci qui ? Merci Léopold II, deuxième roi des Belges, surnommé le Roi-Bâtisseur. Au milieu de son programme urbanistico-mégalomane, le monarque accorda une place de choix aux « paysages » et créa une ceinture de parcs autour de Bruxelles. Il alla même jusqu'à financer certains projets de sa poche pour mener à bien les travaux, profitant de l'abandon de grandes surfaces foncières par les héritiers de familles aisées du début du siècle (précédent).

Une initiative appréciée par les Bruxellois, qui investissent parcs et bois urbains en semaine comme le week-end où le bois de la Cambre et la forêt de Soignes sont fermés aux voitures pour être livrés en pâture, littéralement, aux citadins en rollers, en poussette et en goguette, et aux cavaliers. Chaque commune offre à ses administrés plusieurs espaces verts, généralement aménagés de belles aires de jeux pour les enfants de tous âges. Quelle que soit la météo (pluvieuse au printemps, détrempée en automne), elles sont prises d'assaut. Dans un pays où le climat est, disons, propice à l'agriculture, si on ne sortait pas les gamins par tous les temps, ils deviendraient vite neurasthéniques. Les petits Bruxellois filent au parc dès la sortie de l'école, avec bottes en caoutchouc et capuches s'il le faut, et en hiver, quand la nuit tombe, semble-t-il à midi (16 heures, en réalité), on les voit s'ébattre sur les toboggans à la lueur des lampadaires, leur mère ou nounou passant régulièrement des kleenex dégoulinants sur les balançoires lessivées par la drache. C'est pourquoi en toutes saisons, les petits Belges ont étonnamment bonne mine, les joues roses, la snot (morve) au nez et la vitamine D au top. Les gamins blafards, là, qui courent sous un parapluie de l'école à leur salon surchauffé, ce sont les petits expats. Je vous jure. Ma copine Soline, Parisienne déracinée, n'a jamais laissé une goutte de pluie toucher ses enfants. Ils sont habillés dès septembre comme pour un trekking en Alaska, et ne voient pas un brin d'herbe entre octobre et avril parce qu'ils « risqueraient de prendre froid ». On s'en doute, avec le vent du Nord et la glace liquide qui tombe du ciel des mois durant, un môme qui n'a pas le système immunitaire un peu tanné, il est cuit. Donc j'ai pu maintes fois vérifier la maxime suivante : « Mouflet qui ne sort pas quand il pleut tombe malade dès qu'il peut. » Je ne préconise pas non plus de les coller en finette au bac à sable par avis de tempête, on s'entend.

Les parcs pour pintadeaux élevés en plein air

Comme on a son bistrot préféré ou sa boutique d'élection, à Bruxelles, on a son parc favori, surtout quand on n'a pas de jardin privatif. La typologie des parcs peut se faire par topographie, et on ne va pas se gêner. Notre liste des parcs est à des années-lumière de l'exhaustivité, mais il y a tant d'espaces plantés qu'il faudrait trois tomes de cet ouvrage pour vous les faire visiter. Or vous n'avez pas envie de trimballer 2,200 kilos (j'ai vérifié) de bouquins dans votre sac, non ? Bon, alors en voici quelques-uns, choisis de façon parfaitement arbitraire. Les communes de Bruxelles sont assez contrastées, chacune ayant sa personnalité, comme les arrondissements de Paris, mais dans les parcs publics, la population est relativement mélangée. On prend sa voiture pour changer de pâturage, et pour explorer un autre environnement quand on n'en peut plus du square au coin de la rue.
Au parc de Forest (sur Forest et Saint-Gilles) par exemple, on pique-nique. S'il y a un parc qui illustre bien le concept de mixité socio-culturelle, c'est celui-ci. Quand il fait beau (18 °C, un rayon de soleil perçant la grisaille), ce parc est envahi par les bobos habitant les maisons Art nouveau du haut

de Saint-Gilles et par les familles immigrées du bas de Forest. Côte à côte, chacun déballe son frichti. Une couverture en coton bio, des crudités, de l'humus fait maison et du jus non filtré, sortis d'un panier en osier chez les Saint-Gillois, et une foutah, du pain marocain, des boulettes kefta et des briouats sortis d'une glacière chez les Forestois.

Passer en voiture aux abords de la plaine principale du parc offre un tableau bigarré assez amusant. Des femmes voilées poussant leurs petites filles, tout de rose vêtues, vers des *kets* en chemise à fleurs et Birkenstock vertes.
En fin d'après midi, le spectacle est beaucoup moins bucolique, le parc est jonché de déchets. Choc culturel, le trip écolo n'étant pas encore tout à fait généralisé. Le soir, mieux vaut éviter de se balader dans les chemins peu éclairés du parc de Forest, qui a la réputation de ne pas être bien fréquenté. Pas grave, c'est l'occasion de se promener aux abords de ses pelouses. Un musée à ciel ouvert, qui déroule ses façades aux arabesques et aux ferronneries typiques Art nouveau.
À Schaerbeek, le parc Josaphat tient lieu de campagne en ville, avec ses allées fleuries, ses équipements pour pintadeaux, ses petits ânes (des vrais, cette fois), et ses concours de crachat de noyaux de cerises. Aux alentours du 25 juin, la fête de la Cerise, sorte de kermesse populaire, prend ses quartiers dans le verdoyant centre historique de Schaerbeek. C'est l'occasion pour les habitants de cette commune « melting-pot » de se retrouver autour d'une Kriek (bière à la cerise) ou d'un thé à la menthe-cerise et de clôturer la journée par un concours de crachats de noyaux. C'est toujours amusant de voir

le bourgmestre (le maire de la commune) cracher à côté d'un petit jeune en training-casquette. Devinez qui gagne ? C'est également l'occasion de revisiter le parc et ses nombreuses infrastructures : minigolf, terrain de tir à l'arc, petit zoo, serres communales, et de jeter un œil aux nombreuses sculptures qu'il abrite. Mais la véritable attraction du parc Josaphat, ce sont les ânes Camille et Gribouille, mascottes de Schaerbeek sur le dos desquels il est possible de se balader, et leurs copains Taram et Vouziers, deux Ardennais, des chevaux de trait qui participent aux activités d'entretien et d'animation sociale du parc. Autant vous dire qu'il faut passer deux jours au parc Josaphat pour espérer profiter de tous les trésors dont il regorge.

Changement d'atmosphère au Parc royal ou parc de Bruxelles (c'est le même), face au palais royal. Conçu selon les principes de l'architecture classique, c'est un parc sérieux, avec un théâtre au milieu ! C'est la cantine des employés de bureaux travaillant alentour, qui viennent manger leur sandwich au bord du grand bassin et de sa fontaine (essayez d'empêcher les enfants de plonger dès qu'il y a un rayon de soleil !). Un rai de lumière ? La possibilité de tenir ses tartines sans se geler les doigts ? C'est assez pour que les bancs et les pelouses du parc soient envahis de fonctionnaires et de parlementaires (le Parlement est à deux pas du parc) en costumes cravates. Près de l'aire de jeux, un charmant spectacle de marionnettes hypnotise les enfants qui lâchent leurs jeux vidéo le temps de découvrir le vrai Guignol lyonnais animé par Monsieur Félix, et même les adultes se prennent au jeu, rappelés à la ville par les vibrations du métro sous les petits bancs de bois. La nuit, les fossés situés à l'entrée du parc se transforment en lieu de rencontres gay, à l'abri des buissons. Le Parc royal abrite également de nombreuses fêtes tardives (officielles, elles !), notamment celle du 21 juillet, la fête nationale, où l'on se bouscule dans ses allées et l'on se serre sur ses pelouses pour partager un verre de rosé entre potes tout en regardant les derniers éclats du feu d'artifice.

Pour sortir des parcs domestiqués, on se dirige vers le bois de la Cambre (Ixelles et Uccle), entretenu, fermé pour des raisons de sécurité en cas de mauvais temps, mais plus sauvage. Le bois de la Cambre est un peu ce que Central Park est à New York : le poumon vert de la capitale. Ses 123 hectares sont en réalité une partie de la forêt de Soignes enclavée dans la ville. Quand il fait beau, il est aussi fréquenté que la rue Neuve le premier jour des soldes. Quand il fait moche, les allées sont un peu vides, mais on y croise quand même des promeneurs, des dadames à chienchiens, des ados qui sèchent et fument des clopes en cachette, et des enfants aux joues rougies par le rire et par le froid aux abords des balançoires qui font face aux terrasses où les parents peuvent se poser devant une bière ou un café, un bon bouquin à la main, l'œil sur leur progéniture qui lorgne elle-même le petit manège de poneys. En été, on traverse le lac (un gros étang, soyons honnêtes) à bord d'un charmant bac en bois pour rejoindre le Chalet Robinson, un restaurant érigé au centre du point d'eau. On pique-nique, on joue au foot, on bronze, on boit et on s'enlace. Tous âges et toutes origines confondues. La situation du bois est stratégique en matière de circulation : il permet de relier Uccle au centre et aux communes du sud-est de la ville. Mais s'il est traversé la semaine par des milliers de véhicules, le bois de la Cambre est fermé au trafic le dimanche. Les routes qui le sillonnent sont alors envahies d'apprentis cyclistes et de rollerbladeurs en herbe. Pour apprendre à rouler à vélo, pas mieux qu'un dimanche au bois de la Cambre.

Le système scolaire belge, un drame en 4 actes et un nombre incalculable de prises (de tête) : action

Prologue

En 2008, inscrire son pintadeau en secondaire (au collège) relevait de la bataille de poulailler. Le souvenir du « décret Inscriptions », apparu comme par désenchantement cette année-là, fait encore rire ou frissonner, c'est selon. Des mères de familles se rappellent avoir dû, tous ergots dehors, camper devant l'établissement scolaire de leur choix pour avoir une chance d'y faire admettre leur progéniture. Car la règle de ce décret était : premier arrivé dans le bureau du directeur, premier inscrit. La suppression de la carte scolaire avait pour but de promouvoir la mixité sociale : on devait pouvoir sortir de son ghetto, qu'il fût trop protégé ou pas assez. Je me souviens d'avoir assisté à des scènes complètement irréelles de préau d'école transformé en camp de réfugiés pour parents gelés. Les familles prenaient des tours de garde pour ne pas perdre leur place dans la file et certains ont même été jusqu'à embaucher des étudiants pour faire la queue à leur place. Mais ce décret était-il si pertinent ? L'enfer est pavé de bonnes intentions, les cours d'écoles aussi. Ma Quechua est plus confortable que la tienne, donc je passerai la nuit ici. Quid des malheureux qui, arrivés à l'aube, devaient se contenter de leur deuxième (ou troisième) choix ? Les pintades solos qui ne pouvaient abandonner leur nichée le temps de faire le pied de grue n'étaient-elles pas désavantagées ? Le ministère de l'Enseignement, mis devant le fait accompli que la véritable mixité ne pouvait pas dépendre d'une foire d'empoigne, a fini par adopter le complémentaire « décret mixité », fondé sur des quotas et une inscription en trois phases, moins coercitif, mais pas forcément plus juste. Une carte scolaire réhabilitée, avec un établissement favori, et deux back-up.

Scène 1 : Pervenche inscrit sa fille au collège (enfin, c'est ce qu'elle croit)

Mon amie Pervenche a pour de vrai un nom de fleur, sa fille Hortense aussi. L'une est française, l'autre est née il y a douze ans à Bruxelles. Hortense vient d'achever brillamment son cycle de primaire. Elle adore son école, ses copines, et n'a pas l'ombre d'une intention de changer de crémerie. Sa maman a donc placé l'école de la gamine en tête de sa liste de desiderata scolaires. Confiante dans l'administration (elle n'a que vingt ans de pratique à Bruxelles, on l'excuse), elle pose deux autres noms quasi au pif, puisque ça ne fait pas un pli, Hortense restera à Notre-Dame-de-je-ne-sais-plus-quoi. C'était sans compter sur les aléas des tirages au sort nouvellement installés par des technocrates de la fonction publique en mal de décisions indigestes… Leur premier choix d'école leur est d'abord refusé, le second accepté. Tout heureuses d'avoir finalement eu une école de secours, elles avaient déjà acheté les livres et prévenu les copines. Deux mois plus tard, coup de baguette magique, et revirement de situation, la première école décide d'accepter Hortense mais à la demande de l'école du deuxième choix, elle décline poliment l'invitation de l'école n° 1… Que ceux qui ne suivent pas retiennent leurs larmes, elles non plus n'ont pas compris tout de suite ! Elles partent en vacances, l'esprit et le cartable légers. Au cours de ce mois d'août surchargé en crème bronzante et en visite de sites historiques, Pervenche se laisse même aller à téléphoner à ladite école attribuée pour bien vérifier que Hortense est sur la liste. Le miracle continue !

Son nom y est bien repris… Réjouie, elle termine ses vacances sur les terrasses bruxelloises, vantant à qui veut les entendre les mérites de l'administration belge. En septembre, mère et fille se présentent toutes les deux devant la porte du collège, et coup de tonnerre, l'inscription a été annulée ! Hortense a perdu sa place dans toutes les écoles ! La chasse à la place vacante commence. Pervenche contacte donc les établissements n° 1 et n° 3. Stupeur et enseignement : ils sont complets. La fillette s'est ainsi retrouvée déscolarisée pendant tout le mois de septembre, avant que les désistements consécutifs aux multiples inscriptions de chaque famille ne permettent de visualiser les places réellement disponibles. Finalement, Hortense a regagné les bancs de l'école, qui commençaient à lui manquer. Parce que même si s'inscrire dans le secondaire à Bruxelles peut tenir du casse-tête, les écoliers y sont généralement heureux.

Scène 2 : Ma collègue Vinciane prend congé pour les examens

L'épisode est véridique. Ma fille était alors en deuxième année de primaire (équivalent du CE1) dans l'enseignement communal public lorsqu'un matin, une des mères de l'école m'attrape par le bras pour me demander comment s'étaient passés les examens de la petite. Je réfléchis, cherche une éventuelle visite médicale, et réplique avec étonnement :

— Quels examens ? Elle va très bien !

Soupir de la maman poule en face de moi.

— Je te parle de ses examens scolaires.

À tout hasard, et confiante dans les performances de ma descendance, je réponds, sans prendre trop de risques :

— Très bien.

Puis je chope ladite descendance occupée à jouer à la corde à sauter sous le préau.

— Tu as eu des examens à l'école ?

— Ben oui.

— Tu ne m'en as pas parlé ?
— Ben non, pourquoi ?
— Ça s'est bien passé ?
— Ben oui.

Je venais de faire mes premiers pas dans le système d'évaluation scolaire bruxellois. À cet instant, me revinrent en mémoire toutes les fois où mes copines et collègues, Vinciane en tête, avaient posé des congés pour aider leurs gamins à réviser. J'avais toujours pensé que leurs enfants passaient le concours d'entrée à l'École normale supérieure minimum, mais à bien y réfléchir, ils devaient avoir 10 ans à tout casser. Vinciane partant plus tôt le soir, râlant sur le prix des cours particuliers, annulant un ciné entre copines, c'était pour un môme en primaire. À l'époque, j'avais trouvé ça excessif. Puis avançant dans les « études » de mes propres petiots (je mets « études » entre guillemets, parce qu'on parle quand même d'un temps où on fait encore les additions à la main, sans variables à six chiffres), j'ai découvert que le phénomène est courant, si ce n'est généralisé. Les élèves sont évalués tout au long de leur scolarité par un système de contrôle continu, ce qui leur évite le cauchemar du bac (je continue de rêver, dix-neuf ans plus tard, que j'arrive nue devant l'examinateur), et qui permet de repérer les difficultés et les lacunes en amont. Ce qu'on appelle donc « examens », dès le cours élémentaire, ce ne sont que des interros de fin d'année. Dit comme ça, c'est tout de suite moins stressant. Peut-être suis-je une de ces mères indignes qui considèrent qu'un enfant épanoui, qui sait plutôt bien lire et à peu près compter, et qui court pour aller à l'école n'a pas vraiment besoin d'un précepteur à la maison. Cette attitude, qui se situe juste après la confiance et avant le je-m'en-foutisme, est typique des expats de Bruxelles. On reconnaît les Bruxellois de souche à ce qu'ils s'impliquent dans les apprentissages de leurs héritiers jusqu'à ânonner avec eux des kilomètres de tables de multiplication, quand les

« touristes » braillent par-dessus le bruit de la télé : « T'as fait tes devoirs ? » Et je vais vous dire : ça ne marche pas mal du tout pour les petits Bruxellois. Les parents suivent leurs enfants, calquent leurs obligations professionnelles sur les périodes d'examens, refusent les week-ends entre amis si leur cadet de 9 ans risque d'essuyer un échec en néerlandais. Le revers de la médaille, c'est que les écoliers subissent parfois une pression excessive pour leur âge, et de l'aveu même de leurs mères, les manifestations gastriques et autres insomnies intempestives se déclarent souvent pendant les périodes d'évaluation. À côté de ces écoles communales, cohabitent des établissements à pédagogies alternatives où, pour caricaturer grossièrement, les enfants apprennent ce qui les intéresse, quand ça les intéresse. Vous seriez surpris de la qualité des résultats. Ayant décidé d'épargner une rate au court-bouillon inutile à ma gamine à peine sortie des couches-culottes, j'assume à fond : même en période de contrôles, au grand maximum, on m'entendra crier par-dessus la musique d'un jeu électronique : « T'as fini tes maths ? »

Scène 3 : École communale et européenne *vs* pédagogie alternative, ou les gens vaguement normaux face aux bobos à peu près éclairés

L'enseignement public, on l'a dit, est à peu près semblable au système français, en y ajoutant une plus grande participation des élèves à leurs apprentissages, par le biais d'exposés personnels et de nombreuses sorties pédagogiques. Les fonctionnaires européens, tout comme les Belges qui peuvent s'acquitter des frais de scolarité plus élevés, ont la possibilité d'inscrire leurs enfants à l'École européenne. Les cours y sont dispensés en plusieurs langues, afin d'inciter l'élite eurocrate à inscrire la nouvelle génération dans un établissement de très bon niveau et dans son dialecte, comme l'italien ou l'allemand. Les élèves sont de nationalités très diverses, et contrairement aux idées reçues, le milieu est lui-même assez mélangé puisqu'on croise des enfants de secrétaires comme de directeurs généraux. Cette école est gratuite ou presque pour les enfants de fonctionnaires européens, destinée à faciliter leur installation et l'intégration de leur famille à Bruxelles. Dans la catégorie « ghetto chic », le lycée français se trouve en bonne place. Les frais de scolarité sont onéreux quoique plus abordables pour les ressortissants de l'Hexagone, et le public très « Neuilly ». Des diplomates d'autres nationalités y inscrivent également leurs enfants, parce qu'il y a des lycées français dans presque toutes les capitales, et qu'ils peuvent ainsi suivre une scolarité continue, au fil des mutations parentales. Du fait du caractère international de Bruxelles, les Allemands ont leurs établissements, qui dispensent le même programme qu'en Allemagne, tout comme les Américains, et même les Albanais.

À Bruxelles, il existe de nombreuses alternatives à l'école de quartier et à l'école privée. Parmi ces plans B comme « Bobos », la plupart sont inspirés de la « méthode Freinet », qui vise à abolir le carcan d'une certaine autorité limitante et à encourager l'expression libre des enfants. Méthode empirique où les élèves choisissent leurs matières d'élection et où ils se mélangent en fonction de leur acquis et de leur âge, tutoient leurs professeurs, entrent et sortent des locaux quand bon leur semble dès l'adolescence, et s'ébattent dans de beaux parcs attenants à l'école pour y apprendre leurs leçons dans la « vraie vie ». Cette philosophie convient très bien aux esprits créatifs, très « XXIe siècle des Lumières », pour les rejetons de parents exerçant majoritairement des professions libérales et qui, disons-le, ne sont pas vraiment dans le besoin. Ces écoles s'appellent Hamaide, Decroly, l'Autre école, l'École en couleurs. Les listes d'attente sont longues comme dix heures de colle dans l'enseignement classique, mais la technique ne convient pas forcément à tous les élèves. Qui a besoin de structure et d'être pris par la main pour avancer dans ses apprentissages risque fort d'avoir des difficultés. Pour autant, les enfants qui suivent leur scolarité dans ces établissements alternatifs s'en trouvent très heureux. Ils travailleront pour la plupart dans l'art, les médias, la communication ou l'enseignement et, comme 99 % de mes amis qui y sont issus, arrivés à la quarantaine, ils auront presque tous fini leur psychanalyse.

Scène 4 : Qu'est-ce que tu fais pour les vacances ?

Une fois n'est pas coutume, sur la question des congés scolaires, les trois régions de Belgique se sont alignées. On peut donc planifier ses vacances l'esprit tranquille de Flandre en Wallonie. L'esprit tranquille, vraiment ? À Bruxelles, si les écoles communales se basent sur le calendrier national, de nombreux établissements résistent vaillamment à la logique. Ainsi, le lycée français prend ses congés comme la France (ne me demandez pas quelle zone, c'est déjà assez compliqué comme ça), l'École européenne possède ses propres dates, tout comme les écoles américaine ou allemande. La blague, c'est quand vous voulez booker un stage pour les enfants, dont les dates ne correspondent pas forcément à celles où vos chéris sont libres, ou organiser un goûter d'anniversaire pendant les vacances. À part les copains de classe de vos enfants, vous aurez du mal à les avoir tous le même jour. Organiser les congés des petits Bruxellois devient vite une prise de tête, surtout pour les expats, qui peuvent toujours courir pour envoyer les enfants à Paimpol, à Parme ou à Bern, synchrones avec leurs cousins.

Le saint Nicolas du Nord résiste au Père Noël de Coca-Cola

Mon amie Isabelle est mariée. Avec saint Nicolas. N'y voyez là aucun péché ! Elle vit dans un appartement décoré toute l'année de figurines à l'effigie du grand saint, tapissé de *gingerbread men* en plâtre ou en pain d'épices séché, ses étagères sont garnies de livres sur les traditions de la Saint-Nicolas dans le monde entier et en Europe du Nord en particulier (bibliothèque ultracomplète dont elle a elle-même écrit la moitié), et de janvier à décembre, surtout décembre, ça sent bon la bougie parfumée à la cannelle dès sa porte d'entrée. Elle écoute des chants de Noël en plein été, et court toutes les foires aux vieux papiers à la recherche d'illustrations rares du barbu le plus aimé des enfants. Isabelle n'est pas bizarre. Elle est belge, bruxelloise de surcroît, et passionnée par Santa. Vous qui êtes probablement né au XXe siècle l'ignorez peut-être, mais le Père Noël de votre enfance qui débarque dans la nuit du 24 décembre pour couvrir les pintadeaux de cadeaux n'est autre qu'un spin off de saint Nicolas.

Ce dernier fut en réalité un authentique Nicolas, évêque de Myre (ce qui explique sans doute sa filiation souvent évoquée avec les Rois mages), qui naquit au IIIe siècle en Turquie. Canonisé, il devint le saint patron protecteur des bambins car, selon la légende, il ressuscita trois enfants mis en salaison par un boucher peu scrupuleux (c'était avant les normes européennes d'hygiène agroalimentaire). Sa légende bienfaitrice se répandit dans l'est et le nord de l'Europe, jusqu'à la Russie et la Scandinavie. Lorsqu'au début du XVIIe siècle, des Hollandais émigrèrent aux États-Unis, ils colonisèrent Manhattan (on les comprend, même s'il y avait encore peu de *malls* à l'époque). La ville s'appela provisoirement Nieuw-Amsterdam, avant de passer sous domination anglaise en 1664 et de devenir New York. Les colons, qui n'avaient pas rapporté que des épidémies, diffusèrent leurs traditions de fêtes du solstice d'hiver, et *Sinter Klaas* devint rapidement Santa Claus. Il « prestait » (faisait son travail) auprès des enfants le jour de sa fête, dans la nuit du 5 au 6 décembre. Au XVIIIe siècle, la communauté chrétienne voulut raccrocher ces célébrations à la naissance de Jésus, et saint Nicolas, qui n'était pas syndiqué, fut donc d'astreinte le 24 décembre aussi. Il était encore mince et austère, vêtu d'un long manteau vert forêt, bleu turquoise, argenté ou brodé d'hermine et d'or selon les régions, il voyageait à dos d'âne, et s'aidait d'un bâton pour progresser dans la neige et éloigner les loups. Saint Nicolas ne récompensait que les enfants très sages, tandis que le père Fouettard, représenté avec la peau noire, sans doute pour faire peur aux chenapans qui ne connaissaient pas encore la mixité sociale, les fouettait (c'était avant le haro sur les châtiments corporels). En 1821, Clement Clarke Moore, un pasteur américain, écrivit pour ses enfants le premier vrai conte de Noël, *The night before Christmas*, où il dépeignit un saint Nicolas sympathique, habillé d'une robe d'apparat d'un rouge festif, sa longue barbe chatouillant les têtes blondes avec bonhomie. Il plaça un sucre d'orge à la place de la mitre, et proposa un plan de reclassement à l'âne, qui se vit congédié au profit de huit rennes bien nourris. Quelques illustrateurs inspirés et surtout le service publicitaire de la compagnie Coca-Cola achevèrent de l'habiller de rouge, remplacèrent son long manteau par un pantalon et une tunique sanglée dans un large ceinturon de cuir, une bordure en fourrure blanche par-ci, une bouteille de soda par-là, même s'il fait froid, buvez-en. En 1931, saint Nicolas se confondit avec le Père Noël, débonnaire distributeur de jouets, ventripotent et hilare. La fin de la Seconde Guerre mondiale et avec elle l'extension de la culture anglo-saxonne firent le reste, et voici que plus personne ou presque ne connaît la différence entre les deux gros bonshommes à bonnet pourpre. Ne croyez pas que j'ai « sucé tout cela de mon petit doigt », comme on dit ici. C'est qu'Isabelle ne parle que de ça. Même sur une plage, une caïpirinha à la main. Le Père Noël, *mon* Père Noël, celui de mon enfance, attendu avec impatience et un brin d'anxiété devant la cheminée le soir de la Nativité, un extincteur à la main, on ne sait jamais, ne serait donc rien d'autre que le plus gros coup de marketing de l'Histoire.

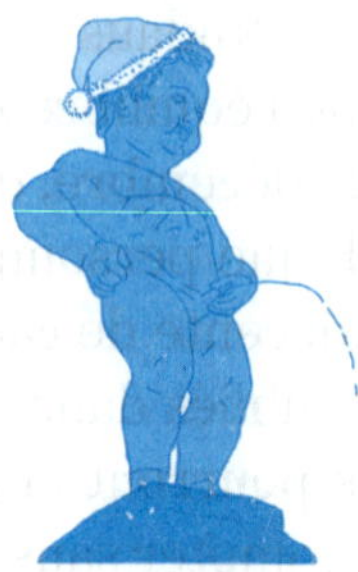

Sauf qu'aux Belges, on ne la fait pas. Ici, la Saint-Nicolas, c'est sacré. Les magasins de jouets sont dévalisés, et les spéculoos et chocolats à l'effigie du grand saint envahissent les vitrines des boulangeries. C'est la fête des enfants. Même à l'école, ils seront visités par un saint Nicolas qui transpire un peu sous son costume à cause de la chaleur dégagée par trois cents gamins surexcités, dont le quart, les plus petits, est en larmes. Rassemblés dans la salle de gym pour une distribution de pains d'épices, ils dévisagent leur héros incontesté, les joueurs de foot étant hors compétition en cette période de l'année. Au matin brumeux du 6 décembre qui est un jour ouvrable comme les autres, les enfants se lèvent à l'aube pour vérifier si les carottes qu'ils ont placées sur une assiette à l'attention de l'âne de saint Nicolas ont bien été croquées (oui, par les parents qui ont mis exprès leur réveil à 6 heures), et si le grand saint a bien bu sa bière ou son verre de lait (ça dépend des familles). À l'école, ils comparent leurs cadeaux (qui selon la tradition ne doivent pas être emballés). Tous les enfants ? Non. Pas les petits Français. Parce que leurs indignes géniteurs n'y ont même pas pensé, voilà pourquoi. « T'as mangé quoi hier soir ? » demande chaque année la jeune Mila à ma Lucie. « Des fishsticks (bâtonnets de poisson surgelés), du riz et un flan. » Stupeur. « Et comme cadeaux ? » « Ben rien. Ah si, saint Nicolas m'a apporté des mandarines et du chocolat. » Parce que pour française, je n'en suis pas moins alsacienne, et dans l'est de l'Hexagone, on n'est pas hermétique à « Niklaus ». Pour autant, je me rassure en me répétant que l'équilibre saint Nicolas/Père Noël sera compensé dès le 24 décembre, quand mes enfants recevront la visite du mythique personnage rouge, qui les couvrira d'une quantité indécente de cadeaux dont ils n'ont pas besoin et qu'ils auront oubliés dans un mois. Trois semaines après leurs copains, ils pourront engranger leur part de la gamelle de Noël. C'est compter sans l'appétence des Bruxellois pour les fêtes de fin d'année, et leur sens atavique du partage et des réjouissances, dispensés avec la plus grande générosité, quand dehors il fait froid, que le ciel est gris, et que le vent souffle à décorner les rennes.

Chez Isabelle comme dans les autres foyers décorés de sapins croulant sous les guirlandes et la neige synthétique accrochée aux fenêtres, on fête aussi Noël, encore plus fastueusement, le 24 décembre. Avec rebelote de gueuletons, avalanche de présents, double budget pour les consoles de jeux et les poupées qui parlent. Les pintadeaux bénéficient donc de deux festivités *christmasy*, sans parler du Nouvel An. S'ils sont suédois, ils auront également l'occasion de déguster des petits cannelés et du *gluhwine* (vin chaud aux épices) le 13 décembre, pour la Sainte-Lucie, fête de la lumière. Bruxelles, au carrefour de l'Europe, profite de tous les avantages culturels de sa position centrale. Alors l'année prochaine, c'est promis, je m'y mets. Pas question que mes enfants se retrouvent encore une fois tout seuls entre expats, à ne compter que leurs engelures le lendemain de la Saint-Nicolas. C'est ça aussi, la mondialisation. *Jingle B(rux)elles, jingle B(rux)elles, jingle all the way*…

Nourris au bon grain : les boîtes à tartines

C'est le premier jour de la première rentrée de ma première fille. Je dépose la prunelle de mes yeux dans sa classe de maternelle, l'œil humide (moi) et le sourire rassurant (elle), en songeant déjà à ce que je vais lui cuisiner à midi, pour lui remonter le moral. D'accord, pour *me* remonter le moral. Je m'enquiers auprès de l'instituteur de l'heure à laquelle je pourrai venir la chercher, il me répond « 15 h 30 ». Oui, mais pour son déjeuner (que l'on appelle par ailleurs le « dîner » en Belgique, le repas du soir étant le « souper ») ? Il me regarde comme une bête curieuse, et les quelques jeunes mamans assistant à la discussion m'identifient immédiatement comme française.

Cette journée d'école m'apprend plusieurs éléments fondamentaux pour ma future carrière de parent d'élève à Bruxelles : les cours de néerlandais commencent (progressivement) dès les petites sections, parfait, les enfants multiplient les sorties scolaires, initiations à la musique et autres découvertes de la nature au lieu de rester enfermés toute l'année dans une salle éclairée aux néons, génial, les cours finissent au beau milieu de l'après-midi jusqu'en primaire mais un service de garderie est assuré, et surtout : on ne rentre pas manger à la maison « pour le midi ». Même si on habite au bout de la rue. Petit choc culturel perso. Mère bio-freak sur l'assiette de sa gamine, en vrac. Je dédramatise vite, parce que tous les enfants sont nourris à la même enseigne. Tout le monde se retrouve à la cantine, et soit on prend le « repas chaud », selon la formule consacrée, à savoir le menu fourni par des cuisines industrielles qui livrent les écoles, soit on dégaine sa boîte à tartines. Chaque bambin reçoit en entrée un bol de soupe fourni par l'école, pour garantir un lunch équilibré. Inutile de vous faire un dessin, de nombreux gosses réclament le « repas tartines ». Cependant certains enfants adorent la cantoche et récurent leur assiette. Vous vous dites que personne, pas même un mioche de 3 ans, ne peut consciemment se délecter de l'ingestion d'une tambouille cuite en usine quarante-huit heures auparavant, refroidie puis réchauffée pour des raisons d'hygiène, y compris les pâtes et le riz ? Manifestement, si. Alors quand on a le courage de mettre son réveil une demi-heure plus tôt, ses pintadeaux filent à l'école avec un sac qui pèse le poids d'une gazinière à cinq feux, chargé d'un plateau-repas préparé à la maison : un peu d'amour (et de sueur) dans le cartable, même si on est obligé de finir ses concombres.

Certaines écoles communales de Bruxelles se sont organisées en coopératives pour se faire livrer des menus bio, mais ce n'est pas la généralité. Dans tous les supermarchés et magasins de fournitures scolaires, on trouve donc, dès le mois de juillet, de flamboyantes boîtes en plastique décorées de disneyries et de nickelodeoniaiseries destinées à accueillir les tartines attentivement préparées par des parents débordés dès l'aube, un peu comme aux États-Unis, avec un fruit emballé, mais sans le beurre de cacahuète.

Les écoles sont globalement sensibilisées au sujet de l'alimentation saine, et il est régulièrement rappelé aux parents que des chips et du Coca ne constituent pas une « collation » (le traditionnel goûter) équilibrée. Des opérations « fruits et eau claire dans une gourde » viennent rappeler que manger sain et écolo, ça s'apprend dès le jardin d'enfants. De nombreux parents finissent par investir dans un « bento », ces boîtes à repas japonaises dans lesquelles les citoyens du Soleil-Levant casent avec art divers mets aussi savoureux que miniaturisés, à vous rendre fou de gourmandise un aficionado du big mac en culottes courtes.

La population bruxelloise étant largement internationale, et globalement plutôt éduquée, dans un pays où la bonne chère fait partie des façons de dire « Je t'aime », les pintadeaux middle-class picorent du bon grain. Si pas cinq fruits et légumes par jour, les parents sont généralement attentifs à ce qu'ils glissent dans le gosier de leurs héritiers. Dans la pratique et en Belgique, on a tendance à remplir la boîte à tartines de… tartines garnies de crudités ou des restes de la veille, réchauffés pendant le petit déjeuner sous l'œil attentif d'une progéniture au palais fin. Rien de tel qu'un bon parfum de stoemp-saucisse mêlé aux arômes de café et de confiture pour hâter un départ à l'école. Dans les communes où les pintadeaux sont majoritairement maghrébins, soit on mange avec les autres à la cantine, soit on réchauffe couscous et tajine mitonnés avec soin dans la cuisine familiale. Et ce n'est pas marginal : dans le réseau officiel de la région bruxelloise, 43 % des élèves du primaire et 41 % du secondaire sont musulmans.

Ne nous racontons pas d'histoires, tous les petits Bruxellois d'origine ou d'adoption ne sont pas nourris au « fait-maison ». Dans les écoles communales moins favorisées, des Belges de souche peuvent aussi déballer un paquet de crackers, une fricadelle et un soda comme repas. L'éducation au goût est à l'image de l'éducation en général : ici comme ailleurs, biberonné aux surgelés industriels, on transmet du surgelé industriel.

Inutile de trop se casser la tête, de toute façon, « l'heure de table » sert avant tout aux élèves de marché d'échange : « Mes tomates cerises contre ton gouda. » Je ne compte plus les fois où j'ai soigneusement rangé des petits-beurre en rang d'oignons dans cette fameuse boîte à tartines, et où mes enfants sont rentrés barbouillés de chocolat, probablement troqué contre leurs biscuits secs. Si certaines écoles installent des frigos pour stocker les boîtes à tartines avant le déjeuner, la plupart du temps, les sandwiches patientent dans le couloir, raison pour laquelle on préfère vite le jambon-beurre au pâté-œuf dur. Finalement, les enfants sont ravis de manger avec leurs copains tout en piquant dans les lunch-boxes des autres. Les nostalgiques des repas en famille peuvent se rattraper le week-end puisque en Belgique, si les enfants ont classe le mercredi matin, le samedi est libre. C'est plus cohérent pour les parents qui travaillent, et les fins de semaine sont de vrais moments de coupure. Comme j'ai pris le pli de ne plus cuisiner à midi en semaine, maintenant chez moi, le mercredi, c'est raviolis. Frais et bio, mais raviolis quand même.

Les équivalences scolaires

En Belgique, on compte les années scolaires à l'inverse de la France, et par cycles. La maternelle commence à 2 ans et demi par la classe d'accueil, suivie de la première, deuxième et troisième maternelle. L'école ne devient obligatoire qu'à partir des classes primaires, mais à peu près tous les petits de moins de 6 ans sont scolarisés. Les primaires partent de la première (équivalent CP), jusqu'à la sixième, puis on redémarre avec « les humanités », de la première secondaire (l'équivalent du collège), jusqu'à la sixième. Ensuite, on entre à « l'unif », dans une école supérieure, ou directement dans la vie active.

Le « parascolaire »

La plupart des communes proposent des activités parascolaires et, pendant les vacances, des stages sportifs et/ou artistiques sont proposés à des prix mini. Se renseigner auprès de son administration communale.

Bon à savoir

Chaque commune possède une ludothèque. Moyennant une modeste cotisation, on peut y découvrir une multitude de jeux, les tester sur place et emprunter des centaines de titres variés.
www.ludotheques.be

Parents Partages

www.parentspartages.be.

Une association d'information et de formation au portage. Parce que savoir nouer une écharpe de portage peut démêler bien d'autres nœuds.

Kidsgazette

www.kidsgazette.be

Un agenda culture et loisirs trimestriel destiné aux enfants. À télécharger gratuitement, ou à chercher dans les offices du tourisme et les lieux culturels.

Enfants Bienvenus

www.enfantsbienvenus.be

Un super blog de tips et de bons plans testés et adorés par une vraie, chouette famille bruxelloise.

Pour transformer vos pintadeaux en corbeaux

Bruxelles flirte souvent avec la culture anglo-saxonne, tant au niveau de l'architecture de certains de ses quartiers qui rappellent une Brighton belge, que par l'influence des coutumes américaines.

Depuis quelques années, les marmots d'ici fêtent dignement l'Halloween de là-bas. L'urbanisme de la ville, composée de nombreuses maisons individuelles et d'immeubles bas dénués de code d'entrée, permet aux minigoules de faire le plein de bonbons comme il se doit. Les parents organisent un « goûter de la peur » l'après-midi, où les bambins s'amènent déguisés en monstres comme en coccinelle, selon les tenues disponibles dans leur placard, avec force araignées de massepain aux pâtes en fil-au-coca. Plus tard, entre chien et loup, vers 17 heures, de plus en plus de gamins sonnent aux portes des voisins, escortés par leurs parents qui ne rechignent pas à passer un chapeau de sorcière. Plus étonnant, les écoles communales organisent des dîners d'Halloween, sorte de grande kermesse dansante où les petits comme les préados se lâchent, et le dernier jour scolaire d'octobre, on peut venir en classe déguisé dans de nombreux établissements de la ville. On trouve des costumes un peu partout dans les supermarchés en tête de gondoles – qui seront vite remplacés par des décorations de Noël – et dans les quelques boutiques de déguisements, farces et attrapes du centre-ville.

Le Palais des Cotillons
Rue du Lombard, 66 (Centre)
02 512 23 30
www.palaisdescotillons.be
Une adresse historique, caverne d'Ali Baba des déguisements et des farces et attrapes.

Picard Méga Fun
Rue du Lombard, 29 (Centre)
02 513 42 01
www.picard-megafun.com
On y trouve tout, tout, tout sur deux étages, du costume à louer ou à acheter avec tous ses accessoires, jusqu'au coussin péteur. Indispensable.

Pintadeaux welcome

Bruxelles est totalement pintadeaux friendly. Même équipé d'une poussette large comme un char nord-coréen, on vous fait bon accueil dans les restaurants exigus ; pendant que vous choisissez votre nouvelle paire de chaussures, il y a des chances pour que la vendeuse fasse des gouzis-gouzis à votre gamin, et les lieux d'accueil et de divertissements fleurissent dans toutes les communes. Dans la capitale européenne, point d'hôtels ou de boutiques qui leur sont interdits. Si vous débarquez à un dîner avec votre cosy, tout le monde s'en attendrira. À Bruxelles, les petits sont des citoyens comme les autres, juste plus mignons. Aussi plus salissants et plus bruyants, mais on ne vous en voudra pas. Promis.

Pour que les pintadeaux se dégourdissent les pattes pendant que leurs parents se dégourdissent l'esprit

La Farandolienne asbl
02 731 11 96
www.lafarandolienneasbl.be
Il y en a une trentaine à Bruxelles. On les appelle « Farandoliennes », mais en réalité, ce sont des « moments de décompression » pour parents, qui éveillent et distraient les petits deux matinées par semaine.

La Maison des enfants d'Etterbeek, « Espace famille »
Avenue d'Auderghem, 233 (Etterbeek)
02 646 46 96
www.espacefamille.be
La Maison des enfants, lieu où les gamins peuvent s'ébattre sur des jeux d'intérieur ou dans le grand jardin sous le regard attentif – et décompressé – des parents, fonctionne en cogestion avec les participants, qui apportent leur contribution au bon fonctionnement de l'endroit : un gâteau pour le goûter, ou un coup de main au fonctionnement de cette initiative conviviale. On vient quand on veut, le temps qu'on veut. On paye 2 euros, ou une fournée de madeleines…

La Ferme Nos Pilifs
Trassersweg, 347 (Neder-over-Heembeek)
02 262 11 06
www.fermenospilifs.be
Une ferme pédagogique gratuite, à vocation d'intégration sociale. Les enfants découvrent les soins aux animaux et peuvent participer à divers ateliers en lien avec la ferme. Le lieu est entretenu et animé par des personnes handicapées, encadrées par des éducateurs. Une initiative où chacun apprend des autres.

Le Gazouillis
Place Morichar, 22 (Saint-Gilles)
02 344 32 93
www.lesmaisonsvertes.be
Sorte de garderie où les parents ou personnes accompagnant les enfants restent sur place, le Gazouillis est un espace de détente issu du projet des Maisons vertes de Françoise Dolto. On vient avec son petit jusqu'à 4 ans, pour souffler en bavardant avec d'autres parents ou les accueillants, tandis

que les petiots se socialisent et se préparent à la séparation vers l'école. Les familles viennent d'horizons très différents, et chaque contact est enrichissant. Une belle façon de voir pousser son bambin, un œil sur lui, l'autre sur le café qu'on partage avec ses copines. Des liens précieux se créent, notamment pour qui vient de loin.

Le musée du Jouet

Rue de l'Association, 24 (Centre)
02 219 61 68
www.museedujouet.eu

Un lieu féerique, suranné mais actuel, nécessaire même, à une époque où tous les jouets font « tût tût » et « zim boum », et où même les bébés tentent de faire glisser les pages de leurs livres de droite à gauche du bout du doigt. Au musée du Jouet, comme son nom ne l'indique pas, on peut toucher à tout, dans une aire de jeux rares à la disposition de l'insatiable curiosité des enfants. Les jouets du siècle passé s'ébattent sur trois étages bien rangés en début de journée, joyeusement désordonnés quand les bambins rendent les vitrines à leurs propriétaires de peluche et de cire le soir. Le conservateur le dit lui-même : « Une visite guidée prend entre 15 minutes et 3 semaines. » On le croit.

Le musée des enfants

Rue du Bourgmestre, 15 (Flagey)
02 640 01 07
www.kindermuseum.be

Une grande maison aménagée rien que pour les enfants, proposant des activités interactives par thèmes, et des goûters d'anniversaires aussi ludiques qu'éducatifs. Idéal pour jouer, rêver, et écouter des histoires les jours de pluie.

Le petit train à vapeur de Forest
Chaussée de Neerstalle, 323b (Forest)
02 376 69 96
www.ptvf.fte2.org

Ça, c'est une adresse terrible ! Un authentique microréseau ferroviaire. Des minilocos tirant de lilliputiens tchou-tchous parcourent inlassablement 1 500 mètres de tout petits rails, sillonnant entre les étangs et les maquettes de bateaux, les familles de canards et les bosquets de fleurs. Cette discipline porte le nom ravissant de « trains de jardin », et c'est un sport officiel. Dans la plus petite gare de Belgique, embarquement immédiat à la station Saint-Georges, pour un riquiqui voyage super drôle.

Les poneys du bois de la Cambre
Au croisement entre l'allée du Jeu-de-Criquet et l'allée des Amazones, à côté de la patinoire (Bois de la Cambre)
0483 06 10 10 ou 02 375 34 08
www.manegelacambre.be

Au garrot, ils mesurent la même taille que nos gamins. Ils baladent les petiots dans le bois de la Cambre, pas question de les faire tourner en rond (ni les uns, ni les autres). Cette association vise à éveiller le respect des enfants envers les équidés, sans but élitiste : on ne prépare pas des champions, on offre des moments heureux aux enfants. Si une vocation pointe, le manège organise des cours d'équitation en parascolaire.

Le théâtre royal Les Cœurs de bois
Parc royal, derrière la plaine de jeux (Centre)
0476 870 844
www.guignoletdansleparc.be

Un spectacle de Guignol traditionnel, qui décline dans de magnifiques décors et en musique, en plein air et au cœur du Parc royal, le répertoire classique du célèbre personnage lyonnais. Classique ? Si l'univers de Guignol se situe toujours au XVIIIe siècle, le marquis passe des coups de fil depuis son GSM pour commenter un krach boursier. Il faut bien que les enfants comprennent…

Le Wolf
Rue de la Violette 18-20 (Grand-Place)
02 512 12 30
www.lewolf.be
Une librairie conçue autour des contes, de son aménagement au menu de son petit café. Un « juke-box à histoires » est installé à la disposition des enfants : on choisit un conte, la langue de la narration, et dans une petite cabane qui ressemble à une salle de projection, les pages se tournent sur l'écran, lues par une voix off. Une super adresse pour organiser ses goûters d'anniversaires, les enfants sont pris en charge par petits groupes, autour d'un thème littéraire ou du travail d'un illustrateur.

Bébés dans l'eau
Rue Darwin, 15 (Brugmann)
02 347 11 51
www.darwinaquaclub.be
C'est une familiarisation à la natation pour les tout petits, dans une eau chauffée à 32 °C. Il faut y aller rien que pour la piscine Art nouveau classée, et on peut y organiser des goûters d'anniversaires qui feront « plouf » sans faire « flop ».

Les Petits Rats du Châtelain
Rue du Page, 67 (Châtelain)
0494 48 57 42 ou 0477 707 390
Un très chouette cours de danse classique pour ballerines en herbe, ou plus confirmées. Ambiance familiale, suivi personnalisé – et affectueux – de chaque petite danseuse, de quoi révéler des

vocations. Et en tout cas, occuper avec délicatesse et bonne humeur les mercredis après-midi et samedis matin de bambines graciles.

Labellisés bio

Natur Pur
Rue François-Dons, 49 (ULB)
02 646 75 95
www.naturpur.be
Pour des vêtements et des accessoires de puériculture 100 % bio, tout ce dont on a besoin pour apprivoiser les couches lavables, le portage, les soins au bébé. Et aussi, des bodys de naissance en soie pure, pour accueillir nos petits papillons comme il se doit.

Supergreen Me
Rue Van-Artevelde, 10 (Dansaert)
02 513 32 20
www.supergreenme.be
Chez les sœurs Berckmans, Valérie est styliste, et Alexia vend des produits et des accessoires bio pour les bambins branchés. Cosmétiques de soin, couches lavables, lessive écolo et marques

éco-trendy, entre elles, c'est une histoire de conscience, de famille et de mode.

SeBIO
Rue du Monténégro, 101a (Forest)
www.sebio.be
C'est à la fois un site de vente en ligne de produits bio, une entreprise familiale, et une boutique showroom ouverte au public. SeBIO compte plus de 4 000 références de produits écologiques, accessoires de puériculture et vêtements bio dans son catalogue, qui s'enrichit sans cesse.

Les Choux verts
Rue de la Tulipe, 27 (Ixelles)
02 647 67 92
www.leschouxverts.be
Une boutique de vêtements et d'accessoires bio pour bébés et futures mamans, dont les deux grands axes sont le portage et l'allaitement. La mode est toute mignonne, la gamme de puériculture colorée et bien pensée. Bio, oui, mais pas ennuyeux.

Les gâter

Serneels
Avenue Louise, 69 (Quartier Louise)
02 538 30 66
www.serneels.be
Une institution depuis plus de cinquante ans à Bruxelles. Accolée à l'hôtel Conrad, cette boutique recèle tout le plus beau, le plus chou, le plus doux en matière de joujoux. Entre jouets et pièces d'art, vous pouvez rester planté là pendant deux heures, la bouche ouverte.

Casse-Noisettes
Chaussée d'Alsemberg, 76 (Saint-Gilles)
02 537 83 92
www.casse-noisettes.be
Une grande table est installée au cœur de la boutique, pour essayer les jeux, et savoir si on va les adopter, ou non. Dans ce qui est l'un des plus anciens magasins de jeux de Bruxelles, l'espace s'étend sur deux niveaux, regorgeant de jouets d'intérieur et d'extérieur, dont une impressionnante sélection de jeux de coopération. Beaux objets, bel esprit.

Claude Hontoir
Place Georges-Brugmann, 14 (Brugmann)
02 346 59 47
www.claudehontoir.com
Les vêtements, le linge de maison, les jouets, tout est ravissant.

Oliwood Toys
Chaussée de Waterloo, 529 (Ixelles)
02 345 94 34
et
Avenue de la Chasse, 16 (Etterbeek)
02 649 36 82
www.oliwoodtoys.com
Deux belles boutiques de jouets, où l'on trouve de tout, pour tous les âges, surtout des joujoux sans piles, à manipuler, empiler, assembler.

Kat en Muis
Rue Antoine-Dansaert, 32 (Dansaert)
02 514 32 34
Avec 90 % de pièces de stylistes belges, des chaussures mignonnes et bien fichues pour faire ses premiers pas, c'est l'adresse préférée des bébés trendy.

Tinok
Avenue Louise, 165 (Louise-Bailli)
02 646 35 87
www.tinok.be
Le spot select et branché en matière de vêtements et d'aménagement pour enfants. Pour les fans des grandes marques à poulettes déclinées pour les poussins.

Au Petit Coquin
Chaussée de Waterloo, 91 (Saint-Gilles)
02 537 02 73
www.aupetitcoquin.be
Une bonne adresse pour s'équiper à moindre frais de petit et gros matériel de puériculture neuf.

CHAPITRE 7

La politique, ce n'est pas pour les poules mouillées

Avec quoi toi tu viens ? :
de quoi tu parles ?
Tu peux toujours danser sur ta tête : quoi que tu fasses, ça ne changera rien.
C'est broquette :
tu l'as dans l'os.

Bureau de Vote
A voté !
Et c'est tant mieux parce que je ne ferais pas ça tous les jours.
PS
MR
VERTS
CD&V
N-VA

La Bruxelloise existe-t-elle seulement ?

La pintade bruxelloise est bruxelloise avant d'être flamande, wallonne, francophone, ou quoi que ce soit d'autre… D'ailleurs une fois sur trois, elle n'est même pas belge. C'est que Bruxelles est une ville d'où l'on ne veut plus repartir dès lors qu'on y a posé la patte. Elle possède vingt-huit gares, dont pas une seule n'est un terminus. Bruxelles accueille, assure le transit, fait voyager. Le train s'arrête, on descend, il repart. Bruxelles est conviviale, car elle ne vous demande ni ne vous impose rien : on s'installe où on veut, on parle la langue qu'on veut, on repart quand on veut. C'est une ville hybride, au sens noble, « métissée ». Elle assume parfaitement bien sa *zinneketude*.

« On a la même histoire que la vôtre, on a été français assez longtemps pour ça. Le français est la langue des Français mais elle ne leur appartient pas. » D'après Vincent, issu d'une famille bruxelloise ancienne de huit cents ans, la Belgique vit un amour déçu avec la France : « C'est le petit drame du "Je vous ai apporté des bonbons", devant la France un peu condescendante qui ne s'arrête pas.

Parce que les Wallons, historiquement, ce sont des Français : des Lorrains, des Ardennais, venant de provinces délaissées du nord et de l'est de la France. Les Belges, dans le regard des Français, ce sont les Bruxellois, et plus précisément les Flamands francophones. Brel, quoi. Ça vient des sketches de Coluche, qui imitait cet accent-là quand il faisait parler un Belge. Leur incompréhension vis-à-vis de la Belgique est due au fait que la France est une nation, à laquelle les Français sont fiers d'appartenir, et la Belgique, une frontière. Le Belge n'est pas fier d'être belge, il est content. »

La capitale est un carrefour, ça, même les piafs le savent. Chaque année, les oiseaux du grand Nord qui partent vers le Sud se posent pile ici. Bruxelles est pour eux le point le plus au sud du Nord. Ils s'arrêtent au parc de Jette et son observatoire ornithologique, avant de s'envoler vers des climats plus cléments. Quant aux volatiles du Sud qui migrent vers le Nord, ils font escale au même endroit, point le plus au nord du Sud. Pour les oiseaux comme pour les pintades, Bruxelles est la frontière entre les pays latins et les pays septentrionaux.

Cette ville est l'enfant métissé de la Belgique, elle-même issue d'un mariage de raison. Un bout de France, devenu la Wallonie, et un morceau de Pays-Bas, la Flandre, collés ensemble pour faire tampon entre deux grands pays conquérants qui ne se lâchaient pas la grappe. On leur a fait un beau trousseau – draps de laines des Flandres, porcelaines du Borinage. Ils ont vécu à peu près heureux pendant deux siècles, avec les chamailleries inévitables d'un couple mixte, et ont engendré une belle petite région, Bruxelles-Capitale. Cahin-caha, les deux conjoints se complétaient joliment : vacances wallonnes à la mer, week-ends flamands dans les Ardennes.

Mais l'usure du temps et la récession économique. Et les copains extrémistes qui vous montent le bourrichon : « Quitte-le, il t'empêche de t'épanouir » ; « Si elle n'est pas contente, qu'elle aille se faire voir chez les Hollandais. » Les conseillers ne sont pas des conciliateurs et, à force, la Flandre a l'impression de payer pour tout le monde, alors que la Wallonie continue de la prendre de haut, souvenir de la bourgeoisie traditionnellement francophone oblige. Enfin, tant qu'ils s'engueulaient, la relation vivait encore. Désormais, la Belgique est un couple qui fait chambre à part, qui n'a pas les mêmes amis, pas les mêmes centres d'intérêts, qui ne va pas voir les mêmes films, qui ne mange pas à la même heure, qui ne regarde pas les mêmes chaînes de télé. Mais ils restent ensemble pour Bruxelles. La Flandre et la Wallonie cohabitent de plus en plus dans l'indifférence, ils n'arrivent pas à se résoudre à divorcer, car ce serait mal vu par l'Europe dans son rôle de juge de paix : si la Flandre s'autonomise, demain la Corse, la Catalogne, la Bretagne ?… Le problème de la Belgique, c'est qu'il y a deux esprits de « nation » : le belge et le flamand – mais rien de tel pour les régions bruxelloise et wallonne. Il persiste aussi une forme de dédain des francophones vis-à-vis des néerlandophones : ils n'apprennent pas leur langue ou à peine, se désintéressent de leur culture, savent tout juste aller manger des frites à la mer. Les francophones n'en sont même pas conscients, mais les Flamands le sentent.

Panier de crabes et fruits de mer à la belge

Au sommet du *Who's who* de cette organisation de fous (qui est très logique), trône le roi Albert II, qui a de moins en moins son mot à dire. Les compétences de l'État central, représenté par le Premier ministre, s'étiolent au profit des régions (la Wallonie, la Flandre et Bruxelles-Capitale, dirigées par leur ministre-président). Chaque région est subdivisée en provinces, équivalents des départements français, à la tête desquelles se trouve un gouverneur (le préfet), puis des communes, chacune dirigée par un bourgmestre (le maire), secondé par ses échevins et les conseillers communaux (les conseillers municipaux). Ça fait beaucoup de monde pour gérer un petit pays. Pour vous donner une idée de la complexité de l'affaire, les règlements de police varient d'une commune à l'autre. On se gare mal d'un côté du trottoir, c'est 25 euros, de l'autre, c'est 40 euros.

Je t'aime, moi non plus. Pour pimenter encore un peu l'affaire, on enquille les crises politiques. La plus belle aura été celle de 2010. Attention, munissez-vous d'une boîte d'aspirines avant d'attaquer ce paragraphe. Je prie également les lecteurs belges d'excuser par avance mes explications probablement incomplètes et sans doute confuses, mais n'oublions pas que je viens d'un pays où la politique est majoritairement binaire, ce qui, sans la rendre meilleure, évite au moins quelques nœuds. Rassurez-vous, personne n'y comprend rien, car c'est une organisation extrêmement complexe, faites d'exceptions et de compromis. Mais cette complexité a permis jusqu'ici de faire cohabiter deux communautés et trois langues principales.

Là où les médias étrangers ont quasiment présenté une guerre civile en Belgique dans leur JT, parlé d'un État sans gouvernement et d'un chaos institutionnel, les Belges n'ont pas spécialement paniqué. Sans doute grâce à la tradition de démocratie profondément ancrée dans ce pays, et à ce fatalisme paradoxalement confiant qui meut ce peuple vers l'avant-garde depuis des siècles. Au cours de cette crise gouvernementale qui a duré 541 jours – record mondial de la plus longue crise de l'histoire politique contemporaine – d'avril 2010 à décembre 2011, le pays fut évidemment dirigé, par le gouvernement démissionnaire qui continuait de gérer les affaires courantes. Je vais vous la faire en trois coups de cuillère à pot de sauce cocktail, promis.

En avril 2010, le gouvernement d'Yves Leterme, alors Premier ministre, se heurte à d'inextricables négociations relatives au règlement du contentieux dit « BHV » (Bruxelles-Halle-Vilvorde, rien à voir avec la droguerie) entre partis francophones et néerlandophones. En gros, le problème était que les néerlandophones ne voulaient pas devoir élire de représentants francophones à Halle et à Vilvoorde, qui se trouvent en Flandre mais bénéficient d'aménagements administratifs et électoraux dépendants de Bruxelles, et demandaient donc le rattachement de Halle et de Vilvoorde à la Flandre, et de ce fait la scission de l'arrondissement BHV. Comme les partis n'arrivaient pas à accorder leurs violons, les libéraux flamands d'une des formations politiques, l'Open VLD, quittèrent l'orchestre, et Yves Leterme présenta la démission de son gouvernement. S'ensuivit un an et demi de négociations serrées, jusqu'à ce que le 6 décembre 2011, saint Nicolas apporte dans sa hotte à Elio Di Rupo, le nouveau Premier ministre, les clefs d'un gouvernement flambant neuf. Et franchement, sur place, on n'a pas vraiment senti la différence, à quelques votes de subventions près. C'est pour moi le signe d'un pays vraiment sain. Mais je comprends qu'on puisse voir la chope à moitié vide. Le plus hallucinant dans cette histoire, c'est qu'en juin 2012, la scission a finalement été votée, après des décennies de bras de fer, dans l'indifférence la plus totale ! Halle et Vilvoorde sont revenues à la Flandre, c'est encore un bastion de la Belgique unifiée qui tombe.

Dans ce grand vaudeville constitutionnel, on parle parfois de séparation. À tout hasard, les deux parties commencent à se disputer la garde de la capitale, parce qu'une grosse pension alimentaire en dépend. Et pourquoi pas une Bruxelles flamande ou wallonne une semaine sur deux et la moitié des congés scolaires, tant qu'on y est ? Bruxelles, ado rebelle, préférerait se prendre un *kot* (chambre d'étudiant), en cas de divorce.

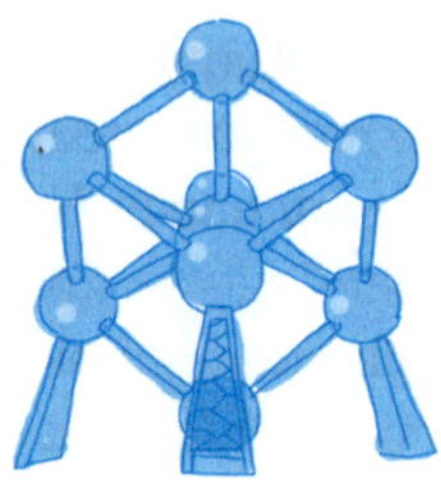

Les communes à facilités, c'est compliqué

« En 1970, la Belgique a été scindée en trois régions : la Flandre, la Wallonie et Bruxelles, chacune dotée d'une autonomie législative. » Mon amie Joséphine m'explique tout cela dans un salon de thé de sa commune à facilités (j'y arrive, un peu de patience). Dès qu'elle a fini une phrase, j'ai oublié le début, et pourtant je prends des notes. Elle s'émeut de mon absence de concentration (j'essaye de me rattraper aux branches, mais il faut être génétiquement belge pour piger tout ça). Joséphine commence à s'emmêler les pinceaux elle aussi, s'étrangle avec son thé, limite elle m'engueule quand je crois répéter ce qu'elle vient de dire mais qu'en fait, je me plante. Imaginez ce que ça donne quand dix millions de personnes s'y mettent. Je poursuis : depuis la création de la Belgique et jusque vers les années 60-70, la bourgeoisie en Flandre était francophone. Les nobles, les gens avec un fort pouvoir économique, les décisionnaires, parlaient français. Selon Joséphine, les néerlandophones en concevaient une certaine animosité. Depuis les années 70, Anvers ou Gand, qui étaient jusqu'alors des villes très francophones, sont revenues à une population majoritairement néerlandophone. L'origine de la guéguerre franco-néerlandophone serait donc plus une lutte de classes qu'une lutte linguistique, ce qu'on a tendance à oublier.

Joséphine n'est ni flamande, ni wallonne, elle est bruxelloise, et pourtant elle vit en Flandre. « Il est stupide d'opposer toujours les Flamands et les Wallons. À la limite, ce serait plutôt francophones et néerlandophones, sachant qu'un francophone peut être flamand bruxellois ou wallon, et réciproquement. Ou alors, on peut éventuellement déterminer les gens par rapport à leur appartenance à une région ou à une culture. Mais on ne compare pas une pomme flamande et une poire francophone. » Ce serait la cerise sur la tarte renversée.

Joséphine vit à Linkebeek, l'une des six communes à facilités égrainées autour de Bruxelles, et qui se trouvent toutes en Flandre. Ce sont des communes où les gens peuvent avoir des rapports avec l'administration et la justice en néerlandais bien sûr, mais aussi en français s'ils en font la demande.

Ces arrangements linguistiques sont le résultat d'une négociation où l'on a déplacé la frontière linguistique en échange de la possibilité donnée aux habitants francophones de ces communes flamandes de vivre leur vie administrative et judiciaire en français. À Linkebeek, plus de 80 % des habitants sont francophones. Jusqu'à la fin des années 90, les formulaires qui arrivaient en néerlandais portaient à la fin une mention en français, précisant qu'on pouvait demander à recevoir ce même formulaire « dans la langue de la minorité ». Ce qui est numériquement vrai pour les francophones de Flandre, mais « tout de même un peu méprisant (d'après Joséphine) pour les francophones de Linkebeek qui représentent 4/5es de ses habitants ». Mais depuis que l'Europe a signé un acte de protection des minorités, la phrase a été modifiée en « demander le formulaire en français », histoire de ne pas privilégier une minorité francophone majoritaire (vous suivez ?). « La plupart des néerlandophones de Linkebeek sont parfaitement bilingues, et si on n'arrive vraiment pas à communiquer en français ou en néerlandais, on bricole en anglais. Mais de toute façon, on arrive à se comprendre. En revanche, pour trouver un francophone qui se débrouille assez bien, et qui fait l'effort de s'exprimer en néerlandais, on peut courir... »

Les élections, grand moment de surréalisme

Je rejoins José Fralon, un Français passionné de politique belge, ancien grand reporter au *Monde* et auteur de nombreux livres sur la Belgique, pour un dîner chez des amis belges ucclois. La petite soixantaine, il m'ouvre la porte de la maison qui l'accueille, en jean, pull col en V chiné sur un tee-shirt blanc. Il est élégant dans sa décontraction, affable, je perçois à son regard qu'il a de l'humour. Vu la discussion qui nous attend, il en faut. Je me devine une réconfortante complicité avec cet homme qui s'apprête à me décrypter le contexte géopolitique et parfois politico-comique de ce pays modeste par sa taille et sa démographie, dirigé par plus de politicards que tous les États d'Europe réunis (j'exagère bien sûr, mais à peine). Le système politique belge est si complexe (confus) que la plupart des Belges francophones préfèrent de loin s'intéresser à la politique étrangère (française).

La vie de José est un éternel aller-retour entre la Belgique et Paris. Ça fait quarante ans que ça dure : « Je suis un hybride parigo-bruxellois, qui aime et déteste les deux villes à la fois, sans pouvoir en quitter aucune pour l'autre. Du temps où il n'y avait pas le Thalys, mes amis bruxellois venaient travailler la journée à Paris (320 km), puis on dînait ensemble, on allait au spectacle, et ils restaient dormir. Aujourd'hui, on fait des sauts de puce dans les deux sens. Plus la communication entre ces deux villes est facile, moins on se voit. »

Installée à une grande table ovale au milieu du salon encombré de livres et de mobilier hétéroclite, je rencontre mes hôtes. Accueillants, intarissables sur les questions de politique… française. Nous sommes à l'aube des présidentielles de 2012 et à ce stade, personne ne sait encore que François Hollande sera élu, mais la banderole « Casse-toi pauv' con » accrochée aux étagères de la bibliothèque donne le ton. Ça m'étonne d'ailleurs un peu d'Uccle. J'apprendrai quelques semaines plus tard que si 53 % des Français de Belgique ont voté pour Nicolas Sarkozy au second tour, ceux de Bruxelles ont donné à 52 % leur voix au futur président socialiste. Entre le coq et le vin, tout le monde ici s'accorde à dire qu'en France, une crise gouvernementale comme la

Belgique en a connu ferait descendre toute la population dans la rue en brandissant des faux et des cocardes (et en faisant griller des saucisses au rythme de Damien Saez pour faire bonne mesure). Non pas parce que le gouvernement était provisoire, mais parce que ça n'a rien changé ou presque à la vie quotidienne des gens. Entre nous, c'est pour ça que je ne quitterai plus Bruxelles pour toutes les tours Eiffel du monde. Flegmatique Belgique.

José comprend mieux l'imbroglio politique local que beaucoup de Belges, mais en même temps, c'est son job. Et puis la politique française a un côté tellement dramatique, avec des joutes entre deux figures charismatiques, que les Belges francophones qui regardent beaucoup la télé française se prennent vite au jeu. Mes hôtes m'informent qu'ils vont même organiser des « dîners électoraux » pour suivre les résultats des deux tours : « Jamais on n'aurait fait ça pour des élections belges. Mais cette élection française est totalement chargée de dramaturgie, c'est un duel. Ça n'arrive pas en Belgique, parce qu'ici, on fonctionne à la proportionnelle. Il n'y a pas de formation spécifique, pas d'ENA. La politique, c'est quasiment des histoires de famille. »

Les politiciens belges n'ont pas le goût de la rhétorique et du débat. « C'est pour ça que les francophones trouvent la politique française plus intéressante et amusante que la leur. » Les francophones, c'est bien de le souligner. Car ceux-là voient surtout la politique étrangère à travers le prisme de TF1. Tandis que les néerlandophones accèdent à leurs infos via des médias beaucoup plus variés, sur leurs propres chaînes, par la télé néerlandaise, mais aussi par les canaux anglophones. Pour ceux-là, les élections françaises ne sont qu'un point d'actualité parmi d'autres.

Passionnés jusqu'au délire, mais surtout amusés et fiers comme on dévoile un tour de prestidigitation, les invités présents m'aident à faire le tri entre les différentes pièces qui font du tableau belge un grand puzzle passablement bordélique. Jusqu'à présent, il y a eu deux grandes coupures en Belgique, l'une entre les Flamands et les francophones, l'autre entre les catholiques et les « libres-penseurs » (grossièrement résumé, les laïcs). Concernant la fracture linguistique, force est de constater qu'aujourd'hui, ce sont deux sociétés qui cohabitent. Le phénomène s'est accentué depuis une dizaine d'années, et il s'accélère. La scission en Belgique correspond à la coupure en Europe entre d'un côté les pays dits « vertueux » (Allemagne, Pays-Bas, pays nordiques) en relatif équilibre économique, sans inflation majeure, où on respecte les limitations de vitesse, où on est écolo et où le taux de chômage est bas, et de l'autre les pays « laxistes », latins (la Wallonie avec Bruxelles, et tout ce qui se situe au sud de la ligne francophone). S'y ajoute une fracture culturelle. La notion de libres-penseurs a disparu en France. Cette distinction se fait en Flandre comme en francophonie, jusque dans les universités, avec l'ULB (Université libre de Bruxelles) et l'UCL (Université catholique de Louvain), deux universités, deux mondes distincts. « C'est pour ça que le pays n'a pas encore explosé : il y a toujours eu des liens entre les libres-penseurs néerlandophones et francophones, et entre les cathos des deux communautés. Si les Flamands avaient été protestants comme la majorité des gens l'étaient aux Pays-Bas au moment de la création de la Belgique au XIXe siècle, il n'y aurait sans doute pas eu d'alliance pour la création d'un nouvel État. » C'est un scoubidou institutionnel, et n'essayez surtout pas de démêler les nœuds, vous perdriez la joliesse de l'objet. Bruxelles est une ville flamande qui parle principalement français et anglais. Jacques Brel (tout le monde revient toujours à lui), Flamand francophone, n'a chanté que la Flandre et Bruxelles. Point de mélopée sur Namur ou Verviers dans son répertoire. Le charme architectural de la capitale tient surtout dans son caractère flamand : tout ce qui est beau à Bruxelles, comme la Grand-Place, ressemble à Bruges. Une union symptomatique, puisque ici se rejoignent les deux grandes civilisations européennes, germanique et latine. C'est le mariage de la carpe et du lapin, mais jusqu'ici, ça fonctionne.

Bruxelles n'a pas froid au kaléidoscope, c'est une ville qui s'est faite contre tout le monde : les Habsbourg d'Autriche et d'Espagne, la France au moment de la Révolution, les invasions des Hollandais. Elle s'est toujours battue toute seule. Elle a accueilli ses envahisseurs avec le sourire, et les a laissés repartir avec le même sourire. Si les Français ne comprennent pas la Belgique, c'est sans doute parce qu'ils sont encore très jacobins, avec une vision centralisée de l'État : Paris reste au centre (du monde, hein), puis on descend du haut vers la base. À Bruxelles, c'est le contraire. « Jacques Chirac, maire de Paris, a pu devenir président de la République, Willy Brandt, bourgmestre de Berlin, est devenu chancelier d'Allemagne de l'Ouest, mais le bourgmestre de Bruxelles, c'est juste le maire d'un quartier. À Bruxelles, on est de sa commune plus que de la ville. Tout le monde connaît le club de foot d'Anderlecht, mais qui sait qu'en fait c'est l'équipe de Bruxelles ? Un Anderlechtois est anderlechtois avant d'être bruxellois. La liberté communale est très importante. » Pour marquer cette individualité des communes, les maisons communales (mairies) affichent souvent une architecture spectaculaire.

L'organigramme politique belge est une hydre, Bruxelles en tête, avec ses dix-neuf visages : « À croire qu'on a compliqué intentionnellement la politique belge pour éviter les conflits. Il y a un nombre sidérant d'institutions, il faudrait un livre entier pour décrire le fonctionnement de la communauté bruxelloise. Quand il vote, un Français est français. Un Belge devant les urnes, il est wallon, bruxellois ou flamand, catholique dans son syndicat, belge quand il pense au roi. »

Les Flamandes de Bruxelles, pintades plumées ?

Je sors du métro à quelques mètres de l'Atomium, pour me rendre chez Nica, Flamande bruxelloise depuis trente ans. Elle est venue vivre ici dès qu'elle a eu fini ses études, et jure qu'elle ne quittera jamais Bruxelles. Depuis quelques années, elle a élu domicile dans la commune de Laeken, où vivent beaucoup d'immigrés marocains, turcs, pakistanais, afghans et albanais. Les döner kebabs s'enchaînent le long des rues, entre le centre communautaire flamand et les petites boutiques qui ont vu le quartier changer progressivement de visage. On sent à l'architecture de hauts immeubles en pierre de taille qu'il y a quelques décennies, le coin était très bourgeois. Désormais, même si les allées sont toujours bordées d'arbres qui rappellent les boulevards chics d'antan, cette partie de la ville abrite une mixité mâtinée de pauvreté.

Nica est née à Bruges. Cette quadra a investi une grande maison ancienne, dans une rue calme en bordure d'un immense parc. « Je me sens bruxelloise, puis belge, puis flamande. » Elle travaille dans la presse, et a choisi Bruxelles pour y élever ses enfants parce qu'elle aime cette ville et ses contrastes. Elle aime son quartier. Son seul regret : avoir du mal à trouver un saint Nicolas ou un lapin en chocolat près de chez elle à Noël et à Pâques.

Nica a décoré son nid de bric et de broc très touchant, des peintures naïves de paysages alpins et des bottes A. F. Vandevorst blanches comme des statues de plâtre, des miroirs sorcières, ses sacs en vinyle Delvaux qui sont suspendus comme des bibelots. Chez Nica, c'est la Bruxelles qui me bouleverse : un maelström d'objets éclectiques reliés par un fil de tendresse, de bon goût et de dérision.

Je la rejoins alors qu'elle rentre tout juste du boulot à 19 heures, un vendredi soir. Elle s'excuse de ne rien avoir préparé, et en quinze minutes, après nous avoir servi un verre de vin rouge, elle cuisine et dispose sur la table : une savoureuse salade verte mélangée avec des poires émincées, une salade de concombres, du pain complet tranché, une salade de lentilles, du poulet thaï à la sauce curry-coco, du riz basmati, une soupe aux poireaux, un plat de samoussas de légumes et un assortiment de steaks végétariens. Puis elle propose à sa fille d'inviter son petit ami pour le souper.

Je lui demande pourquoi les Belges de Bruxelles se passionnent apparemment plus pour la politique française que pour la leur. Ma question la fait sourire : « Ce n'est pas une généralité. Moi, je ne passe pas ma vie devant les médias français. » Nica aime bien Elio Di Rupo, le messianique nouveau chef de gouvernement : « Je trouve formidable qu'un fils d'immigrés italiens, homosexuel qui soutient la Gay Pride, soit

Premier ministre. Il est assez populaire en Flandre aussi. Oui, Bart de Wever a reçu pas mal de votes, mais n'oublie pas que la majorité des Flamands n'ont pas voté pour lui… Je n'aime pas cette perception de la Flandre où tous voudraient séparer la Belgique. Ce n'est pas correct. » Mais comme de nombreux francophones, Elio Di Rupo parle mal néerlandais. Et il a attendu d'être élu au plus haut poste de gouvernance pour s'y mettre. Pour les néerlandophones, qui apprécient le geste mais auraient préféré qu'il s'intéresse plus tôt à leur langue, « il réfléchit trop chaque phrase et articule très lentement. On se dit : "Elio, parle plutôt en français, on te comprend mieux." »

C'est que, contrairement aux francophones qui, soyons lucides, baragouinent parfois péniblement une autre langue quand ils n'ont vraiment pas le choix, les Flamands parlent presque tous plusieurs idiomes en plus du néerlandais : le français, l'anglais, et parfois l'allemand. L'un des surnoms de la Flandre est d'ailleurs « *The living language institute of Europe* ». Mais tout multilingues qu'ils soient, de plus en plus de néerlandophones quittent Bruxelles, parce que les loyers augmentent, mais aussi parce que lorsqu'ils mettent leurs enfants dans des écoles néerlandophones, ils sont quatre Flamands : tous les autres élèves sont des francophones inscrits là par leurs parents qui veulent leur offrir la chance d'être bilingues. Ses propres enfants, nés à Bruxelles, regrettent de ne pas avoir été à l'école francophone, car il aurait été plus facile pour eux de travailler à Bruxelles. « En fait, toutes les écoles de Bruxelles devraient être bilingues. »

Actuellement à Bruxelles, l'enseignement francophone rassemble près de 80 % des élèves, et l'enseignement néerlandophone 17 %. Le reste est réparti entre les écoles européennes et internationales. Et les écoles flamandes sont financièrement mieux dotées : 22 % de plus que la communauté wallone pour un élève de primaire, 18 % dans le secondaire. « Mes filles se sentent des vraies Bruxelloises, elles étudient à Gand – ville flamande – mais trouvent que "*Brussels rules*". »

Pour Nica, il est parfois fatigant de devoir toujours parler dans une autre langue que la sienne. Et c'est plus facile de faire de l'humour dans sa langue maternelle : « En fait je suis super drôle, mais tu ne le sais peut-être même pas ! Les Marocains et les Turcs de Bruxelles parlent mieux le néerlandais que les autochtones, parce que, eux, ils l'apprennent pour trouver du travail. Je trouve ça chouette qu'ils inscrivent leurs enfants dans des écoles néerlandophones pour leur donner plus d'opportunités de réussir. » Pour elle comme pour Nicole, une autre de mes copines, Flamande gantoise, être néerlandophone à Bruxelles exige une certaine gymnastique linguistique. Nicole, aujourd'hui à la retraite, parlait anglais et français toute la journée. Elle n'a presque pas remarqué que dans sa vie quotidienne, elle s'exprimait d'office en français dans les commerces et les restaurants. Mais dès qu'elle a quitté la vie active, cette difficulté de communiquer dans sa langue maternelle lui a sauté à la figure, et elle est retournée vivre à Gand : « Je me sentais une Bruxelloise de seconde zone. » Même si aujourd'hui les francophones font des efforts, le mal est fait, et les Flamands de Bruxelles repartent de plus en plus vers les communes néerlandophones en périphérie de la capitale. Il reste néanmoins une petite enclave flamande à Bruxelles, localisée dans le bas de la ville, entre le canal et la Grand-Place, concentrée place Sainte-Catherine.

En Flandre, on considère que la Belgique est composée de deux communautés : les Flamands et les Wallons. Pour les Flamands, même les Bruxellois francophones sont des Wallons, vous voyez ? Alors que pour les Bruxellois francophones, un Bruxellois n'est pas un Wallon, c'est un Bruxellois. J'entends souvent que les Flamands de Flandre détestent Bruxelles, qu'ils trouvent sale, coûteuse, dangereuse, et où ils se sentent mal accueillis. Mais les Flamands de Bruxelles la préfèrent à la Flandre, trop provinciale pour la plupart d'entre eux.

Les Flamands de Bruxelles sont dispatchés un peu partout dans la ville, avec une affinité particulière pour le quartier Dansaert. D'après Nica, c'est un mini-Anvers, un peu le Châtelain des Flamands. « En Flandre, on parle des *Dansaertvlamingen*. C'est une sorte de boutade, pour désigner ces Flamands qui adorent Bruxelles parce qu'ils y vivent facilement, en communauté et avec des moyens supérieurs. » Pour qui recherche la qualité de vie d'une grande ville, Bruxelles est incontournable en Belgique, tout simplement parce que c'est la seule. « C'est notre unique métropole, la seule en Europe à se situer à l'intersection du nord et du sud, ce qui la rend très dynamique et intéressante. "Bruxelles", ça ne veut rien dire, chaque commune a son identité. On peut voyager dix heures à Bruxelles, traverser dix communes, visiter dix mondes. Il ne faut pas oublier que Bruxelles est aussi une ville laxiste et mal organisée. Les bourgmestres doivent se faire réélire, ils prennent donc des décisions en concurrence avec les autres communes, en se fichant de ce qui se passe ailleurs. » Exemple frustrant pour les Bruxellois : il devient urgent de rénover la gare du Midi, « mais elle est à cheval sur trois communes, et comme les bourgmestres n'arrivent pas à se mettre d'accord, rien ne bouge. Bruxelles manque de perspective d'ensemble ».

La flamingante

Je me rappelle ce jour où je marchais dans la rue. Une voiture s'arrête à ma hauteur, une dame très comme il faut me demande, en flamand, la direction de l'avenue Louise. Comme je parle bien anglais et un peu allemand, que je vis depuis quinze ans à Bruxelles et que du coup je comprends un peu le néerlandais, je réponds à sa question, en français parce que je n'ai pas assez de vocabulaire en néerlandais, qu'elle doit aller tout droit puis tourner à gauche. Elle me demande, toujours en néerlandais, si elle doit tourner tout de suite après la pharmacie, ou après le feu rouge. Je réponds à nouveau en français. Elle me dit encore quelque chose, que je ne comprends pas cette fois. Je m'excuse poliment : « Désolée, je suis française, et je n'ai pas saisi votre dernière question. » Là, la dame me répond, dans un français sans accent, qu'elle adore la France et qu'elle possède une maison en Dordogne. Cette femme parlait un français parfait. Mais il a fallu qu'elle cesse de me croire belge francophone pour me répondre dans ma langue, alors que j'étais en train de lui rendre service. Voilà. C'est un peu ça, les flamingants. Ils n'ont rien contre les Français, mais refusent de pactiser avec les francophones de leur pays. En outre, ils en ont aussi assez de ce qu'ils appellent « la tache d'huile » : les francophones qui quittent Bruxelles quand elle devient trop chère, et qui remontent vers des communes plus abordables, vers le nord, c'est-à-dire en Flandre. Pour eux, la Flandre gagnerait à s'autonomiser.

Les pintades belges en politique

Hadja Lahbib est journaliste à la RTBF. Si vous avez vu le film *Les Barons*, vous l'aurez peut-être reconnue à travers le personnage de Malika. Hadja a été reportrice aux quatre coins du monde, envoyée spéciale à la frontière pakistano-afghane, et elle présente le JT du week-end. C'est aussi une personnalité affable, au sourire constant, au look soigné sans fanfreluches. On sait qu'elle arrive à son rire franc – elle fait d'ailleurs le bonheur du zapping avec ses fous rires. Hadja Lahbib a couvert des conflits internationaux à fortes complications géopolitiques : il faut bien ça pour s'attaquer à la politique belge. « Je trouve le paysage politique belge fascinant. C'est drôle de voir ce petit point sur la carte, où tout le monde se chamaille, mais où on a quand même une liberté de parole que beaucoup de nos voisins nous envient, et un vrai sens de l'autodérision. Et puis ce qui est fabuleux, c'est que même si c'est parfois chaotique, ça fonctionne. Je pense que la Belgique est un laboratoire important. Notre Constitution est un exemple en matière de démocratie qui a servi de modèle à d'autres démocraties naissantes. » La représentation des femmes en politique y est parmi les meilleures d'Europe. La parité hommes/femmes a été introduite sur les listes électorales dans la Constitution en 2002. Le Parlement bruxellois est le plus féminisé de Belgique (il existe plusieurs Parlements en fonction des compétences régionales), avec plus de 40 % de femmes siégeant à Bruxelles, 30 % dans les autres régions. Par comparaison, le Parlement français en compte environ 25 %. Le gouvernement Di Rupo se compose quant à lui d'environ un tiers de femmes ministres.

Hadja a beaucoup fréquenté les femmes politiques, et elle lève un peu le voile sur les visages compassés de la grand-messe du 19 h 30 (sur la RTBF, le JT est à 19 h 30. Comme on l'a dit, ici on rentre plus tôt du bureau, on dîne plus tôt, etc.). « Laurette Onkelinx, par exemple, est une grande séductrice. Mais c'est aussi une femme de poigne, une grande négociatrice. Et puis il y a Joëlle Milquet, surnommée “Madame Non”, qui est incroyable, sur tous les fronts. Un jour d'actualité brûlante, elle a dû rejoindre le plateau un peu en catastrophe, sans l'avoir prévu. Du coup, elle a emprunté une veste à gauche, une montre à droite, sans se plaindre ou refuser d'y aller. Les femmes politiques belges acceptent souvent d'être vues sous un jour qui ne leur est pas 100 % favorable. Quand on voit ces femmes, mères de famille, qui négocient pendant de longs mois, au finish, jusqu'au bout de la nuit… chapeau ! Ce qui est aussi très belge, c'est qu'on peut croiser ces femmes politiques de premier plan au Delhaize un samedi matin. Elles viennent parfois sur les plateaux des débats télé dominicaux avec leurs enfants. Il y a une grande proximité qu'on ne retrouve pas en France, par exemple. Et c'est rendu possible par le fait que le public ne les embête pas quand elles se promènent dans la rue. Il y a une vraie simplicité à la belge. Je me rappelle par exemple Herman Van Rompuy (qui a été Premier ministre et qui est maintenant président du Conseil européen) qui passait ses vacances en caravane avec sa femme, ça se savait. Bref, les hommes et femmes politiques sont vraiment accessibles. » Dans le même ordre d'idée, on a vu Guy Verhofstadt, alors Premier ministre, partir en vacances en Italie avec Ryanair. « Je me souviens d'un jour, j'étais en reportage en Afghanistan et Laurette Onkelinx était déjà sur place. C'était en 2002 et elle était l'une des rares femmes politiques à oser loger là-bas ; les politiques faisaient plutôt de rapides allers-retours, des sauts de puce, alors qu'elle était restée plus longtemps, dans un hôtel pas tout à fait reconstruit et sans électricité. Son attachée de presse cherchait partout une brosse à cheveux pour qu'elle puisse se coiffer… »

Plus ou moins royaliste que le roi, et inversement

Quand on parle de politique en Belgique, il ne faut pas oublier qu'on est dans une monarchie constitutionnelle. Si la famille royale est souvent présentée comme garante de l'unité du pays, le roi Baudouin aurait pu causer l'explosion de la Belgique en 1990. En cause : le vote sur la légalisation de l'avortement. Très catholique, le roi refusa de signer la loi, menaçant d'abdiquer. Il fut finalement trouvé une solution « à la belge », qu'on n'aurait pu imaginer nulle part ailleurs : il « n'abdiqua » que pour deux jours, mis « en indisponibilité », le temps que la loi passe. Aujourd'hui, tout le monde s'accorde à respecter le roi Albert II, mais son fils, le prince Philippe, héritier du trône, ne fait pas toujours l'unanimité. Il a commis quelques maladresses, notamment une déclaration à l'encontre des indépendantistes flamands, et il n'est pas toujours pris au sérieux comme souverain potentiel. Pour couronner le tout, il parle mal néerlandais. La presse flamande lui tire dessus à boulets rouges et, de leur côté, les francophones le trouvent un peu gaffeur, malhabile. En revanche, son épouse, la princesse Mathilde, remporte tous les suffrages, des deux côtés de la frontière linguistique. Les Flamands seraient depuis toujours plus monarchistes que les francophones, sans doute parce que traditionnellement plus catholiques et plus conservateurs. Pourtant, quand en 1831 Léopold Ier, le premier roi des Belges, a prêté serment, c'était en français, alors que la majorité du pays était néerlandophone. Aujourd'hui, la famille royale est astreinte à une vie publique totalement bilingue : si le roi dit un mot en français, il doit en dire un en flamand. S'il boit un verre de vin d'un domaine wallon, il doit en boire un autre étiqueté de Flandre. Avec cette (relative) simplicité qui caractérise tout un peuple, les souverains belges restent plutôt proches des gens, faisant leurs courses eux-mêmes. Je ne dis pas qu'ils vont à la supérette aux heures de pointe, mais on peut croiser la princesse Mathilde faisant des emplettes déco pour la chambre de sa fille, ou déjeunant au restaurant avec des amis. À la première de *Cloclo* à Bruxelles, le prince Laurent, frère cadet de Philippe, et son épouse la princesse Claire sont passés quasi inaperçus à côté de Jérémie Renier, qui focalisait l'attention des fans de Claude François, et qui bénéficiait de gardes du corps plus baraqués. En tout cas, plus visibles…

Le couple princier formé par Philippe et Mathilde organise fréquemment des dîners avec des spécialistes de divers domaines pour s'informer des réalités d'un monde dont ils sont… royalement exclus. Ainsi cette « table mode », réunissant Ann Demeulemeester, Olivier Theyskens, Diane von Furstenberg et Tony Delcampe, directeur du département mode de La Cambre. Le dress code ce soir-là : « tenue de ville ». Qu'est-ce que ça peut bien être, une « tenue de ville », quand on soupe au palais ? J'aurais donné cher pour être une petite souris cachée sous la cloche à fromage…

Une santé au poil

En Belgique, la **Sécurité sociale** telle qu'on la connaît en France n'existe pas. La Sécu est assurée par des mutuelles privées, les mutualités, qu'on choisit en fonction de sa sensibilité politique ou philosophique : mutualité socialiste, mutualité chrétienne, mutualité libérale ou mutualité neutre. Leur coût est modéré (rien à voir avec les mutuelles américaines), et la couverture médicale globalement meilleure que dans pas mal de pays d'Europe.

Spreekt u Nederlands ?

Pour apprendre le néerlandais, le plus simple est de s'adresser au centre culturel de sa commune. Ils vous orienteront vers des cours de tous niveaux, à tous les prix. Le flamand et le néerlandais sont la même langue, identiques à l'écrit, c'est au niveau de la prononciation que se jouent les nuances.

Les Serres royales
Domaine royal de Laeken
Avenue du Parc-Royal (Laeken)
02 513 89 40
www.monarchie.be
Une fois par an, le palais royal ouvre les portes vitrées de ses serres au public. Une collection unique de plantes exotiques et de camélias. À voir de nuit, et surtout, à respirer…

Pour s'éloigner un peu de Bruxelles et tâter de la Wallonie

L'Ardoisière
Rue de Sedan, 2 (Alle-sur-Semois)
061 27 19 17
www.compagniedesbois.be
Une ancienne ardoiserie transformée en chambres d'hôtes de luxe au cœur des bois. On choisit entre une maison aménagée pour une dizaine de personnes, ou l'une des cinq suites en duplex à thèmes, entièrement équipées. La déco design est particulièrement réussie, un brin décalée. Dans chaque suite, une baie vitrée donne sur la forêt : on dort nez à nez avec les chouettes, c'est enchanteur. La piscine est couverte et chauffée, ce qui est aussi agréable que prudent dans la région.

Pour goûter aux charmes de la Flandre

Knokke le Zoute est plutôt BCBG, Ostende branchée, Le Coq bobo. Dans toutes ces stations balnéaires, il faut impérativement avoir fait au moins une fois un tour en cuistax, ces petites voitures à pédales qui slalomentnt sur les digues.
Pour Nica, la ville côtière coup de cœur est Ostende, surnommée « le Petit Bruxelles » ou « La Reine des plages », ville du roi Léopold II. Celui-ci a fait installer la première ligne de train reliant la capitale à Ostende. Actuellement c'est la seule « vraie ville » de la côte belge, toujours très arty (avec un musée d'art contemporain) et branchée (Marvin Gaye a vécu à Ostende et Arno cuisinait pour lui !). On peut même faire une « promenade Marvin Gaye » (iPad tour), en se renseignant à l'office du tourisme.

Office du Tourisme
Monacoplein, 2
059 70 11 99
www.visitoostende.be

Art Déco Café de l'Hôtel du Parc
Marie-Joséplein, 3
059 70 16 80
www.hotelduparc.be
Le meilleur endroit pour manger des croquettes de crevettes ou une salade en terrasse. On y sert aussi le café dans une cafetière en argent. Classe et stylisch.

Le Lafayette
Langestraat, 12
Un music bar où Tom Barman de dEUS mixe de temps en temps, et Arno, qui possède un appartement à Ostende, s'y trouve souvent.

Pour loger à Ostende

Le Rogier Palace
Rogierlaan, 44
0475 28 12 74
www.rogierpalace.rouffaer.net
Un charmant B & B situé dans une rue tranquille, style beaux-arts, dans un bâtiment classé. Il compte deux très belles chambres authentiques, et le petit déjeuner est servi dans une cuisine vintage.

CHAPITRE 8

La parade amoureuse de la pintade pimpante

Un peï : un homme.
Une meï : une femme.
Faire de son nez : la ramener.
Un tich : un pénis.
On peut dire « Ça va, tich ? » pour saluer familièrement un ami.

T'as pas de potes hétéros, là ? Je suis chaude comme une baraque à frites !

La fille du Nord n'a pas froid aux yeux

Qu'est-ce qu'on fait quand il pleut et que le ciel est gris ? On s'aime. Certes, la météo est parfois clémente, soyons honnêtes, et de toute façon, la chaleur de Bruxelles demeure. Même si elle vit à une heure de la mer du Nord, la Bruxelloise est dessalée. Ce n'est pas une fille facile, on ne l'allonge pas en claquant des doigts, mais c'est une fille aimable. Dès que j'ai posé l'escarpin dans cette ville, tout juste exfiltrée de ma France natale, j'ai été frappée par le naturel de mes nouvelles copines. Pas leur impudeur, non, mais leur évidence à aborder les questions du corps, et la façon dont elles entendent le mélanger à celui d'autrui. Elles se racontent sans tabous, sans exhibitionnisme non plus. Quand elles parlent de leurs problèmes gynécos ou de leurs joies orgasmiques, c'est avec la même décontraction, dans un grand partage féminin auquel je n'avais pas été habituée dans mon pays latin finalement très pudibond. Quand elle tombe amoureuse, la pintade de Bruxelles explique ce qu'elle ressent, de son cœur à son ventre. Quand elle conclut avec l'homme que, dans la plupart des cas, elle a dragué elle-même, je suis dans la chair de la confidence. Quand elle souffre, elle m'appelle. Quand elle jouit, elle m'envoie un SMS. Quand elle tombe enceinte, elle compare ses crampes avec ses amies, et quand elle a accouché, elle allaite en travaillant ou en prenant le thé, débordant de lait et de décontraction, et décompte ses hémorroïdes en grignotant un biscuit. C'est une pintade libre. Mariée, elle garde son nom de jeune fille. Les seules femmes qui portent le patronyme de leur légitime à Bruxelles sont les expats. J'ai un jour demandé à mon amie Karla pourquoi elle n'avait pas adopté celui de son époux. Elle m'a répondu, surprise : « Pourquoi voudrais-tu que je change soudainement d'identité ? » Encore franchouillarde parce qu'à peine débarquée, mais déjà le béret de travers, j'ai insisté : « Tu n'es pas fière d'être mariée à ce type-là ? » Elle m'a regardée avec étonnement. « Si, mais je suis fière de la famille qui m'a fait grandir aussi. » Les pintadeaux, en revanche, s'appellent comme papa et parfois, on adjoint le nom de leur mère, en deuxième position. La Belge est donc au moins un peu féministe jusque dans son état civil, même quand elle ne le sait pas.

Où sont les hommes ?

Le constat est unanime et sans appel : les hommes ne draguent plus. Ils attendent que ça leur tombe tout cuit dans le bec. Les rares types qui vous reluquent dans la rue et vous proposent un verre, en général, ce sont ceux dont on ne veut pas. Le garçon gentil, courtois, beau, brillant, sexy et bien élevé, soit il est gay, soit il attend que les filles fassent tout le boulot. Ou alors, il est d'une autre génération, et pas forcément dans notre cible. J'ai rencontré un charmant jeune Flamand lors d'une dégustation de vins, Vladimir, 34 ans. Sympathique, soigné, drôle, les yeux clairs, la mèche rebelle. Marié certes, mais je n'étais pas là pour faire mon marché. Je lui ai donc demandé s'il avait jamais dragué dans sa vie. Surprise polie de l'intéressé. Non à cause du caractère cavalier de ma question – comme je l'ai dit, si les Bruxelloises n'ont pas peur de rentrer dans le vif du sujet, le sujet lui-même ne joue pas non plus les pucelles. Sa réaction de surprise venait d'ailleurs : « Pas vraiment, pour quoi faire ? Les femmes savent ce qu'elles veulent, c'est elles qui viennent vers nous. » Ah oui, évidemment. On part donc sur un léger malentendu… À Bruxelles, la jeunesse (à ce sujet, je note au fil des années qu'on a tendance à déplacer le curseur au fur à mesure qu'on vieillit. Je commence personnellement à parler de « jeunes femmes de 42 ans »…), la jeunesse donc baigne dans la culture fêtarde, ouverte, d'un peuple accueillant où les rencontres sont assez faciles. Pourtant, selon mes amies « provinciales » – comprendre qui vivent à plus de vingt minutes du Manneken Pis –, Bruxelles est moins chaude que la campagne (au sens figuré, cette fois. En terme météorologique, c'est le contraire à cause de la pollution et des chauffages centraux, mais ce n'est pas le sujet). « En ville », c'est plus dur pour une fille de se caser. Pourquoi ? Selon ma copine Klodia, blogueuse über tendance de 30 ans, « les mecs sont contents dès lors qu'ils peuvent coucher. Les filles sont plus sélectives… ». Klodia est une fille de la nuit, et pendant le jour, elle surfe sur des blogs qui l'inspirent, « se met en brainstorming avec elle-même », organise des soirées sur commande, ou développe des concepts événementiels. Elle se promène en centre-ville pour prendre l'air du temps, s'occupe de sa maison et de son chat. Mais dans l'ensemble, c'est surtout sur le Web qu'elle se balade. « Dans le milieu de la nuit, les gens parlent plus de sexe qu'ils n'en font en réalité. Tout le monde parle de cul, tout le monde parle de drogue, parfois je trouve ça un peu triste. Mais quand ça arrive, on vit l'amour à fond, le sexe à fond, et s'il faut se déchirer à la fin, on le fera. »

Bien sûr, à Bruxelles comme partout ailleurs dans le monde, nulle n'a autant envie de se caser qu'une célibattante revendiquée. La relation la plus longue qu'ait vécue Klodia a duré cinq ans. C'était son premier amoureux, sa première vie de couple, dans son premier appart. Ensuite, elle s'est amusée. Klodia décompte devant moi, plusieurs fois sur ses doigts, une trentaine d'amants, plus ceux dont elle ne se souvient plus. Elle vit intensément sa sexualité, tout en restant très à cheval sur la capote. Klodia sirote son jus de fruits frais sur la terrasse du Fontainas, un bar principalement gay situé au cœur de la frange gentiment underground du centre-ville, à deux pas de la Grand-Place. Tout le temps vêtue de noir, en hoodies Diesel, en jean ou en robe, un peu street, un peu goth, en baskets ou en talons, elle est à l'aise mais sexy. Ses cheveux sont teints en rouge, du moins la partie du haut, celle qu'elle n'a pas rasée, et un tiers de son corps est tatoué. Elle a commencé à se faire décorer la peau il y a deux ans, le temps de laisser mûrir ses envies, pour ne pas le regretter plus tard. Elle affiche entre autres un poème de l'écrivain G.K. Chesterton, qui lui descend en lettres rouges de l'épaule au poignet : « *Fairy tales are more than true ; not because they tell us that dragons exist, but because they tell us that dragons can be beaten*[1]. » C'est très beau, et le corps de Klodia est cohérent avec ses partis pris. Cette punkette-grungy-edgy vit

1. « Il faut croire aux contes de fées, non parce qu'ils nous racontent que les dragons existent, mais parce qu'ils nous enseignent que les dragons peuvent être vaincus. »

en bande, une tribu composée d'une trentaine de personnes, beaucoup d'homos, quelques lesbiennes. Globalement, Klodia et sa tribu viennent du même milieu social, de petites villes de province, ils sont venus épanouir leur fibre arty à Bruxelles. Ils sont décomplexés. Les pintades du soir aiment s'ébattre à l'air libre. Pour ses prochaines vacances, Klodia a prévu de partir avec son frère, sa mère et sa grand-mère dans un camping nudiste dans le sud de la France. Je les comprends : on manque de vitamine D, par ici.

Avoir des amis gays, c'est le cas de beaucoup de femmes qui sortent ou qui bossent dans des milieux un peu pointus, mais ça freine les rencontres car ils font fuir les hétéros. « Et ça, malgré la légende selon laquelle "les filles à pédé sont des cochonnes". » Je souligne ici que dans la bouche d'un homosexuel ou d'un de leurs amis, le terme « pédé » ne doit pas être considéré comme une insulte, juste une familiarité. Une sorte de pied de nez. Évidemment, venant d'un homophobe ou d'un crétin en général, c'est différent. En dix ans de fréquentation assidue des soirées gays, Klodia n'y a fait que trois rencontres hétéros. Elle traverse des périodes sexuellement creuses, d'autres très actives. Quand elle n'a pas eu d'amant depuis longtemps, elle rappelle un ex ou l'un de ses *fuck buddies* – elle en a deux ou trois, rencontrés sur Internet, sur qui elle peut compter en cas de coup de mou (façon de parler). Mais dans le fond, Klodia rêve de se caser et de fonder une famille. D'où ses périodes de célibat choisi, quand elle n'a pas le temps, trop de boulot, ou qu'elle a besoin de se remettre d'une relation qui s'est terminée. Au pire, elle se fait un plan « cam », qui consiste à se caresser devant une webcam, « mais c'est frustrant, à la longue ».

« On va aussi dans les soirées réputées pour être fréquentées par de belles filles, qui drainent de fait beaucoup de garçons. Ou alors, il y a le site adopteunmec.com : c'est pas pour trouver l'homme de sa vie, mais c'est efficace pour passer du bon temps, si on gère ses rencontres intelligemment. Un truc qui fonctionne bien, c'est de sortir entre copines dans les bars du quartier européen. Le risque, c'est de s'y ennuyer, et de finir… dans une soirée gay. »

Débusquer le mâle

Un des hauts lieux de la drague bruxelloise est un endroit où l'on peut boire un verre, évidemment, manger un bout sur un coin de table, et frôler les gens entre de gros volumes. Quoi ?

Je rencontre Léa accoudée au comptoir du café de Filigranes, une immense librairie organisée autour d'un coin café-resto et d'un piano. Cette très jolie jeune femme d'une trentaine d'années promène ses yeux bleu piscine sur un livre depuis un quart d'heure, mais je note qu'elle ne tourne quasiment pas les pages. Les cheveux courts, elle porte un débardeur noir seyant, une jupe en soie bariolée, et des escarpins pointus, plantés dans le barreau de son tabouret de bar. Comme elle remarque que je l'observe, elle entame la conversation, à la bruxelloise. J'apprends que Léa est architecte, qu'elle a deux filles de deux pères différents dont elle est séparée, et qu'elle se cherche un mec. « Cette librairie est idéale pour ça : tu as une chance de tomber sur des hommes un minimum cultivés, en tout cas qui ne se servent pas des livres pour caler le meuble télé. Et les sujets de conversation sont faciles à lancer : "Vous lisez quoi ?" » Célibataire depuis un an, Léa enchaîne les aventures de quelques jours ou quelques semaines, pour se changer les idées : « J'ai été en couple pendant des années, fidèle et sage comme une image, passant d'une relation de huit ans à une autre de dix. Maintenant, je m'amuse. Pour draguer, je sors avec des copines, mais pas trop à la fois, sinon les hommes n'osent pas s'approcher. À deux, c'est bien. On se met sur une terrasse, on a des discussions légères, on sourit aux gens qui passent. En hiver, on fait la même chose, dans un bar. » À Bruxelles, la séduction n'est pas vraiment lourde ou offensive, les relations se nouent plutôt avec subtilité. En outre, avec le brassage de populations, les mœurs d'ailleurs peuvent être appréciées ici : un compliment dans la rue de la part d'un Italien, un clin d'œil d'un Espagnol, une boutade d'un Britannique. Comme cette ville est un village (l'expression peut sembler galvaudée, mais *tout le monde* vous le dira, il doit bien y avoir un fond de vérité là-dedans), où qu'on aille, on se sent chez soi. Léa a trouvé chez Filigranes son précédent compagnon, une aventure qui a duré un mois, et qui lui laisse un joli souvenir : « Je faisais semblant de lire un livre, l'air indifférent, tout en levant le nez de temps à autre (comme maintenant !). Quand j'ai discrètement regardé autour de moi, il y avait cet homme qui me souriait. Il m'a posé des questions sur mon roman, et pendant que je le lui racontais, il a commandé des cafés pour nous deux. Ça s'est fait tout simplement. Le soir, il m'a appelée pour me proposer de dîner avec lui, et trois jours plus tard, l'affaire était pliée. »

Donc les Bruxellois partent encore à l'abordage ? ! « Heu oui, enfin, c'était un Grec… » Pour rencontrer son amoureux entre deux étagères de bouquins, il faut venir pendant le rush hour, qui brassent énormément d'hommes : l'heure de table, l'apéro, et le week-end. On croise tous les genres socio-culturels : des jeunes arty, dans les rayons beaux-arts et développement personnel, des pères qui ont la garde de leur marmaille au département « littérature enfantine », des hommes d'affaires qui viennent acheter leur journal et boire un café. Ils bossent à la Commission européenne juste à côté, dans les cabinets ministériels pas loin, ou ce sont des curieux qui se pressent aux présentations thématiques et aux dédicaces, avec qui on peut vite cliquer autour d'une passion commune pour Marc Levy ou l'art chinois. Léa n'est pas tout de suite venue ici pour chasser le beau gosse : « Après ma rupture, j'avais juste besoin de me sentir entourée, de retrouver mes marques, de me sentir belle. Là, c'était parfait pour nouer des rencontres légères. J'y passais des journées entières. Et puis j'ai découvert de merveilleux auteurs ! » Tant qu'à faire.

Le Delhaize de l'amour

À Bruxelles et à Anvers circule une légende urbaine selon laquelle dans certains supermarchés Delhaize, il existe des « codes caddie » de drague pour célibataires. On se refile le tuyau entre amis, c'est connu comme le loup blanc dans l'enseigne au lion noir. Début de soirée, une bouteille de vin ou un pack de bières plantés au milieu d'un chariot vide, et on repart avec un coup potentiel non facturé sur le ticket de caisse. J'entends cette rumeur depuis si longtemps qu'un samedi soir, avec Linda, nous décidons de vérifier par nous-mêmes.

Le Delhaize, en Belgique, c'est une institution et, je le dis sans rougir et sans avoir d'actions dans la maison, c'est mon groupe préféré. On trouve de tout au Delhaize : des trucs invraisemblables à mettre sur ses tartines comme du Fluff (une pâte de chamallow), divers pots de chocolats très noirs ou très noisettés, de la pâte de spéculoos, il y a des rayons exotiques, saveurs du monde, un point poste pour envoyer son courrier et ses colis, on peut acheter du poisson frais, de la pâtisserie pas mal du tout, des cigarettes, de la viande bio, de l'épicerie fine, des tickets d'entrée à des parcs d'attraction et même retirer de l'argent aux caisses, comme à un distributeur. Il suffit de demander à la caissière : « Et 100 euros en plus, s'il vous plaît ! »

J'ai donc donné rendez-vous à Linda devant les caisses self-scanning à 19 heures tapantes. La pétillante prof de danse quadra lookée, une besace brune qui balance à son bras, m'attend déjà, scannant justement les hommes qui passent, leur panier à la main.

Linda décide que la bouteille au milieu du caddie, c'est mesquin, alors pour plus de clarté, elle y dépose bien en évidence

un tube de gel lubrifiant, des capotes et de la bière. J'ai envie de me cacher sous les surgelés. Plantée au milieu du rayon hygiène, elle insiste : « Pas de tampons, ça fait la fille pas disponible ce soir, pas de produits allégés, ça fait anorexique, pas de produits ménagers, ça fait maniaque, pas de lingettes, ça fait névrosée, pas de champ', ça fait pétasse. » Une pro.
Comme il ne se passe rien au rayon ménager, on migre vers la boucherie, mais là il fait trop froid. Comme on rigole en parlant de mecs, il y en a qui nous avisent, mais notre subtile stratégie y est-elle pour quelque chose ? En tout cas, nous ne serons abordées ce jour-là que par des femmes qui ont capté notre discussion, et qui veulent savoir ce qu'il faut mettre dans son Caddie pour attirer quel genre d'homme et à quelle heure. Ce que nous ignorons. Notre expédition drague se transforme en séminaire de rencontres au rayon des petits salés apéritifs.
Aucun mec ne nous a approchées, mais nous nous sommes fait des copines, ce qui est déjà bien. Soit la légende en est une, soit nous nous y sommes prises comme deux manches hilares. Sans doute les deux. Mais je n'ai pas perdu ma soirée : j'ai racheté du Jex Four.

Amour, sexe et gaudriole : rien à signaler (enfin presque)

Il y a bien un petit côté chaud à la drague qui vient du froid, mais rien d'ébouriffant non plus. On ne peut pas résumer la canaillerie bruxelloise aux sex-shops qui entourent la gare du Nord, ni à ses filles en vitrine, concentrées dans ce quartier populaire. Il circule beaucoup de fantasmes autour de ces vitrines. Certaines sont louées par des travailleuses indépendantes, belges parfois, qui trouvent leur compte dans cette activité qu'elles ont choisie. D'autres sont occupées par des filles « employées » par un souteneur qui gère un bordel caché derrière les vitrines. Si une chambrette, avec éventuellement un point d'eau, est séparée de la fenêtre sur rue par un simple rideau, on appelle ça une « carrée ». On y trouve des jeunes femmes attirées ici par le besoin d'argent, souvent à peine majeures, venues le plus souvent d'Afrique ou d'Europe de l'Est, parfois pour devenir « jeunes filles au pair ou danseuses ». Il y a un mouvement à Bruxelles qui semble se diriger vers une suppression de la prostitution de rue, pour une transition vers les eros centers. En attendant, les vitrines de la rue d'Aerschot et des artères avoisinantes ont encore de (pas très) beaux jours devant elles. Au moins, la police et les associations de terrain savent-elles où trouver ces femmes, pour faire de la prévention. Car les conditions de la prostitution « en appartement » sont, elles, incontrôlables. En attendant, exposées dans leur vitrine en lingerie compliquée et bas de gamme, les filles bavardent, fument des cigarettes, se déhanchent devant les passants. Ça m'inspire une tristesse sans nom.

Perchée au premier étage d'un immeuble de la rue du Bailli dans le quartier du Châtelain, la boutique Eva Luna apporte une alternative aux gadgets et à l'érotisme cru pas toujours très épanouissants des sex-shops classiques. Charlotte Ledent, sexologue de formation d'une trentaine d'années, a créé ce love-shop pour apporter une dimension ludique et respectueuse à la sexualité. Dans cette boutique boudoir où l'on se sent tout de suite bien accueilli, elle propose une jolie sélection de lingerie sexy mais pas vulgaire, de la littérature érotique, des accessoires kinky et même rigolos, et bien entendu, toute une gamme de joujoux variés et vibrants. Avec une discrétion bienveillante, Charlotte répond à toutes les questions que ses clients, détendus ou rougissants, posent à propos de l'usage de ses produits. Au-delà du plaisir, il est ici question d'intimité, de respect et d'épanouissement. Ce qui n'empêche pas d'utiliser un bandeau et une plume. Ou plein d'autres trucs. Après des années de confidences dans les trois pièces thématiques de son magasin (livres, accessoires et onguents, lingerie et sex-toys), Charlotte note que les pintades n'ouvrent pas grand leur bec à propos de leur vie au plume-art, mais qu'elles recherchent du qualitatif et du ludique : « Elles ne sont pas frileuses, mais elles restent pudiques. Elles sont très honnêtes dans leur démarche. Surtout, elles injectent de l'humour dans la sexualité. » Le magazine *Test Achat* a réalisé un sondage auprès de 1 500 personnes, âgées de 18 à 74 ans, dans toute la Belgique. Sur les répondants, plus de 80 % étaient en couple, et ont déclaré dans leur immense majorité n'avoir eu qu'un seul partenaire au cours de l'année précédente. Ce résultat nous confirme ce que tout le monde sait : les gens mentent aux sondeurs. Vu ce que j'entends régulièrement autour de moi comme récits de jetage de culottes par-dessus la tête, aveux d'adultères et complaintes de maîtresses qui espèrent accéder au premier rôle, si tous les Belges qui se sont déclarés fidèles au cours des douze mois précédant l'enquête disent la vérité, je veux bien bouffer un plumeau. La suite du sondage paraît plus crédible : ils ont répondu avoir un ou deux rapports sexuels « classiques » par semaine, et/ou une gâterie. Rien de spécialement débridé, donc.

Dans son cœur et sous ses jupes, la Bruxelloise n'est pas très différente de sa cousine parisienne : ni particulièrement dévergondée – juste ce qu'il faut – ni spécialement volage, et elle se marie de moins en moins (un tiers de mariages en moins célébrés depuis vingt ans). En revanche au cours des dix dernières années, les déclarations de cohabitation légale – le concubinage officiel, ce qui se rapproche le plus du Pacs sans en être un – ont été multipliées par vingt, dépassant désormais le nombre de mariages.

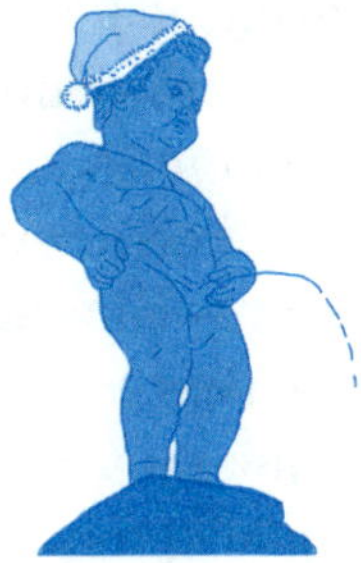

Posées oui, placides, non. Un trait caractéristique des amoureuses bruxelloises, c'est que toutes aimantes, fidèles, pleines d'humour et de recul qu'elles soient, il ne faut pas se foutre de leur gueule. J'ai entendu de désopilantes histoires de pintades vengeresses, de celle qui a truffé le café de son futur ex de laxatifs avant de le laisser partir à un « dîner d'affaires » (elle savait très bien qu'il allait rejoindre sa poule), à celle qui a enregistré comme message sur le répondeur familial après le départ de son légitime avec une jeune grue : « Je suis absente, Raoul est chez sa pute, les enfants sont à l'école. Veuillez laisser un message, merci ! » Venir picorer dans leur basse-cour revient à s'exposer à une ire qui, comme l'averse apocalyptique qui s'abat parfois sans prévenir sur Bruxelles deux minutes après qu'il a fait un temps pareil qu'à Rio, s'exprimera sans ambages.

Quand elle est dépourvue d'amant depuis trop longtemps, la Bruxelloise crée ses solutions : elle organise un dîner où chacun doit emmener un invité « hors de la bande » (méthode dite « Chloé », comme ma copine qui a trouvé son actuel compagnon en épluchant sa liste de contacts et en leur enjoignant de venir accompagnés de nouvelles têtes), elle traîne ses mômes au ciné-club de l'école voir les *Aventures de la Petite Taupe* (même quand ils ont 12 ans) sous-titré en flamand (méthode dite « Astrid », comme mon amie qui a ainsi chopé un papa fraîchement divorcé qui s'ennuyait un vendredi soir), ou éventuellement, elle va dans un club libertin. Cette pratique n'est vraiment pas très répandue, mais elle existe. Ma collègue Ninon, 36 ans, n'en pouvait plus de son abstinence forcée depuis la défection de son mari deux ans auparavant. Elle était frustrée de ne plus être touchée, triste de se sentir invisible, et fatiguée de son pingouin rose à piles (qu'elle avait prénommé « Robert », ne me demandez pas pourquoi). Trop rarement abordée par des types auxquels elle ne disait ni oui, Ninon a fini par accepter la proposition d'une de ses amies libertines de passer une soirée dans un de ces clubs en bordure de Bruxelles. Ne sachant pas comment s'habiller, elle avait opté pour une robe longue toute simple, et avait suivi sa copine habituée des lieux dans une grande maison qui avait dû être un atelier rénové. Elle craignait une ambiance scabreuse, elle est arrivée dans une sorte de lobby d'hôtel, où des gens normaux vêtus plutôt chic bavardaient courtoisement. Elle a tout de suite apprécié la franchise de la situation : pas de drague lourde, pas de faux-semblants. Un homme charmant est venu lui proposer de boire un verre à sa table, elle l'a suivi, et elle est restée là jusqu'à 4 heures du matin, à deviser avec celui qui deviendrait un ami. Elle s'attendait à tout, sauf à ça. Elle y est retournée, seule cette fois, quinze jours plus tard. Elle est montée dans une chambre avec un monsieur d'une petite cinquantaine d'années, propre sur lui et sentant l'after-shave, profil « Parlement ou Commission », même si elle n'en a jamais rien su. Il s'est montré respectueux et efficace, et Ninon, comblée d'être désirée à nouveau, et pas que pour son esprit – qu'elle a pourtant vif – vu qu'elle n'avait quasiment échangé aucune parole avec son cavalier d'un soir, en a eu l'ego regonflé à bloc. Assez pour rencontrer, trois semaines plus tard, Bertrand, qu'elle s'apprête aujourd'hui à épouser. Comme quoi, tous les chemins mènent à l'homme.

Le féminisme qui aime les hommes

En ce mercredi après-midi, j'ai rendez-vous avec Nathalie, Sabine et Véronique, militantes à Osez le féminisme Belgique, dans les locaux d'Amazone, un centre de ressources promouvant l'égalité entre les sexes (rien à voir avec les centimètres). Amazone héberge dans ses très beaux locaux d'autres associations qui font du lobbying et de l'action de terrain, comme le Conseil francophone des femmes de Belgique et l'Université des femmes. Le bâtiment, mi-XVIIIe (siècle, pas arrondissement), mi-administratif, abrite une bibliothèque féministe, un potager bio, et un lunch café qui propose un menu slow-food à base de produits du jardin.

Depuis 2011, le mouvement français Osez le féminisme (OLF) a développé une antenne à Bruxelles, utilisant la dérision pour déconstruire toutes les formes d'inégalités et de discrimination. On s'installe dans la *babble zone*, ou « espace bavardages », un salon peint en vert et or. L'une des trois militantes est venue avec sa petite fille, qui grignote sagement une pomme pendant que nous discutons. « Dès qu'on a su qu'une cellule d'OLF allait ouvrir à Bruxelles, on a décidé de s'y engager, parce que cette association promeut l'égalité, et non la guerre des sexes. On ne monte pas les genres les uns contre les autres, et les enjeux gays et lesbiens sont intégrés. D'ailleurs il y a des hommes qui militent avec nous. » Ces féministes-là se battent à coup d'humour pour faire passer leurs messages progressistes, et dépasser l'image « sécateur à couilles » qui colle encore trop souvent au féminisme. En 2011, leur campagne « Osez le clito ! » a attiré l'attention sur les tabous qui titillent toujours la sexualité et le plaisir féminin. Pour l'instant, la cellule bruxelloise d'OLF se concentre sur des actions de communication. Orienter les projecteurs sur le sexisme ordinaire reste d'actualité. France, Belgique, même combat : les salaires moyens des femmes restent en gros 25 % inférieurs à ceux des hommes. Même si on peut avoir l'impression que par rapport à d'autres pays, les pintades d'ici n'ont pas trop à sortir leurs ergots, Ariane Dierickx, directrice d'Amazone, souligne elle aussi les besoins criants, notamment en matière de transports, de places en crèche, d'accès au logement… « Nous avons mené une étude sur des femmes issues de l'immigration, pour comprendre les problèmes qu'elles rencontrent à Bruxelles dans leur quotidien. » Elles racontent leur parcours du combattant pour aller de chez elles à l'école puis au boulot en transports en commun. Elles décrivent le paradoxe des logements sociaux qui ne disposent que de trois chambres au mieux : comment loger une famille nombreuse ? Elles réclament un système de relogement prioritaire pour les femmes précarisées, victimes de violences conjugales, ou chefs de familles monoparentales. Elles témoignent de la difficulté de trouver un appartement, car une mère seule avec ses enfants effraye les propriétaires comme les banquiers (alors que de nombreuses études démontrent que les femmes payent leurs crédits et loyers plus régulièrement que les hommes). Une Congolaise qui porte un nom flamand et qui n'a pas « d'accent » car elle a été adoptée bébé rapporte que chaque fois qu'elle téléphone pour prendre rendez-vous avec un loueur, le bien est libre. Quand elle se présente le lendemain pour la visite, il est « déjà pris » (selon des études, la communauté congolaise est le plus souvent victime de discriminations). « Elles souhaitent aussi interpeller les politiques sur la question de l'accès au travail pour une mère célibataire, qui risque de perdre des avantages sociaux en acceptant un emploi, ce qui n'est pas toujours rentable. » Ariane Dierickx souligne : « La société de manière générale veut bien entendre parler d'empowerment des femmes, mais dès qu'on parle de féminisme, les gens entendent "discrimination des hommes". Comme les hommes et les femmes sont différents, la discrimination, c'est de les traiter de la même façon. Le féminisme n'est pas un mouvement "contre", mais un mouvement "pour". Il faut réhabiliter le terme : c'est extrêmement branché d'être féministe ! »

Veni, vidi, divorci

Pour un petit pays, la Belgique détient pas mal de records. Notamment celui du taux de divorces. Si en Europe, un mariage sur deux se solde par une séparation, à Bruxelles, c'est deux sur trois. Et comme le nombre de mariages tend à baisser et que celui des divorces continue de grimper comme du lierre sur la façade fissurée d'une maison abandonnée, on atteindra bientôt trois pour quatre. Comment en arrive-t-on à célébrer plus de divorces qu'on ne déplore de mariages ? J'avancerai deux réponses, qui auront la portée sociologique qu'on voudra bien leur prêter (c'est-à-dire peut-être aucune). D'une part, un mode de vie libéral dans une grande ville cosmopolite entraîne forcément un peu plus de zapping que dans un village reculé au fond des montagnes. À Bruxelles, on est habitué à être pressé et exigeant, on a du choix, donc on a plus facilement tendance à promener les yeux et le reste sur tout croupion qui balance à portée de patte. D'autre part, du fait des mouvements d'expatriés et d'immigrés qui défilent dans la capitale européenne, pas mal de couples mariés ailleurs explosent ici. Du coup, on comptabilise leur divorce, mais pas leur mariage.

Depuis la réforme du divorce, introduite en 2007 par Laurette Onkelinx, alors ministre de la Justice, on dissout plus vite un mariage en Belgique qu'un gramme de calcaire dans mille litres de vinaigre. Les procédures étant particulièrement rapides dans les tribunaux bruxellois – on peut dégager son alliance en deux semaines chrono si on est d'accord sur tout, en un an en cas de conflit –, il est très tentant de se séparer à Bruxelles plutôt que dans une juridiction plus lente.

C'est là que ça peut vite partir en sucette pour les futures ex-épouses. On appelle cette réforme, pourtant introduite par une femme, « la répudiation à la belge ». Au départ, l'intention louable était d'arrêter de punir ad vitam les hommes volages ou qui décidaient de prendre leurs cliques et leurs claques (avec plus ou moins d'élégance), en « rééquilibrant » les compensations financières, et en limitant leur versement à un temps équivalent à feu le mariage. Le divorce par consentement mutuel existe toujours mais, alors qu'il représentait 70 % des divorces avant la loi, aujourd'hui, 70 à 80 % des divorces se font pour cause de « désunion irrémédiable ». On ne peut plus blairer l'autre ? Qu'à cela ne tienne, on peut divorcer en quelques mois, un an au maximum après le dépôt de la requête, qu'il soit d'accord ou pas. Certes, le temps des pensions alimentaires à la « Win for life » (jeu de grattage qui garantit un versement mensuel à vie au lieu d'un pactole d'un coup) appartient au passé. La suppression de la notion de faute judéo-chrétienne n'est pas mal non plus en soi, mais son effet pervers est d'avoir annihilé la notion de responsabilité morale vis-à-vis de la personne avec qui on s'était engagé.

La réforme est passée facilement, car il y avait indiscutablement des injustices faites à certains hommes. Mais rapidement, sont apparus des problèmes d'ordre pratique. Dans le cas d'un couple où la femme gagne beaucoup moins que son mari, si elle l'aide dans son entreprise à lui ou si elle est mère au foyer, elle se retrouve souvent fort dépourvue quand le temps des bises est révolu. Francine, 50 ans, a ainsi travaillé toute sa vie dans l'entreprise de serrurerie de son mari, sans être salariée. Quand il a eu un coup de cœur (bon, d'accord, ça se passait plus bas) pour une jeunette de 25 ans, Francine a bien reçu une petite pension alimentaire, mais de loin pas de quoi maintenir son niveau de vie. Et bien sûr, ni chômage, ni plan de reclassement. Dans un autre style mon amie Gaëlle, ex-épouse d'un médecin, trois enfants, était mère au foyer. Selon l'équilibre de couple décidé avec son mari, elle était en première ligne pour les marmots et la maison. Quand le bon docteur s'est rêvé une autre vie et l'a jetée de la maison qu'il avait payée, elle s'est retrouvée du jour au lendemain avec 450 euros par mois environ pour élever sa marmaille une semaine sur deux. Sans emploi depuis des lustres, elle leur a servi des coquillettes et des corn-flakes pendant des mois avant qu'on lui propose un petit job dans ses cordes (elle en avait peu à son arc). Au moins les mômes étaient-ils ravis de pique-niquer sur la table basse devant la télé (qu'elle a mis six mois à pouvoir s'offrir). Après, tout dépend de l'appréciation du juge, certains étant plus compatissants que d'autres.

Mais le pire, c'est que depuis décembre 2011, les époux ne sont plus obligés de comparaître en personne lors de l'audience de divorce, sauf s'ils sont convoqués en référé pour les enfants. Selon maître Pierre-Marie Sprockeels, avocat depuis vingt-cinq ans et médiateur, « tout est fait pour que celui qui part n'ait même pas besoin de se confronter à celui qu'il abandonne. On s'engage dans le mariage, on devrait devoir s'engager dans sa dissolution. Le travail du juriste a changé : le droit n'intervient presque plus dans un divorce. Ça rend la reconstruction très compliquée. Avec cette réforme, on a déshumanisé le divorce. Les hommes ont l'impression de verser la pension alimentaire de leurs enfants à leur ex-femme pour qu'elle aille faire du shopping. C'est pour ça qu'un si grand nombre paye mal et en retard. Ne pas comparaître à son divorce, c'est comme ne pas aller à un enterrement : ça rend le deuil du couple plus difficile ». Le boulot d'un avocat, c'est de garder l'œil sur les balises. « Je ne suis pas fan de la notion de faute, je suis trop laïc pour ça. Je suis bien placé pour savoir que dans un divorce, tout le monde a une part de responsabilité. Le problème se situe au niveau de la suppression totale de la notion de responsabilité. Ça, c'est dur. On devrait pouvoir prévoir un moratoire sur les procédures de divorce hard, quand une épouse se retrouve abandonnée et sans ressources après des décennies de mariage ou avec plusieurs jeunes enfants à charge, et prévoir l'intervention d'un médiateur ou d'un thérapeute de couple. » Pourquoi avoir supprimé l'obligation de comparaître ? Simplement pour éviter aux futurs ex de devoir poser une demi-journée de congé. Donc, pour une amende roulage (circulation), on se rend au tribunal, mais pour dessouder son mariage, on peut rester tranquillement au bureau.

Pour les gays, c'est gai

Comme beaucoup de grandes villes, Bruxelles compte une importante communauté homosexuelle, puisqu'il est plus facile d'y assumer un mode de vie un peu moins conventionnel que la voie hétéro-tracée. On a voté des lois progressistes pour aligner les droits des gays sur ceux des autres citoyens, avec des dispositions antidiscriminatoires. Même s'il reste encore du chemin à faire, notamment en matière d'acceptation de l'homosexualité, les couples masculins et féminins peuvent se marier comme n'importe quels amoureux depuis 2003. Il a suffi pour cela d'aménager un seul article du code civil, qui précise désormais que « *deux personnes de sexe différent ou de mêmes sexes peuvent contracter mariage* ». Toutes les autres dispositions sont identiques au mariage hétérosexuel. Et parce que l'amour s'use aussi vite chez les homos que chez les hétéros, leur taux de divorce est supérieur à 60 %. Depuis la promulgation de cette loi, ce sont deux tiers de couples d'époux et un tiers de binômes de mariées qui se disent oui à la commune, pour le meilleur, le pire et surtout l'évolution de la société. Autre signe que la Belgique soutient les familles homoparentales (qui existent de toute façon de fait depuis longtemps), elles ont le droit d'adopter depuis 2006. Six Belges sur dix soutiennent les aménagements en faveur de la famille homoparentale. De nombreux couples de lesbiennes viennent également de l'étranger à Bruxelles bénéficier d'une insémination artificielle, accessible aux « femmes célibataires ».

Je croise Isabeau chez Carrefour. On a travaillé ensemble il y a des années, et je ne l'ai pas revue depuis. C'est une belle plante flirtant avec la quarantaine, grande, élancée, avec de longs cheveux blonds. Elle est jolie comme une héroïne de Disney, mais elle ne cherche pas son prince charmant. Elle préfère les princesses. Directrice de création dans une agence de Web design, elle a toujours eu cette allure sporty chic qui me fascine : jean slim, débardeurs ou chemises fluides, petites chaussures à talons, elle semble toujours tellement bien dans sa peau, Isabeau. Nous commençons à pousser notre caddie ensemble, et elle me raconte qu'elle s'apprête à filer à Nice, où vit sa nouvelle copine. Elle a toujours su qu'elle était homosexuelle même si, à l'adolescence, baignant dans un environnement classique avec des codes hétéros, elle a mis son attirance pour les filles de côté. À 18 ans, elle a finalement eu sa première petite amie. Isabeau n'est pas militante, elle veut juste mener sa vie paisiblement. « À Bruxelles, les gays sont bien acceptés, on est libre d'être qui on veut. Je ne me sens jamais en danger, mais j'évite quand même d'être démonstrative dans la rue. Si je me balade main dans la main avec ma compagne, il y a des mecs que ça émoustille, en général ceux de 25-35 ans, et ils deviennent intrusifs. J'ai des copines qui se sont même fait agresser, mais moi ça ne m'est jamais arrivé. La plupart du temps, ça intrigue plutôt les gens et ils t'abordent pour te poser des questions. Au pire, ils te sifflent. Dans ces cas-là, j'ai l'impression que mon intimité ne m'appartient plus. Alors je ne m'affiche pas, mais je ne me cache pas non plus. À Nice par exemple, on passe plus anonymement. » Isabeau fréquente parfois les soirées Velvet69, grand-messes techno lesbiennes qui ont lieu environ une fois par mois à Bruxelles, mais elle ne revendique rien. « Déjà, la sexualité de façon générale est plus visible chez les mecs. Dans les soirées lesbiennes, il n'y a pas de backrooms. Je pense que ça tient aux différentes natures des rapports homosexuels entre femmes ou hommes. » Par rapport à ses amis qui vivent dans d'autres pays d'Europe, notamment dans les États de l'Est où la situation reste compliquée pour les gays, elle s'estime très bien lotie en Belgique : « Il reste des gens un peu lourds qui ont des réactions déplacées, mais en parallèle, on peut se marier, adopter, concevoir des enfants par insémination artificielle. On a toutes les libertés à portée de la main, on n'a plus qu'à les vivre. »

À Bruxelles le quartier gay n'est pas très étendu mais bien vivant. Les bars et les restos fréquentés par la communauté sont calés dans le bas de la ville entre le canal et la gare du Midi, en passant par Dansaert. Essaimés sur le chemin, quelques traditionnelles boutiques tout cuir et les saunas de rencontres, qui ne parlent pas à tous et qui ne sont pas très nombreux mais qui sont là quand même. Dans certaines boîtes, on trouve des dark rooms. Le principe : les hommes rentrent seuls ou accompagnés, et se mélangent entre eux sans savoir qui fait quoi avec qui. Il y a un côté roulette russe, mais ça concerne la frange extrême des soirées gays, avec des gens qui vivent leur sexualité à fond. Sur ce pâté de maisons s'étalent les cafés et terrasses parmi les plus chaleureux et ambiancés de la ville, mais il ne faudrait pas verser dans l'angélisme : des passants « qui s'assument un peu trop » s'y font parfois agresser (d'ailleurs, suite à une triste série de violences homophobes, le gouvernement a approuvé en juillet 2012 un projet de loi visant à punir plus sévèrement les violences commises à l'encontre des homosexuels). Pourtant, le quartier, avec son petit parfum interlope et son avant-garde de fait, concentre les points les plus délicieusement névralgiques de la nuit bruxelloise.

Dans les vap' à Schaerbeek

Nous sommes un mercredi après-midi, le jour des femmes, le hammam est ouvert jusqu'à 23 heures. J'ai décidé de m'offrir un moment de détente avec Jasmina, une amie marocaine qui ne jure que par les bains de vapeur et les gommages traditionnels. En entrant dans ce lieu situé en plein quartier populaire, entre restaurants turcs et cafés albanais, nous sommes tout de suite saisies par le parfum d'orange, d'encens et d'ambre qui flotte dans les salons de relaxation, où des femmes rient en buvant du thé à la menthe, tandis que de jeunes enfants courent entre les tables basses. Il a suffi d'un seul pas pour quitter la rue grise et pluvieuse de Schaerbeek, et pour débarquer en Orient. À ce moment-là, naïve que je suis, je pense encore savoir ce qu'est un hammam, parce que j'y vais souvent quand je visite des spas. Ça fait rigoler Jasmina, je vais vite comprendre pourquoi.

Nous entrons, moyennant un prix modique, et quand la jeune femme à l'entrée nous demande si nous voulons nous faire épiler, je trouve que c'est une bonne idée. Je commande une épilation du maillot, et tandis que mes copines descendent vers les bains, je me dirige vers les cabines de soins. L'esthéticienne m'accueille tout sourire et vérifie avec moi que je viens bien pour une épilation intégrale. Je lui réponds que non, juste un brésilien classique, quoi. Stupéfaction de mon interlocutrice. Je m'installe sur la table, genoux serrés et pudeur en bandoulière. Elle comprend : « Tu n'es pas d'ici, hein ? » Je ne sais pas exactement où elle situe « ici », mais je pige que ça va me changer des instituts où j'ai bêtement eu mes habitudes jusqu' à maintenant. Tout en me faisant la conversation, elle entreprend de faire ce pour quoi je suis venue, sans chichis. J'ai l'impression d'être dans une salle d'accouchement, vaguement consciente que j'entre dans un monde où la culture des femmes entre elles ne s'encombre pas de paravents. L'affaire est pliée en quatre minutes montre en main, et je n'ai *rien* senti, tellement sa technique est impeccable. Je ressors le rouge aux joues, gênée de ma propre gourdise, et allégée d'une dizaine d'euros seulement (contre au minimum le triple d'habitude). J'ai embarqué le paréo et le petit pot de savon noir qu'on m'a remis à l'entrée, et je descends rejoindre ma copine au hammam. J'entre dans le bain de vapeur, où les conversations vont bon train, et le temps que mes yeux s'acclimatent à la buée, je repère Jasmina. Toutes les femmes

sont nues, assises sur leur paréo pour des questions d'hygiène, et bizarrement, j'ai l'impression que les seins de Jasmina moussent. Je m'en étonne, parce qu'en général dans les hammams que je connais, où ça sent l'eucalyptus et où on passe du Vivaldi, d'abord personne ne moufte, ensuite les seins ne moussent pas. Rires autour de moi. Soudain, une main se pose sur mon dos, et une dame que je ne connais ni d'Ève ni d'Adam commence à étaler le contenu du petit pot de savon sur mes omoplates. Ah. OK. Je réalise que chacune se savonne dans la vapeur. C'est logique, finalement, c'est plus efficace pour nettoyer la peau en profondeur. Je comprends en même temps pourquoi les hammams traditionnels font à ce point fantasmer les hommes. Tu parles.
En sortant, je suis aspergée par un jet d'eau tiède au tuyau que tient une aimable personne, pour rincer le savon.
Même remarque que plus haut. Serrant mon paréo détrempé contre ma poitrine, au milieu des femmes superbes, rondes, luisantes d'eau et de savon qui vont et viennent à poil et en faisant la causette, je m'étends sur une table en marbre pour mon gommage. Pour moi jusqu'ici, un gommage, c'était moi toute seule dans ma salle de bains, étalant du bout des doigts un produit très cher d'un labo très chic qui sent très bon, et rinçant les tout petits grains blancs sous ma douche, satisfaite du travail bien fait, et persuadée d'avoir un épiderme renouvelé. J'attends, donc, un bon massage effectué avec un onguent sentant la myrrhe. Une solide dame empoigne alors un gant vraisemblablement composé de papier de verre et me frotte le corps, de toute évidence déterminée à me polir les os. Recto, et verso. Du coin de l'œil qui ne pleure pas, je vois avec effroi tomber de mon corps ce qui semblait être des rouleaux de gomme de la taille de croissants parisiens, au beurre. Heureusement qu'il se passe la même chose sur toutes les autres tables disposées dans la pièce, sinon je fondrais de honte. Je découvre ce jour-là, dans un hammam

de Schaerbeek où un groupe de femmes fait des « youyous » en l'honneur du mariage prochain de l'une d'elles, que les gommages en tube à utiliser six mois après ouverture, rejoignez notre page Facebook, c'est de la couille. Je me rhabille, légère et me sentant littéralement purifiée. Nous montons boire une théière chacune de thé à la menthe, et pendant les jours qui suivent, je ne peux m'empêcher de me caresser compulsivement les bras.
Je suis devenue accro, et je suis revenue. Parce que je vous jure que la dernière fois que j'ai eu la peau aussi douce, j'occupais un utérus.

C'était au temps où Bruxelles se faisait belle

Laurence est une des prêtresses de la beauté dans la presse féminine belge. C'est donc face à elle que je m'installe, devant un kir vin blanc dans un bar cosy, pour qu'elle partage son expertise sur la question du lissage des plumes de la pintade de Bruxelles. Parce que là, honnêtement, je sèche. Personnellement, je vais de temps à autre chez le coiffeur, ou me faire masser quand j'ai l'impression, en toute modestie et toutes proportions gardées, de porter le monde entier sur mes trapèzes. Mais en quinze ans de bruxellitude, je n'ai remarqué de la part de mes amies ni bousculades dans les ongleries, ni émeutes devant Sephora. Déjà des Sephora, il n'y en a pas. Pour se fournir en cosmétiques et maquillage, en dehors des parfumeries qui distribuent essentiellement des grandes marques, nous n'avons que le Di : une chaîne de droguerie qui vend autant de shampoings et de crèmes hydratantes que de rouges à lèvres et de produits pour le sol, autant de couches-culottes et que de coton à démaquiller. J'adore le Di, je peux y passer des heures à empiler sur mes bras des sels de bain et de la lessive qui tomberont par terre à un mètre de la caisse, mais ce n'est pas Sephora. Seule Laurence peut me sortir de ce mauvais pas, et éclairer ma lanterne sur les rituels beauté de la Bruxelloise. Surtout que Laurence est une pub vivante pour son sujet. Élégante, raffinée, toujours impeccablement soignée, c'est le genre de quadra à qui on demande ses papiers pour entrer au casino tellement elle a l'air jeune. Elle trempe ses lèvres maquillées-mais-ça-ne-se-voit-pas (c'est à ça qu'on reconnaît les expertes) dans son verre, et m'explique qu'en matière de soins, la Bruxelloise est une femme pragmatique, consciente des besoins essentiels de sa peau, et qui se soucie d'entretenir un teint lumineux : « Elle suit scrupuleusement les conseils dispensés par les professionnels, sa dermatologue, son esthéticienne et sa pharmacienne. Elle sait qu'elle doit se démaquiller le soir, elle s'exfolie, elle s'hydrate régulièrement. Il est important pour elle de prendre soin de sa peau. » Pour cela, la coquette avertie utilise des produits à l'efficacité prouvée, et se tourne volontiers vers des marques de pharmacie, en nette progression en Belgique par rapport aux ventes en parfumeries. À Bruxelles plus que dans toute autre capitale, beaucoup d'officines ont une approche « soins cosmétiques », et de nombreuses boutiques se sont spécialisées dans les soins bio et naturels. La consommatrice est consciente du fait que le prix ne fait pas forcément l'efficacité, ni dans un sens ni dans l'autre. « En somme, elle veut du glamour, comme la plupart des femmes, mais surtout de l'efficacité. » Du coup, elle ne zappe pas son rendez-vous annuel chez le dermatologue, et elle multiplie les soins à la maison. En revanche, elle va peu en instituts, sauf pour des occasions particulières. Je note que presque toutes les filles que je croise en ce moment ont des cils d'un kilomètre de long et qu'elles ont l'air maquillées sans l'être. Laurence opine : « C'est la recherche de pragmatisme : les extensions de cils explosent, tout comme celles de cheveux, et les bars à sourires se multiplient : on rentabilise son temps. » La Bruxelloise, femme très active et occupée entre son boulot, son mari, peut-être ses amants, et ses enfants, recourt plus à des techniques qui lui simplifient la vie qu'à des falbalas qui ne dureront que deux heures. Dans le même ordre d'idées, le lissage brésilien fait toujours plus d'émules. Et puisqu'elle est accro au bien-être, quand elle va en salle de sport, c'est pour s'entretenir certes, mais pas comme une forcenée (ou alors c'est une Américaine expatriée). L'endermologie décolle, parce qu'elle allie le plaisir d'un massage et l'effet amincissant, mais les massages restent sans doute le rituel de beauté le plus prisé. On a mis du temps à comprendre les bienfaits des papouilles au niveau de la relaxation, et de ses effets connexes pour se détacher du stress du quotidien. La pintade prend soin de son plumage, de son corps et de sa peau, bien au-delà de la recherche de techniques amincissantes. Un corps ferme, c'est déjà pas mal.

Si elles ne se maquillent pas ostentatoire, les femmes se mettent volontiers au parfum. De niche, rare, qui laisse une signature. Je suis toujours impressionnée par le nombre de filles dont je reconnais la trace olfactive sans l'identifier, parce qu'elles font concocter leur propre jus dans une boutique spécialisée, ou qu'elles le dénichent dans un de ces comptoirs à parfums confidentiels qui font un tabac, et pas seulement auprès d'une clientèle élitiste. Je connais des pintades au bec si fin qu'elles peuvent nommer les principaux ingrédients d'un flacon les yeux fermés, alors qu'elles sont fumeuses. Isa est comme ça. Cette diététicienne folle de parfums, et elle dégotte toujours des senteurs dingues. Elle est capable de citer les composants de presque tout ce qu'on trouve sur le marché en matière de luxe ou de grande distribution, et ce, sans la moindre formation. Dès qu'elles atteignent une petite trentaine et qu'elles ont un minimum de moyens, les coquettes écument les boutiques spécialisées en parfums select, à la recherche d'odeurs que tout le monde ne portera pas.

L'autre grand atout de la Bruxelloise, ce sont ses cheveux : la capitale de l'Europe est aussi celle des coiffeurs. C'est la ville où l'on trouve la plus haute concentration de merlans au mètre carré (plus qu'à Paris, c'est dire). Pour le coup, les femmes s'y rendent souvent, ne serait-ce que pour un brushing, mais ça, c'est peut-être dû au temps.

La vie de salon

Chaque fois que je passe devant ce petit coiffeur de quartier, je suis hypnotisée par l'ambiance chaleureuse qui filtre à travers la vitrine. La clientèle est très variée, je ne sais jamais qui je surprendrai, les cheveux mouillés retombant sur la cape de bain, dans les fauteuils de Michelle. Une sage vieille dame aux cheveux bleutés, un enfant sautillant qui attend sa première coupe, ou un jeune homme feuilletant un magazine tandis qu'on lui raccourcit les pattes à l'heure de table ? Michelle tient ce salon depuis trente-deux ans. Elle a vu défiler le Tout-Bruxelles, elle a tout entendu. Martine, qui vient d'entrer, est une habituée, comme tout le monde ici. « J'ai commencé à venir chez Michelle parce que j'habitais juste en face, je n'avais qu'à traverser la rue. C'était il y a vingt-cinq ans, j'ai déménagé plusieurs fois, mais je reviens toujours. » Martine est une femme manifestement dynamique et occupée, en jean et Converse. À vue de nez la cinquantaine, elle a finalement accepté d'apprivoiser ses cheveux gris, qu'elle porte en carré long avec une frange un peu folle. « Mon homme n'était pas très chaud pour que j'arrête de les teindre, mais je lui ai dit : "Ce n'est pas parce que j'aurai l'air un peu plus jeune que tu auras l'air moins vieux." » Elles rigolent, Michelle lui mouille les cheveux. Le salon est tout cosy, et si on ne se donne pas la peine d'entrer, on pourrait croire qu'il n'y défile que des dames sans histoires. Elles en ont pourtant des tas à raconter, des histoires. Certaines en écrivent, comme Amélie Nothomb, la prolixe auteure de best-sellers, qui se fait toujours coiffer par Michelle, tout comme sa sœur Juliette, qui publie des livres de cuisine. « Au prix des coiffeurs parisiens, je les comprends ! » s'écrie Martine. C'est vrai que la petite coiffeuse de quartier pratique des tarifs vraiment au poil, pour des soins à la pointe (des cheveux). Elle maîtrise toutes les nouveautés, les techniques à l'ancienne, et ne pousse pas à la consommation : « C'est pour ça que je veux rester ma propre patronne, pour ne pas être obligée de mettre des tonnes de produits sur la tête des clientes parce que je serais tenue de faire du chiffre. J'aime mon salon, il est intime, personnel. Mes clientes me racontent des trucs qu'elles ne disent même pas à leur mari ou à leurs enfants. » Femmes à journée (femmes de ménage), épouses d'ambassadeurs, quelques hommes, employées de l'Armée du salut, éditrices, journalistes, femmes de télévision, caissières ou figures de presse, elles ne quitteraient Michelle pour aucun… Figaro. « Personne n'est inodore, insipide et incolore. Le cinéma n'invente rien, il est même largement en dessous de la réalité de la vraie vie des gens. » Martine renchérit : « Michelle, elle est autant coiffeuse que psychologue. » De fait, la coiffeuse, qui manie les colorations comme personne, et vous enquille un brushing sur cheveux longs en moins d'une demi-heure (il tiendra une semaine, malgré la pluie !), connaît tout le monde, et au fil des années, elle a entendu un sacré paquet de potins. Elle nous sert du café et des gaufrettes, pendant que la couleur de Martine pose : « Il y a des gens qu'on remarque à peine, et dès qu'ils s'assoient, on découvre des vies incroyables, comme celles de ces épouses de diplomates, prisonnières de guerre dans des camps japonais pendant la Seconde Guerre mondiale, ou cette femme qui avait travaillé au service de la reine Fabiola. » Indéniablement, elles en ont sous le casque, les petites dames aux cheveux bleus de Michelle.

Les bons plans et adresses beauté de Laurence

Les coachings d'Anouchka de Bellefroid
www.anouchkadebellefroid.be
Anouchka reçoit en individuel ou en petits groupes, et transmet ses astuces d'ancien mannequin pour s'approprier les tendances en matière de maquillage, ou cacher les marques de fatigue. Elle est de très bon conseil.

Un produit miracle à trois francs six sous : le Flavo C, des laboratoires belges Auriga. C'est un sérum qu'on ne trouve qu'en pharmacie, et qui produit un effet éclat incroyable sur la peau. Une goutte = 15 jours de vacances !

Senz
Rue Simonis, 60 (Châtelain)
02 640 40 34
www.senz-cosmetics.com
Un atelier où l'on apprend à créer soi-même ses cosmétiques bio.

La Feuille cosmétique vivante
Rue Berkendael, 199 (Brugmann)
02 343 96 00
Des conseils top et des produits bio hyperpointus, qui vont au-delà de la cosmétologie.

Sent-bon

Senteurs d'ailleurs
Place Stéphanie, 1a (Louise)
02 511 69 69
www.senteursdailleurs.com
Des parfums de niche, rares et merveilleux, et des conseils toujours très avisés.

Kroonen and Brown
Rue Lebeau, 49 (Sablon)
02 512 40 05
www.kroonenandbrown.be
Pour le côté très confidentiel, l'atmosphère « entre copines », le petit salon où l'on peut s'asseoir et échanger, tout en choisissant parfums et maquillages.

Cosmeticary
Rue Auguste-Orts, 11b (Dansaert)
02 346 89 62
www.cosmeticary.com
Pour les gammes de produits bio et les marques exclusives en Belgique. Tout ce qui est pointu en matière de cosmétiques, c'est ici.

L'Antichambre
Place Georges-Brugmann, 13 (Brugmann)
02 343 55 13
www.l-antichambre.com
Un laboratoire d'alchimistes du parfum, pour faire créer son propre jus.

Soins, papouilles et massages

Serendip Spa
Place Stéphanie, 18 (Louise)
02 503 55 04
www.serendip-spa.com
Pour le côté très zen, le *fingertip facelift*, super efficace rien que sur une séance, pour un coup d'éclat.

Spa Cinq Mondes
Chaussée de Bruxelles, 135 (La Hulpe)
02 290 98 98
www.dolcelahulpe.fr
À 10 minutes du centre-ville, on est projeté dans plusieurs univers exotiques, au cœur de la forêt.

Martin Spa
Avenue du Lac, 87 (Genval)
02 655 71 11
www.martins-hotels.com
Pour se relaxer, la tête dans la cime des arbres du lac de Genval. C'est à une demi-heure de Bruxelles, et les soins sont parfaits.

Jari Menari
0492 83 90 07
www.jarimenari.be
Tom Ackaert s'est formé au massage holistique en Asie et en Belgique. Son approche du massage thérapeutique des tissus profonds vise le bien-être et le lâcher-prise sur les tensions accumulées par de mauvaises postures, les troubles du sommeil, les migraines… Il faut essayer le massage Jari Menari (« les mains qui dansent »), une chorégraphie de gestes précis et intenses qui « reconnectent le corps et l'esprit ». La pratique de Tom varie en fonction des besoins spécifiques qu'il nous invite à

exprimer en début de séance. Puis c'est parti pour un moment de grâce, un massage dispensé avec une attention personnelle.

Le Riad
Rue Gallait, 29 (Schaerbeek)
02 248 02 10
www.hammambruxelles.eu
Hammam traditionnel marocain.

Aspria
www.aspria.com
Entre le spa et le club de sport, trois adresses select pour prendre soin de soi. Les décors sont soignés, le public chic et discret (enfin la plupart du temps), et l'accompagnement aux petits oignons.

Avenue Louise, 71 (Louise)
02 610 40 66
www.aspria-avenuelouise.be
En plus de la salle de sport tellement techno qu'on dirait un vaisseau spatial, une très jolie piscine avec sauna, jacuzzi et bain de vapeur.

Rue Sombre, 56 (Woluwé-Saint-Lambert)
02 609 19 02
www.royallarasante.be
Deux piscines, un grand jardin, un îlot de relaxation. Coup de cœur pour le bassin où des sortes de transats de carrelage et des jacuzzis sont intégrés dans la structure de la piscine, et on a pied partout. Top le week-end avec les enfants.

Rue de l'Industrie, 26 1040 Bruxelles
02 508 08 00
www.aspriaclub.be
La clientèle des institutions européennes et fédérales belges voisines. On vient nager le matin, ou faire du sport entre midi et deux.

Coupage de cheveux en quatre

Wakko
Rue du Marché-au-Charbon, 69 (Grand-Place)
02 503 05 97
www.wakko.be
Frederick Peeters, coiffeur visagiste, ose pour nous. En restant en adéquation avec la personnalité de la pintade qui lui confie son plumage, il fait ressortir le culot, la flamboyance, et finalement le pouvoir d'une tignasse. Il coupe sur cheveux secs, il est donc facile de reproduire sa coupe à la maison. Un vrai coup de cœur pour ce salon coloré à l'ambiance chaleureuse.

Maison Roger
Rue de Namur, 86 (Porte de Namur)
02 512 36 37
www.maisonroger.com
Alain Denis, le patron, est un artiste capillaire indéniablement, un entrepreneur visionnaire et généreux certainement ; ce monsieur dynamique et plein d'humour est l'un des derniers authentiques « coiffeurs aventuriers ». Chacun de ses coiffeurs développe un savoir-faire très spécifique. Tarifs clairs, sans mauvaises surprises, plutôt doux pour la qualité des prestations.

Taboo
Chaussée de Waterloo, 374 (Ma Campagne)
02 537 66 69
Artisan coiffeur visagiste. Pour les couleurs, les coupes, et l'accueil personnalisé. Il faut faire confiance à l'artiste.

By Joseph
Rue Emmanuel-Van-Driessche, 75 (Brugmann)
0495 48 70 00
www.by-joseph-hair-consultant.be
Alain Spaens travaille avec des produits naturels, et on est reçu individuellement.

Coiffure Michelle
Rue Washington, 170 (Châtelain)
02 344 00 93
Un petit salon de coiffure pour habituées, où on se sent tout de suite de la famille. Michelle n'a pas son pareil pour comprendre – et réaliser – exactement la couleur dont on rêve. Un moment pour soi, dont on ressort rassurée : la patronne a suivi nos envies.

Les bonnes adresses de nos copines féministes

Amazone asbl et son Lunch Café
Rue du Méridien, 10 (Saint-Josse)
02 229 38 00
www.amazone.be
Le centre de ressources crée des synergies entre les acteurs de l'égalité, héberge et offre un service logistique à des associations qui œuvrent dans ce sens, et fournit un important travail de recherche de documentation pour ces structures, la presse ou des chercheurs. On peut aussi se retrouver au restaurant d'Amazone, pour bavarder, déguster des plats composés des produits frais du jardin, et refaire le monde en mieux.

La bibliothèque Léonie-Lafontaine

Rue du Méridien, 10 – Bloc B (Saint-Josse)

02 229 38 33

C'est *la* bibliothèque féministe de Bruxelles, nichée derrière le Jardin botanique. Elle dépend de l'Université des Femmes, domiciliée à Amazone. La bib' est très bien fournie (plus de 14 000 volumes et 100 périodiques), et couvre la plupart des domaines de la production des études féministes, avec également des titres et des revues en anglais.

100 papiers

Avenue Louis-Bertrand, 23 (Schaerbeek)

02 894 88 39

www.100papiers.be

Cette librairie de quartier a fait le choix de la qualité plutôt que de la quantité. On trouve dans ce petit espace des romans, des essais, des livres pour enfants, de cuisine, de voyage mais aussi quelques BD ou même des CD et des jeux, chaque article étant sélectionné avec soin. Sans oublier le bar et les nombreux événements organisés (rencontres, conférences, débats, concerts, lectures…) qui annoncent la couleur : ici, on vient pour (se) découvrir.

Le festival Pink Screens (Cinéma Nova)

Rue d'Arenberg, 3 (Centre)

02 503 57 57

www.pinkscreens.org

Un festival qui promeut les sexualités et les genres différents.

Le Festival « Elles tournent »

www.ellestournent-damesdraaien.org

Une programmation qui met en avant les femmes artistes œuvrant dans l'audiovisuel, toujours minoritaires dans ce milieu.

Les urinoirs de l'église Sainte-Catherine

« La plupart d'entre nous ignorant l'histoire du traitement des excréments à Bruxelles, on s'étonnera sans doute de trouver un vieil urinoir public toujours en fonction en plein centre-ville, et de surcroît le long de l'église Sainte-Catherine. À l'époque il importait surtout, en les situant dans des lieux stratégiques fréquentés, d'inciter les gens à les utiliser. Enfin, "les gens"... Les hommes, plutôt. Les femmes, elles, doivent manifestement apprendre à contrôler leurs vessies. On remarque en outre que si l'aménagement du lieu permet de se soustraire au regard, ce n'est que partiellement, histoire d'éviter tout débordement. »

Les soirées gaies gays

« Dansez-vous Français ? », « Mon cul ta praline » et « Bitchy Butch » (« De la pop et des baisers »)

Toutes les infos sur www.bitchybutch.be

Leftorium

www.leftorium.be

Surtout quand elles ont lieu au Bazaar.

Vicuna

www.vicuna.be

Soirées « électro pop love ».

Velvet69

www.velvet69.com

Soirées gays pour les filles (et leurs potes bi, et leurs potes homos).

Holger
www.holgertracks.com
Des soirées gays où l'on rencontre beaucoup de Flamands.

La Démence
www.lademence.com
Un phénomène à part. On sait qu'il y une « Démence » quand on voit débarquer au centre-ville des personnages qui semblent tirés d'un film de John Waters (période 90's). C'est une sorte de grande rave gay, qui réunit environ deux mille personnes, dont la plupart arrivent de l'étranger par cars : France, Allemagne, Pays-Bas. Finalement, on y croise assez peu de Bruxellois. On danse, on drague, on se défonce. C'est trash, c'est underground.

Le blog de Klodia
www.brusselsisburning.blogspot.com
« La punch line de *Brussels is Burning*, c'est un blog dédié à tous ceux qui aiment la Belgique, Bruxelles, la mode et la musique, avec des agendas de soirées et d'expos. À la base, un programme plutôt alternatif, mais on y trouve aussi du classique pour alimenter le tout. On sélectionne toujours des événements qui ont une particularité qui nous excite et qui peut exciter notre public. »

BruXelles

Eva Luna
Rue du Bailli, 41 (Châtelain)
02 647 46 45
www.evaluna.be
Un love-shop créé par une jeune sexologue féministe, pour conjuguer érotisme avec épanouissement. L'accueil est respectueux, les questionnements intimes écoutés. Ses conseils sont d'or, ses joujoux kinky, la sélection de lingerie raffinée. Il y a du plaisir pour chacun, aux antipodes des sex-shops sordides aux abords des gares, mais tout près du septième ciel.

Lady Paname
Rue des Grands-Carmes, 5 (Grand-Place)
02 514 30 35
www.lady-paname.be
Ambiance boudoir, accessoires et cosmétiques érotiques, lingerie. Pour l'exploration intérieure…

Mademoiselle Jean
Chaussée d'Alsemberg, 454 (Uccle)
0475 58 17 92
www.mademoisellejean.com
Dans une bâtisse de 1900 décorée entre maison de passe et cabinet de curiosité, Mademoiselle Jean fabrique sur mesure et à prix très abordables de la corseterie et de la lingerie rétro, porte-jarretelles et culottes d'apparat en satin avec rubans, bustiers et serre-taille avec baleines de fer, pour un effet corset très corsé.

Conclusion

Conclusion

Bruxelles, c'est du brol.

Une métropole de province, une cité hybride composée de communautés, de courants philosophico-comiques, de morceaux d'Histoire, d'architectures accolées, le tout cousu-décousu et animé par une électricité créative ; c'est la Créature de l'Europe, et « elle est vivante ! ».

Elle n'a pas vraiment de centre, et possède mille identités. C'est son charme et sa limite, son je-m'en-foutisme face aux convenances, son bordel maîtrisé, sa liberté.

Bruxelles marque la frontière entre le nord et le sud de l'Europe, entre pays latins et germaniques, avec 45 nationalités dont ces cousins français qui en font doucement mais sûrement le « XXIe arrondissement de Paris ».

Alors qu'on représente toujours la Belgique par ses outrances – le cinéma est sans pitié avec les clichés –, Bruxelles est une ville d'une extraordinaire subtilité. Loin de se diluer dans les multiples influences qui la traversent, elle s'en nourrit et s'en inspire pour se démarquer. Finalement, la pintade est un avatar qui va bien aux Bruxelloises : les orages, quels qu'ils soient, glissent sur ses ailes chatoyantes, et plus sa ville s'enrichit d'influences multiculturelles, artistiques, internationales, et somme toute humaines, plus il lui pousse de nouvelles plumes colorées.

La Bruxelloise est le rai de lumière qui perce les nuages anthracite des tableaux des maîtres flamands. Son regard sur vous, c'est l'étole de cachemire qu'on enroule autour de ses épaules lors d'une balade sur la plage d'Ostende, sinistre et sublime en novembre, quand le vent a gelé les vaguelettes dans le sable, comme les rides d'expression d'un pays qui n'en peut plus d'être écartelé. C'est la chantilly sur la gaufre. C'est la gaufre, la gourmandise et la douceur de vivre.

Audacieuse, cette pintade n'a peur de rien mais n'a pas besoin de le prouver. C'est une femme qui peut se permettre de prendre de la distance, parce qu'elle est au milieu de tout, d'un pays authentiquement surréaliste, d'une branchitude qui naît discrètement autour d'elle.

Avec vous qui venez d'ailleurs, elle ne jouera pas à celle qui a la plus grande frite. Mais croyez-moi : c'est elle.

Remerciements

Remerciements

Merci à Elsa Fralon, grâce à qui j'ai eu le bonheur d'emplumer les Bruxelloises, pour son avis éclairé, ses précieuses contributions à cet ouvrage et son amitié.

Merci à José Fralon, au commencement de toute cette aventure, et qui m'a décrypté la politique belge.

Merci à Alex, à Laurent et à Pierre, qui m'ont transmis cette bruxellophilie aiguë dont rien ne pourra plus jamais me guérir.

Merci à Isabelle, Diana, Gilly, Béa, Nica, Didier, Isabelle encore, Petra et Giuseppe, Pervenche, Richard, Nadia, Kéoma, Déborah, Laurence, Léon, Sandrine, Céline, Valentine, Pierre-Marie, Claudia, Klodia, Pierre, Laurence encore, Roberta, Tony, Isabeau, Ariane, et Isabelle (encore une), qui m'ont fait partager leurs expériences et leur tendresse pour Bruxelles, m'en donnant un peu au passage.

Merci à Assila, qui m'a offert tellement de temps.

Merci à Laure et à Layla, qui m'ont fait confiance et permis de caqueter ma Bruxelles.

Merci enfin à tous ceux qui ont croisé ma route et ces lignes, et qui m'ont rendu cette ville si attachante.

Table des matières

TDM

table des matières

Introduction 11

La pintade ne se couche pas avec les poules 15

En toute latitude 59

table des matières

Ballekes de volaille 87

Cosmopolitanisme (pas le cocktail, hein !) 137

table des matières

Fashion, mais pas victime 177

Pintadeaux élevés sous la mère 225

table des matières

La politique, ce n'est pas pour les poules mouillées 269

La parade amoureuse de la pintade pimpante 297

table des matières

Photocomposition Nord Compo

Achevé d'imprimer en septembre 2012
par Unigraf S. L. en Espagne
pour le compte des éditions Calmann-Lévy
31, rue de Fleurus 75006 Paris

PAPIER À BASE DE
FIBRES CERTIFIÉES

calmann-lévy s'engage
pour l'environnement en réduisant
l'empreinte carbone de ses livres.
Celle de cet exemplaire est de :
310 g éq. CO_2
Rendez-vous sur
www.calmann-levy-durable.fr

N° d'éditeur : 5185921/01
Dépôt légal : octobre 2012
Imprimé en Espagne